校企合作财经商贸专业系列丛书
互联网+创新型"十四五"精品教材

电子商务
网页设计与制作

主　编◎王　淏　韩淑粉　李　娟
副主编◎唐伟立　刘丰平　田远权
　　　　陈　亮　朱卫利　覃永贵
　　　　付丽媛　臧　丽　赵　祎

内 容 简 介

本书是一本全面介绍电子商务网页设计与制作知识与技能的教材。全书共分为 9 章，主要内容包括电子商务网站基础、网页设计与制作基础、网页界面设计、使用 Dreamweaver 创建站点、使用 HTML 构建网页、使用 CSS 布局和美化网页、使用 JavaScript 开发用户端动态脚本及使用表单与用户交互，此外，还提供了一个电子商务网页设计与制作的综合实例"心居商城"家居电商平台从网页设计到制作的全流程实践指导。

本书注重理论与实践的结合，通过丰富的案例分析和实际操作，引导学生深入理解和掌握所学知识。全书结构清晰，内容由浅入深，还配有相应的练习题，旨在帮助读者全面提升网页设计与制作能力。

本书可作为应用型本科、职业院校电子商务专业的教材使用，也可作为电子商务从业者提升网页设计与制作技能的参考资料，还可作为网页设计工作室及中小企业的内部培训用书。

图书在版编目（CIP）数据

电子商务网页设计与制作 / 王淏，韩淑粉，李娟主编. -- 北京：北京希望电子出版社, 2024.7. -- ISBN 978-7-83002-888-6

Ⅰ. F713.36；TP393.092

中国国家版本馆 CIP 数据核字第 202450KD07 号

出版：北京希望电子出版社	封面：赵俊红
地址：北京市海淀区中关村大街 22 号	编辑：宋东坡　张学伟
中科大厦 A 座 10 层	校对：龙景楠
邮编：100190	开本：787 mm×1 092 mm　1/16
网址：www.bhp.com.cn	印张：17
电话：010-82620818（总机）转发行部	字数：435 千字
010-82626237（邮购）	印刷：三河市中晟雅豪印务有限公司
经销：各地新华书店	版次：2024 年 9 月 1 版 1 次印刷

定价：59.80 元

前言

当今，人们的生活方式与工作模式发生了深刻变革，无论是日常的工作交流、学习进修、休闲娱乐，还是生活消费活动，越来越多的行为正在向线上迁移并深度融合到网络环境中。电子商务已经成为全球经济发展的重要引擎，而优秀的电子商务网站不仅是企业开展在线业务的关键平台，也是消费者获取信息和进行交易的重要渠道。

随着互联网技术的迅猛发展，对于具备网页设计与开发技能的专业人才的需求也日益增长。为了适应这一趋势，高职院校在相关专业中加强了对电子商务网站设计和制作技能的培养。本书正是基于这一时代背景，紧密结合实际市场需求和行业发展动态，系统、全面地介绍了电子商务网页设计与制作的基础理论知识和实践操作方法，旨在为高职院校学生提供一本全面、实用、易于理解的学习教材，帮助学生掌握从网站基础建设到前端开发的必备技能，从而在竞争激烈的就业市场中脱颖而出。

本教材共分为九章，内容涵盖从电子商务网站的基础概念，到网页设计与制作的具体技巧，再到实际项目的综合实践。每一章节都注重理论与实践的结合，通过案例分析和动手实操，引导学生深入理解并应用所学知识。

第1章"电子商务网站基础"介绍了电子商务的基本框架和网站的运作机制，为后续章节打下扎实的基础。

第2章"网页设计与制作基础"着重于介绍网页设计的初步概念和工具的使用，帮助学生建立正确的网页设计观念。

第3章"网页界面设计"深入探讨如何提升用户界面的友好性和美观度。

第4章"使用Dreamweaver创建站点"讲述了如何使用流行的网站开发工具Dreamweaver来构建和管理网站。

第5章"使用HTML构建网页"和第6章"使用CSS布局和美化网页"分别讲解了HTML和CSS的基础知识与应用技巧，这两章是前端开发的核心部分。

第7章"使用JavaScript开发用户端动态脚本"展示了如何通过JavaScript为网页添加交互性和动态效果。

第8章"使用表单与用户交互"介绍了如何在网站上实现用户输入和数据处理，增强用户体验。

第9章"网页设计与制作综合实例——'心居商城'家居电商平台"将前面章节的知识点综合运用到一个模拟的电商平台项目的建设中,让学生有机会体验真实的项目开发流程。

本书力求做到内容上的系统性和实用性,以期满足当前电子商务网页设计与制作课程的教学需求。本书不仅可作为高等职业学校电子商务专业的教材,也可作为培训机构的辅导用书,还可作为电子商务从业者提升网页设计与制作技能的参考资料。

本书由王淏(甘肃畜牧工程职业技术学院)、韩淑粉(嘉祥县职业中等专业学校)、李娟(四川托普信息技术职业学院)担任主编,唐伟立(都安瑶族自治县职业教育中心)、刘丰平(郑州科技学院)、田远权(四川空分集团技工学校)、陈亮(新化县楚怡工业学校)、朱卫利(河南质量工程职业学院)、覃永贵(四川省宣汉职业中专学校)、付丽媛(山东传媒职业学院)、臧丽(郑州技师学院)、赵祎(南阳农业职业学院)担任副主编。本书在编写过程中参考了一些电子商务技术及网页设计与制作方面的著作,在此对这些著作的创作者表示衷心的感谢!

由于编者水平有限,书中难免存在不足或疏漏之处,恳请广大读者批评指正。

编　者
2024 年 7 月

目 录

第1章 电子商务网站基础

- 1.1 电子商务概述 ················ 2
  - 1.1.1 电子商务的概念 ············ 2
  - 1.1.2 电子商务的框架结构 ········ 2
  - 1.1.3 电子商务的特点 ············ 3
- 1.2 电子商务网站概述 ············ 4
  - 1.2.1 电子商务网站的概念 ········ 4
  - 1.2.2 电子商务网站的功能 ········ 5
  - 1.2.3 电子商务网站的构成 ········ 8
  - 1.2.4 电子商务网站的特点 ········ 9
  - 1.2.5 电子商务网站的分类 ······· 10
  - 1.2.6 电子商务网站的评价指标 ····· 11
- 1.3 电子商务网站建设 ············ 12
  - 1.3.1 项目规划与需求分析 ········ 12
  - 1.3.2 技术选型与平台搭建 ········ 14
  - 1.3.3 网站设计与前端开发 ········ 15
  - 1.3.4 后端开发与数据库构建 ······ 16
  - 1.3.5 支付系统与物流集成 ········ 17
  - 1.3.6 网站性能测试与优化 ········ 17
  - 1.3.7 网站上线部署与推广 ········ 18
- 课后练习 ························ 20

第2章 网页设计与制作基础

- 2.1 网页基础 ···················· 22
  - 2.1.1 网页的概念 ················ 22
  - 2.1.2 网页的结构 ················ 22
  - 2.1.3 网页的构成元素 ············ 23
  - 2.1.4 静态网页和动态网页 ········ 25
- 2.2 网页设计基础 ················ 26
  - 2.2.1 网页设计的基本原则 ········ 26
  - 2.2.2 网页设计工具 ·············· 27
- 2.3 网页制作基础 ················ 31
  - 2.3.1 网页制作的基本原则 ········ 31
  - 2.3.2 网页制作技术 ·············· 32
- 2.4 网页设计与制作流程 ·········· 35
  - 2.4.1 需求分析阶段 ·············· 35
  - 2.4.2 原型设计阶段 ·············· 35
  - 2.4.3 视觉设计阶段 ·············· 36
  - 2.4.4 页面设计阶段 ·············· 36
  - 2.4.5 前端开发阶段 ·············· 36
  - 2.4.6 测试与发布阶段 ············ 38
  - 2.4.7 维护与更新阶段 ············ 38
- 课后练习 ························ 39

第3章 网页界面设计

3.1 原型设计 ································ 41
3.1.1 需求理解与场景分析 ············ 41
3.1.2 功能清单创建与核心功能识别 ······················ 41
3.1.3 原型设计与创建 ··················· 42
3.1.4 原型测试与迭代改进 ············ 44

3.2 视觉设计 ································ 47
3.2.1 色彩运用 ····························· 47
3.2.2 图像选择 ····························· 51
3.2.3 字体设计 ····························· 53
3.2.4 版式布局 ····························· 54
3.2.5 动效设计 ····························· 55

3.3 页面设计 ································ 57
3.3.1 页面类型及设计要点 ············ 57
3.3.2 页面交互设计 ······················ 60

课后练习 ······································ 61

第4章 使用 Dreamweaver 创建站点

4.1 Dreamweaver 基础 ················ 63
4.1.1 Dreamweaver 的发展历程 ····· 63
4.1.2 Dreamweaver 的工作界面 ····· 64
4.1.3 Dreamweaver 的基本操作 ····· 67

4.2 站点设置 ································ 68
4.2.1 Dreamweaver 站点概述 ········ 68
4.2.2 创建本地站点 ······················ 69
4.2.3 管理本地站点 ······················ 71

4.3 文件处理 ································ 76
4.3.1 文件保存位置 ······················ 76
4.3.2 文件和文件夹命名规则 ········ 76
4.3.3 文件类型 ····························· 77
4.3.4 文件目录结构 ······················ 77
4.3.5 文件路径设置的通用规则 ····· 78
4.3.6 Dreamweaver 的文件操作 ····· 78

4.4 连接到远程服务器 ·················· 83
4.4.1 远程服务器的概念 ··············· 83
4.4.2 远程服务器的连接方法 ········ 84

课后练习 ······································ 86

第5章 使用 HTML 构建网页

5.1 HTML 概述 ···························· 89
5.1.1 HTML 的概念 ······················ 89
5.1.2 HTML 的发展历程 ··············· 89

5.2 HTML 的元素 ························ 90
5.2.1 元素的结构 ·························· 90
5.2.2 元素的嵌套 ·························· 90
5.2.3 元素的类型 ·························· 90
5.2.4 元素的内容类别 ··················· 92
5.2.5 元素的属性 ·························· 93

5.3 处理文本 ································ 96
5.3.1 定义段落 ····························· 96
5.3.2 定义标题 ····························· 96
5.3.3 梳理文本层次 ······················ 97
5.3.4 使用列表 ····························· 99

5.4 创建超链接 ···························· 102
5.4.1 创建基本链接 ······················ 102
5.4.2 创建块级链接 ······················ 103
5.4.3 创建图片链接 ······················ 103
5.4.4 创建文档片段链接 ··············· 104
5.4.5 添加提示信息 ······················ 105

5.5 嵌入多媒体	106
5.5.1 插入图片	106
5.5.2 插入音频	110
5.5.3 插入视频	111
5.5.4 插入交互式内容	113
5.6 构建表格	115
5.6.1 创建表格	115
5.6.2 定义表格属性	116
5.7 搭建网页结构	119
5.7.1 定义网页结构的元素	119
5.7.2 构建网页页面的语法	119
课后练习	123

第 6 章 使用 CSS 布局和美化网页

6.1 CSS 概述	125
6.1.1 CSS 的概念	125
6.1.2 CSS 的发展历程	125
6.1.3 CSS 的功能	126
6.1.4 CSS 的工作原理	127
6.2 CSS 语法基础	128
6.2.1 CSS 的语法结构	128
6.2.2 选择器类型及优先级	131
6.2.3 样式声明与继承	134
6.3 CSS 布局	135
6.3.1 CSS 布局基础	135
6.3.2 盒子模型	137
6.3.3 CSS 布局技术	143
6.3.4 响应式设计	150
6.4 CSS 样式设计	152
6.4.1 背景样式设计	152
6.4.2 边框样式设计	154
6.4.3 字体样式设计	156
6.4.4 文本样式设计	158
6.4.5 多媒体样式设计	164
课后练习	170

第 7 章 使用 JavaScript 开发用户端动态脚本

7.1 JavaScript 概述	172
7.1.1 JavaScript 的概念	172
7.1.2 JavaScript 的发展历程	173
7.1.3 JavaScript 的组成	173
7.1.4 JavaScript 的引用	174
7.2 JavaScript 语法基础	175
7.2.1 基本语法规则	175
7.2.2 数据类型	177
7.2.3 变量和常量	178
7.2.4 运算符	179
7.2.5 函数	180
7.2.6 数组	182
7.2.7 流程控制语句	184
7.3 JavaScript 的 DOM 操作	187
7.3.1 DOM 的结构	187
7.3.2 DOM 操作	188
7.4 JavaScript 的事件和事件处理	190
7.4.1 事件类型	190
7.4.2 事件流与事件传播机制	192
7.4.3 事件源与事件目标	194
7.4.4 事件处理程序	194
7.4.5 事件委托	196
7.5 JavaScript 的对象和继承	197
7.5.1 JavaScript 的对象基础	197

	7.5.2 原型链与继承机制 ………… 198	7.8	使用 jQuery 框架 …………………… 209
7.6	JavaScript 的异步编程 …………… 200		7.8.1 引入 jQuery 库的语法 ……… 209
	7.6.1 异步编程概述 ………………… 200		7.8.2 jQuery 的选择器 …………… 210
	7.6.2 XMLHttpRequest 与		7.8.3 jQuery 对 DOM 元素的
	Fetch API ………………………… 202		操作方法 ……………………… 210
	7.6.3 事件循环与异步 I/O 模型 …… 204		7.8.4 jQuery 中的事件绑定与
7.7	用户界面交互设计 ………………… 204		触发机制 ……………………… 210
	7.7.1 拖曳功能实现 ………………… 205		7.8.5 jQuery 简化事件处理
	7.7.2 弹窗设计 …………………… 206		程序的方法 …………………… 211
	7.7.3 通知设计 …………………… 208	课后练习 …………………………………… 211

第 8 章 使用表单与用户交互

8.1	表单基础构建 ……………………… 214		8.2.3 触发器与交互效果 …………… 222
	8.1.1 创建表单 …………………… 214	8.3	表单数据操作 ……………………… 224
	8.1.2 构造表单 …………………… 214		8.3.1 表单数据验证与错误
	8.1.3 表单的组成部件 ……………… 215		处理 …………………………… 225
8.2	表单样式设计与交互设计 ………… 217		8.3.2 表单数据的提交与处理 …… 227
	8.2.1 基于 CSS 美化表单外观 …… 217		8.3.3 表单数据安全防护 …………… 229
	8.2.2 实现响应式表单设计 ………… 220	课后练习 …………………………………… 230

第 9 章 网页设计与制作综合实例——"心居商城"家居电商平台

9.1	项目需求分析与规划 ……………… 233		9.2.4 视觉设计 …………………… 237
	9.1.1 市场定位与用户画像分析 …… 233		9.2.5 交互设计 …………………… 238
	9.1.2 功能模块需求梳理 …………… 234		9.2.6 高保真原型创建 …………… 238
9.2	网页设计阶段 ……………………… 235	9.3	网页制作阶段 ……………………… 239
	9.2.1 网站内容与页面规划 ………… 235		9.3.1 创建项目结构 ………………… 239
	9.2.2 低保真原型创建 ……………… 236		9.3.2 网页代码实现 ………………… 240
	9.2.3 响应式设计规划 ……………… 236	课后练习 …………………………………… 261

参考答案 ……………………………………………………………………………………………… 262

参考文献 ……………………………………………………………………………………………… 264

第1章 电子商务网站基础

本章导读

在当今数字化经济时代,电子商务网站已逐渐成为商业活动的核心舞台。作为连接消费者与商家的重要桥梁,电子商务网站不仅重塑了传统的商业模式,更以其跨越时空限制、便捷高效的交易特性深刻地影响着全球贸易格局。

本章首先从电子商务的基本概念和框架结构出发,揭示了其在网络经济中的核心地位及其独特特点。接着,深入剖析了电子商务网站的本质内涵,详细介绍了其功能、构成要素、分类方法,以及评估一个优秀电子商务网站应具备的关键评价指标。最后,本章将焦点转向电子商务网站建设的实际操作层面,细致讲解了电子商务网站建设各个环节的具体内容。

通过对本章的学习,学生不仅能掌握电子商务网站的基础理论知识,更能熟悉实际建设流程和技术手段,为今后投身电子商务行业或进行相关项目开发打下坚实基础。

学习目标

➢ 理解电子商务的概念、框架结构和特点。

➢ 掌握电子商务网站的定义、功能、构成、分类及评价指标。

➢ 了解电子商务网站建设全流程,包括项目规划、技术选型、前后端开发、支付与物流集成、性能优化以及上线部署推广。

1.1 电子商务概述

电子商务是一个广泛而多元的领域，对电子商务相关概念的理解是运作电子商务网站的基础。本节首先来了解一下电子商务的概念。

1.1.1 电子商务的概念

电子商务（electronic commerce, e-commerce）是指在互联网开放网络环境下，基于浏览器/服务器应用方式，商家或个人之间进行各种商贸活动、交易活动、金融活动和相关的综合服务活动的一种新型商业运营模式。

电子商务系统是一个涵盖了从设计、生产、销售到售后服务等企业活动全过程的系统，参与主体包括但不限于企业、消费者、政府监管机构、CA认证中心、银行金融机构及第三方支付平台等。其中，企业是电子商务最主要的推动者和受益者，消费者作为经济活动中不可缺少的角色也必然要介入电子商务的环境中。另外两个主要角色——政府和中介机构同样也起着不可替代的作用。而支付网关是信息网与金融网连接的中介，它承担双方支付信息转换的工作，提供安全方便的网上支付功能。

电子商务的主要形式包括但不限于 B2B（Business to Business，企业对企业）、B2C（Business to Consumer，企业对消费者）、C2C（Consumer to Consumer，消费者对消费者）、C2B（Consumer to Business，消费者对企业）、B2G（Business to Government，企业对政府）等多种模式，并涉及网络营销、电子支付、供应链管理、物流配送等多个环节。

随着技术的发展，电子商务也包含了移动电子商务（m-commerce）、社交电子商务（s-commerce）、跨境电子商务（cross-border e-commerce）等新的细分领域。通过电子商务，企业和消费者可以跨越地理限制，实现全天候的无缝对接与高效交易，极大地推动了全球贸易和商业活动的数字化进程。

1.1.2 电子商务的框架结构

电子商务系统在一定程度上改变了市场的组成结构，其框架结构是指实现电子商务从技术到应用所应具备的完整的运作体系，主要包括以下几个方面。

1. 网络基础设施层

网络基础设施层是电子商务运作的基石，包含了构建和支撑电子商务活动所需的硬件设施与通信网络技术，如电信网络、有线电视网、无线网络及互联网等。只有具备高效、安全且稳定的网络环境，电子商务才能得以顺利实施和发展。

2. 多媒体内容层

多媒体内容层是指在网络基础设施层提供的信息传输基础上，通过互联网传输信息的内容。这一层面承载了丰富多样的在线信息内容，包括文本、图像、音频、视频等多种媒体形式。通过 HTML、CSS、JavaScript 等各种前端开发技术，将多媒体内容进行结构化和交互式的展现。

3. 信息传播层

信息传播层利用诸如 EDI（电子数据交换）、E-mail（电子邮件）、HTTP（超文本传输协议）等通信工具和标准，在互联网上实现非格式化多媒体信息的安全、可靠和统一格式的传递与展示。

4. 商业服务层

商业服务层提供了保障电子商务安全和有效运行的关键服务功能。例如，加密技术和数字签名用于保护商业信息安全；身份认证机制确保交易双方的身份合法性；标准化的商品目录服务便于商品搜索和比较；价目表管理使价格透明；此外还包括电子支付系统的开发和整合，如在线支付网关、信用卡处理系统等。

5. 电子商务应用层

电子商务应用层为电子商务的具体应用场景和业务模式，广泛应用于各个行业和领域。典型的应用包括供应链管理的信息化改造、线上广告与市场营销、电子商务交易平台（如 B2B、B2C、C2C 等）、在线娱乐服务、网上购物商城、虚拟银行服务（如在线转账、网上理财等）、付费信息服务以及其他各种增值服务等。通过这些具体的应用，电子商务极大地改变了传统的商业模式和市场格局，促进了全球范围内的贸易和经济活动发展。

1.1.3 电子商务的特点

电子商务与传统商务虽然在交易模式上不同，但其本质都是商务，交易的过程都包括交易前的准备、贸易磋商过程、合同与执行以及支付过程。与传统商务活动相比，电子商务具有以下显著优势和特点。

1. 高效性

电子商务利用互联网技术，打破了传统商务模式中时间和空间的限制，使得交易过程可以全天候、全球化进行，大大提升了商业活动的效率。通过自动化流程和数字化管理，减少了人工处理环节，实现了库存管理、订单处理、支付结算等业务操作的快速响应和无缝衔接。

2. 方便性

用户无须离开家门即可在线浏览商品信息、比较价格、完成购买，并且不受地点、时间限制，极大地方便了消费者。同时，商家也可以实时更新产品目录、发布促销信息，随时随地与顾客沟通交流。

3. 虚拟性

电子商务以网络为载体，许多交易行为都是在虚拟环境中完成的，如线上购物、电子支付、数字服务等，实物商品或服务通过物流配送或数字化传输实现交付。

4. 技术依赖性

电子商务的发展依赖于现代信息技术，包括但不限于互联网、数据库技术、移动通信、云计算、人工智能、区块链等，这些技术的革新与发展直接影响着电商行业的形态与服务内容。

5. 安全敏感性

由于涉及大量资金流动和个人信息交换，电子商务对安全性有着极高的要求。必须建立严格的数据加密、身份验证、权限控制以及风险防控机制，确保用户数据的安全，防范欺诈、盗窃等网络安全威胁。

6. 协调性

在电子商务活动中，供应链各环节（供应商、制造商、分销商、零售商及最终消费者）之间需要高度协同，从采购、生产、仓储、销售到物流配送、售后服务，整个链条需依托信息化系统实现透明化、及时化的信息共享和业务联动。

7. 动态性

电子商务市场环境瞬息万变，客户需求、竞争格局、技术趋势等都在不断演变。因此，电子商务企业必须具备快速响应市场变化的能力，持续优化商业模式，提升服务质量，创新营销策略，以适应不断发展的市场需求和技术进步带来的挑战。

1.2 电子商务网站概述

1.2.1 电子商务网站的概念

互联网是一个庞大的信息网络，由无数网站构建而成。网站（website）本质上是由多个相关联的网页集合组成的一个整体系统。这些网页通过超链接相互连接起来，共同提供信息和服务。一个完整的网站通常包括主页、内页（如产品列表页、详情页、文章页、联系页等）、后台管理系统等多个网页，并且拥有统一的域名和服务器空间。网站可以提供多元化的功能，如电子商务交易、信息发布、社区互动等。

电子商务网站是一种基于互联网技术，专门为进行在线商业交易活动而设计和运营的平台。它通过电子方式连接买卖双方，支持各种商业活动的开展，如产品展示、购物车功能、在线支付、订单处理、客户服务、物流配送跟踪以及售后服务等。

在电子商务网站上，消费者可以浏览商品信息，比较价格，阅读用户评价，选择商品并完成购买流程；商家则可以通过该平台发布商品、管理库存、处理订单、接收支付、分析销售数据，并与消费者互动以提供更好的服务。此外，电子商务网站还可能包含会员系统、营销工具（优惠券、促销活动）、第三方支付接口（如支付宝、信用卡支付网关）以及其他辅助功能，如内容管理系统、数据分析工具等。

电子商务网站旨在打破传统商业模式的空间和时间限制，提高交易效率，降低交易成本，并通过网络技术手段实现全球化的市场覆盖。常见的电子商务网站类型包括 B2C（企业对消费者）、B2B（企业对企业）、C2C（消费者对消费者）等多种模式。

图 1-1 为电子商务网站某商城的主页。

图 1-1　某商城的主页

1.2.2　电子商务网站的功能

电子商务网站是电子商务业务实施的关键环节，其功能设计关系到电子商务能否具体实现。电子商务网站的功能主要包括以下几个方面。

1. 商品展示

电子商务网站应向用户展示企业的产品或服务，便于用户了解和选择所需商品。

图 1-2 为电子商务网站某商城的商品展示界面。

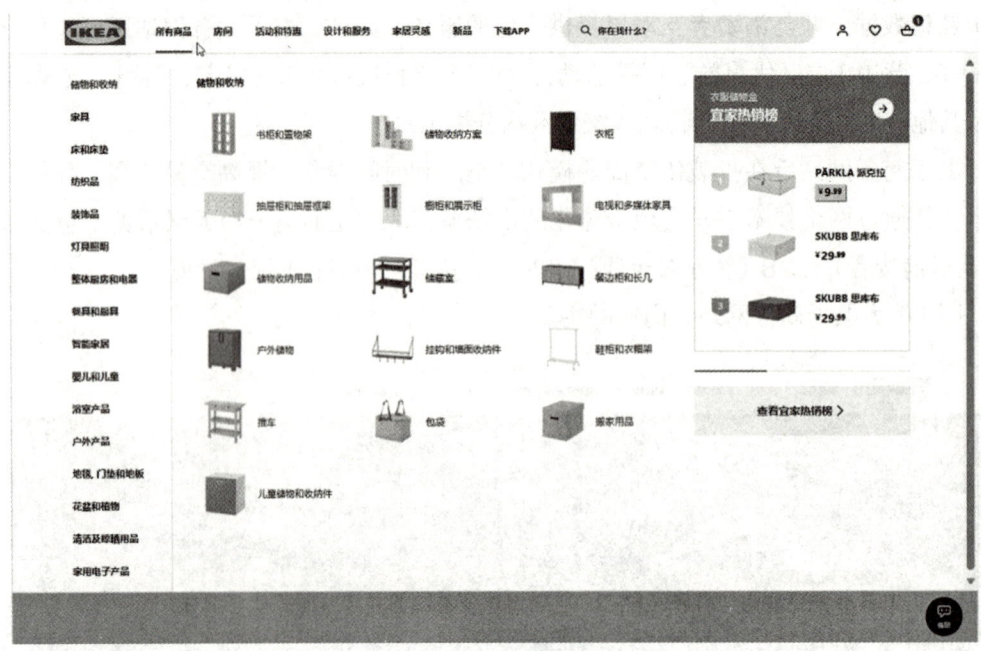

图 1-2　某商城的商品展示界面

2. 交易处理

电子商务网站应处理用户下单、支付、发货等交易流程,确保交易顺利进行。图 1-3 为电子商务网站某商城的交易处理界面。

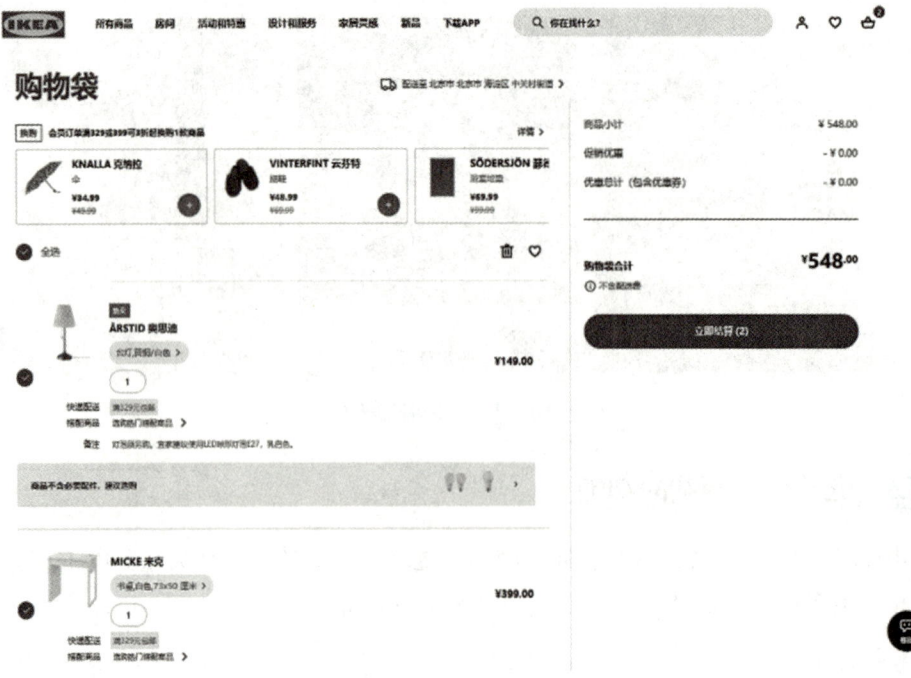

图 1-3　某商城的交易处理界面

3. 支付结算

电子商务网站应为用户提供安全、便捷的在线支付手段，如信用卡支付、支付宝支付等。图 1-4 为电子商务网站某商城的支付结算界面。

图 1-4　某商城的支付结算界面

4. 客户服务

电子商务网站应提供在线客服负责解决用户咨询、售后等方面的需求，以提高用户购物体验。图 1-5 为电子商务网站某商城的客户服务界面。

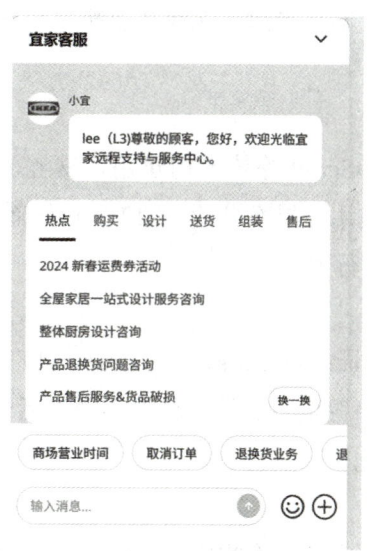

图 1-5　某商城的客户服务界面

5. 物流管理

电子商务网站应具备跟踪和管理商品配送过程的功能，确保货物安全、准时送达。

图 1-6 为电子商务网站某商城的物流管理界面。

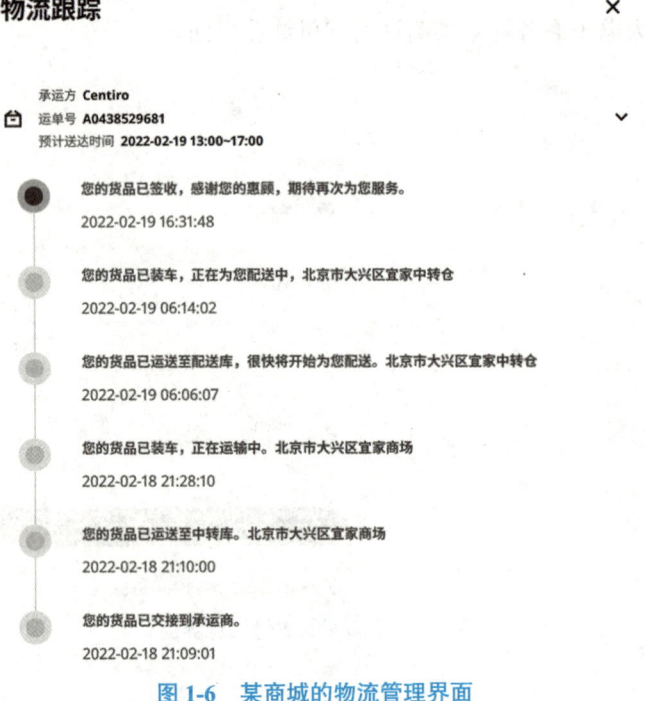

图 1-6　某商城的物流管理界面

1.2.3　电子商务网站的构成

电子商务网站是通过互联网技术实现在线商业活动的平台，其构成主要包括以下几个关键部分。

1. 前端界面

通过 HTML、CSS 和 JavaScript 等技术构建用户交互界面，包括主页、产品页面、购物车、结算页面等，并通过用户界面设计（UI/UX）来确保网站具有良好的用户体验，易于导航并吸引用户进行购买行为。

2. 内容管理系统

内容管理系统（content management system, CMS）用于管理网站上的所有内容，如产品目录、描述、图片、价格等信息。管理员可以通过后台操作更新和维护商品数据，发布文章、新闻或公告等动态内容。

3. 服务器与数据库

服务器负责处理用户的请求，并将响应返回给客户端浏览器。而数据库存储了网站的核心业务数据，包括但不限于用户信息、订单记录、库存量、交易历史等。

4. 购物车系统

购物车系统允许用户选择商品并临时存放，直到完成整个购物流程，包含添加商品、修改数量、删除商品等功能，并能实时计算总价。

5. 支付系统

支付系统提供多种支付方式，如信用卡、借记卡、第三方支付（如支付宝、微信支付等），以及安全地处理和传输敏感的支付信息，通常需要集成安全协议如 SSL 加密和 PCI-DSS 合规性要求。

6. 用户账户系统

用户账户系统包括注册、登录、个人资料管理、订单查询、收货地址管理等功能模块，还可能包含社交账号登录整合和会员等级、积分体系等增值服务功能。

7. 搜索引擎优化

搜索引擎优化（search engine optimization, SEO）是一种持续改进网站整体性能和用户体验的技术策略，旨在通过精细化调整网站结构、内容质量、元标签信息、关键词布局、网页加载速度以及外部链接建设等多维度因素，从而显著提升该网站在各大搜索引擎搜索结果中的自然排名与可见度。

8. 客户服务与支持

客户服务与支持包括联系我们、常见问题解答（FAQ）、在线聊天工具、退货政策等客户服务模块，以及邮件订阅、通知服务、用户评价及反馈机制。

9. 后台管理系统

后台管理系统（admin panel）是一个专为网站管理员或授权用户设计的用于管理网站内容、维护系统功能及分析业务数据的控制界面。在电子商务网站中，后台管理系统扮演着中枢神经的角色，提供了对整个在线商店运营方方面面的集中控制和深度配置功能。通过后台管理系统，管理员可以监控和管理网站运行情况，包括商品上下架、订单处理、用户管理、数据分析等功能。

10. 物流配送与跟踪

物流配送与跟踪集成物流合作伙伴的服务，提供货物追踪、配送选项等信息。

11. 移动优化与响应式设计

移动优化与响应式设计确保网站在不同设备（桌面电脑、平板、手机）上都能有良好的浏览体验。

1.2.4　电子商务网站的特点

电子商务网站是一种将现代信息技术与传统商务活动相结合的在线平台，具有以下显著的特性。

1. 商务性

电子商务网站的核心功能是提供线上买卖交易服务。它拓宽了市场边界，使企业能够吸引全球范围内的客户群体，并通过追踪和分析用户行为数据来优化产品供应和服务。这种模式不仅简化了购物过程，提高了用户体验，也为商家提供了了解客户需求、扩大销售的机会。

2. 服务性

在电子商务环境中，服务质量成为竞争的关键因素。互联网技术的应用，特别是万维网（WWW），使得企业可以高效地自动化处理商务流程，并向客户提供更加便捷、完整的服务体验。用户无须离开家门即可完成转账、查询账户信息、下单购买稀有商品等操作，极大地提升了服务的便利性。

3. 集成性

电子商务网站整合了新技术与传统设备，实现新老技术的有效协调，确保系统间的无缝对接。其设计注重事务处理的整体性和统一性，工作流程的规范性，将人工操作与自动信息处理紧密结合，以提高资源利用率和系统的严密性。

4. 可扩展性

为了应对网络访问量的波动，电子商务网站必须具备良好的可扩展性，能够在高峰期快速响应并扩展服务容量，避免因系统过载导致的性能下降或拒绝服务情况，从而保证服务稳定可靠。

5. 安全性

电子商务环境下的交易安全至关重要。为此，电子商务网站采用多种安全措施和技术标准，如加密机制、数字签名、分布式安全管理、存取控制、防火墙保护、安全套接层协议（SSL）以及安全电子交易标准（SET），旨在构建一个端到端的安全交易环境，增强消费者对在线交易的信心。

6. 虚拟性

由于消费者无法直接触摸实物商品，电子商务网站主要通过图片展示、文字描述和用户评价等方式呈现商品信息，因此，相比于实体店购物，消费者的线上购物体验更多地依赖于虚拟化的商品表现形式。尽管如此，随着AR/VR等技术的发展，虚拟体验正逐渐丰富和完善。

1.2.5 电子商务网站的分类

电子商务网站根据交易对象和产品线宽度与深度的不同，可以被划分为多种类型。

1. 按交易对象分类

（1）B2B：即企业对企业，这类电子商务网站主要用于企业间的交易活动，如原材料采购、商品批发等。第三方平台如阿里巴巴、中国制造网、环球资源等为中小企业提供了展示和销售产品的渠道，商家只需支付一定的年费或交易费用即可。

（2）B2C：即企业对消费者，此类网站主要面向个人消费者，企业通过线上商城直接向消费者销售产品或服务。例如，亚马逊、当当网、京东商城等提供各类零售商品的在线购买服务；携程网则以旅行服务为主，提供酒店预订、机票预订等业务；啄木鸟家庭维修平台则向消费者直接提供多种家庭设施的维修和保养服务。

（3）C2C：即消费者对消费者，在 C2C 平台上，消费者之间可以直接进行交易，如 ebay、淘宝网、闲鱼等，这些网站作为交易平台，允许个人用户开设店铺并出售商品给其他消费者。

（4）B2G：即企业对政府，这种模式指的是企业与政府之间的在线交易行为，如政府采购、电子通关、网上报税等。企业可以通过网络向政府提交报价、参与竞标或者办理行政手续。

2. 按产品线宽度与深度分类

（1）综合型网站：涵盖了多行业、多种类别的产品和服务，致力于打造一站式购物体验。比如阿里巴巴是 B2B 领域的综合平台，而当当网则是 B2C 领域的典型代表，它们都提供了丰富的产品选择，满足不同消费者的多元化需求。

（2）垂直型网站：专注于某一特定行业或产品领域，提供深度定制化和专业化服务。例如，一个专门销售汽车及其相关产品的商务网站，不仅提供汽车销售，还可能包括零配件、装饰品及保险服务等，旨在为特定客户群体提供更加专业且全面的服务解决方案。

在实际运营中，许多电子商务网站并非严格遵循单一的分类标准，往往会出现交叉融合的现象。例如，淘宝网从最初的 C2C 平台逐步发展出天猫商城（B2C 模式），吸引了众多知名品牌入驻，形成了融合 B2C 与 C2C 元素的综合性电商平台。因此，对电子商务网站进行精确归类时需结合其实际运营情况和发展阶段进行分析。

1.2.6 电子商务网站的评价指标

电子商务网站的评价指标涵盖了多个维度，旨在全面评估网站的性能、用户体验、业务效果和市场竞争力。以下是一些主要的评价指标。

1. 用户界面与体验

（1）页面加载速度：网页打开的速度直接影响用户的满意度和搜索引擎排名。

（2）易用性：包括导航结构是否清晰、操作流程是否简洁、搜索功能是否强大等。

（3）响应式设计：网站在不同设备和屏幕尺寸上的适应能力。

（4）用户留存率和跳出率：反映用户对网站内容及服务的接受程度。

2. 功能性评价指标

（1）商品展示与搜索：商品信息的完整性、准确性，以及搜索功能的精准度。

（2）购物车系统：添加商品、修改数量、查看总价等功能是否流畅有效。

（3）支付与交易：支付接口的稳定性、支付方式的多样性、订单处理效率等。

（4）客户服务：在线客服响应时间、问题解决能力，以及售后服务质量。

3. 业务效果评价指标

（1）访问量与流量来源：总访问量、独立访客数、页面浏览量，以及搜索引擎、社交媒体、广告投放等各渠道流量占比。

（2）转化率：如注册转化率、购买转化率、点击转化率等，衡量从访问到产生实际价值行为的比例。

（3）销售额与利润：整体销售额、单品销售量、毛利润、净利润等财务数据。

（4）重复购买率与客户忠诚度：长期来看，老客户复购比例是衡量电商网站成功与否的重要标准。

4. 技术性评价指标

（1）网站安全：SSL 证书安装情况、数据加密传输、防 DDoS 攻击措施等。

（2）系统稳定性与可靠性：服务器响应时间、宕机频率、数据备份恢复能力等。

（3）SEO 优化：关键词排名、收录量、外链建设情况等搜索引擎优化表现。

5. 社会化评价指标

（1）用户评价与口碑：用户评论的数量、质量和评分，以及社交媒体上的品牌声誉。

（2）社区活跃度：用户参与讨论、分享产品、撰写博客文章等互动情况。

6. 移动端表现

（1）移动端适配性：手机和平板电脑上的显示效果、交互体验。

（2）移动应用下载量与活跃用户数：如果提供移动应用，需要关注这些数据。

通过以上各类评价指标的综合分析，可以全面了解电子商务网站的整体运营状况，并据此进行持续优化和改进。

1.3 电子商务网站建设

构建电子商务网站是实施电子商务最重要的一步。电子商务网站建设是指根据企业的需求和目标，设计和开发一个在线购物平台或电子商务网站的过程，它是一项涵盖多个专业技术领域、业务逻辑及市场策略的综合性工程。

下面介绍电子商务网站建设的主要步骤。

1.3.1 项目规划与需求分析

1. 市场定位与商业模式设计

（1）市场研究：深入了解目标市场的规模、发展趋势、消费者行为、竞争态势以及法规政策，为网站找准市场切入点。

（2）用户细分：通过数据分析和调研确定目标用户群体特征，如年龄、性别、消费习惯、购买力等。

（3）价值主张：明确电子商务网站所能提供的独特价值，如更低的价格、更丰富的商品种类、更快捷的配送服务或更优质的客户服务。

（4）商业模式选择：根据市场需求和自身资源能力，选择合适的商业模式（如 B2C 零售模式、B2B 批发模式、C2C 交易平台模式等），并规划盈利来源。

2. 核心功能需求梳理

（1）商品管理模块：识别并细化各项功能需求，包括商品上传与编辑、商品分类与标签管理、库存管理、促销活动设置等。

（2）购物车功能：实现用户添加/删除商品、查看购物车、保存购物车等功能。

（3）订单处理流程：实现用户下单支付、订单生成、订单状态追踪、订单修改与取消、地址填写、支付方式选择、发票开具等功能。

（4）用户账户体系：实现用户注册与登录、个人信息维护、订单查询、收货地址管理、账户安全、会员系统等功能。

（5）客户服务功能：实现在线客服、常见问题解答、退换货政策介绍、投诉与建议通道的建立等功能。

（6）营销推广工具：集成优惠券发放、促销活动设置、积分系统、会员等级权益等营销手段。

3. 用户中心设计与体验优化

（1）交互设计：确保网站导航清晰，操作流程简洁易懂，提供良好的用户体验，如搜索结果精准、购物流程流畅、页面加载速度快等。

（2）UI 设计：结合品牌形象及用户喜好，设计具有吸引力且易于使用的界面布局，同时兼顾不同设备和浏览器的兼容性。

（3）个性化推荐：运用大数据和算法技术，为用户提供个性化的产品推荐和服务体验。

4. 非功能性需求确认

（1）性能与稳定性：对网站响应速度、并发处理能力、数据处理效率等方面提出具体要求，确保在高流量下稳定运行。

（2）安全性：制定数据加密传输策略，防止信息泄露，确保支付安全；采取防火墙、防注入攻击等措施，保护系统不受恶意攻击。

（3）可扩展性：设计时考虑未来业务发展可能带来的变化，保证系统架构可以灵活扩展，以适应更多用户、更大交易量的需求。

（4）SEO 优化：从代码结构、关键词布局、URL 结构等方面入手，提升搜索引擎友好度，提高自然搜索排名。

（5）兼容性与适配性：确保网站在各种设备（PC、手机、平板）和浏览器环境下都能正常访问和使用。

1.3.2 技术选型与平台搭建

1. 技术方案评估

在构建电商平台的过程中，技术方案评估是一项关键的前期工作，此时需要基于项目需求和技术团队能力，做出合理的技术选型。这个阶段主要包括如下几个方面。

（1）编程语言选择：根据团队技能、性能需求、社区支持和生态系统等方面综合考虑，选定后端开发所使用的编程语言（如 Java、Python、PHP、Node.js 等）。

（2）框架选取：针对前后端分离或全栈式开发模式，选择合适的 Web 框架（如 Spring Boot、Django、Laravel、Express 等），以及前端框架（如 React、Vue、Angular 等）。

（3）数据库系统：根据数据规模、读写速度、扩展性及一致性要求等因素，确定使用哪种关系型数据库（如 MySQL、PostgreSQL 等）或非关系型数据库（如 MongoDB、Redis 等）。

（4）中间件与服务：考虑消息队列（如 RabbitMQ、Kafka）、缓存服务（如 Redis、Memcached）、搜索引擎（如 Elasticsearch）、分布式文件系统（如 Hadoop HDFS、MinIO）等技术的选择与集成。

（5）安全方案：确保网站的安全性，包括但不限于用户身份验证（OAuth 2.0、JWT）、数据加密传输（HTTPS、TLS）、防止 SQL 注入、防范 XSS 攻击等安全措施。

2. 电商平台选择

如果是在现有电商平台基础上进行二次开发或定制化建设，那么平台选择将涉及以下几个方面。

（1）开源电商平台：分析现有的开源电商平台如 Magento、OpenCart、Shopify、WooCommerce 等，比较其功能完善度、易用性、扩展性和社区活跃程度，以决定是否选用并在此基础上开发。

（2）云服务平台解决方案：阿里云、AWS、Google Cloud 等提供的一站式电商 SaaS 服务或 PaaS 服务，可以根据业务需求灵活选择模块和服务，并享受云服务商提供的基础设施保障和运维支持。

3. 基础设施配置

基于以上技术选型，进行如下具体的基础设施配置：

（1）服务器资源：根据预计流量和负载压力，合理规划服务器硬件配置，包括 CPU、内存、存储空间等，并考虑采用单机部署还是集群部署架构。

（2）网络架构设计：设计高可用网络架构，包括负载均衡器、CDN 加速、跨区域容灾备份策略等，确保服务稳定性和数据安全性。

（3）容器化与虚拟化：利用 Docker、Kubernetes 等容器编排工具进行应用部署，实现弹性伸缩和快速迭代更新。

（4）监控与日志系统：建立实时监控报警机制，配合 ELK Stack（Elasticsearch、Logstash、Kibana）或其他日志分析工具对系统运行状态、错误信息进行收集和分析。

（5）持续集成/持续部署（CI/CD）：设置自动化构建、测试、部署流水线，保证代码版本控制和高效迭代发布。

1.3.3 网站设计与前端开发

网站设计与前端开发是构建网站过程中紧密相连且至关重要的两个阶段，它们涵盖了从概念构思到用户界面呈现的整个流程。网站设计与前端开发是一个系统化的过程，不仅要求美观性和功能性，还需要充分考虑用户体验、可访问性和技术可行性等多个方面。

1. 后台管理系统原型设计

在这一阶段，设计师和产品经理合作，根据业务需求和功能清单创建后台管理系统的框架模型。通过绘制低保真或高保真的原型图，定义各个模块如用户管理、内容发布、数据分析等功能区块的布局和操作流程。

原型设计通常采用 Axure、Sketch、Adobe XD 等工具，以便于可视化地展示页面间的跳转关系、表单填写逻辑以及数据的增删改查等交互行为。

2. 视觉风格设定

视觉风格设计是指确定网站的整体色调、字体、图标、间距、形状以及其他视觉元素，以塑造独特的品牌形象和用户体验。

设计师会制定一套品牌指南或 UI 设计规范，包括但不限于颜色方案、按钮样式、导航菜单样式、图像处理规则等，确保所有页面保持一致的设计语言。

3. 网页布局与交互设计

网页布局涉及对网页的空间规划，如何在有限的屏幕空间内合理组织信息层级和结构，确保内容清晰易读，符合用户的阅读习惯和使用场景。

交互设计则关注用户的操作过程，如鼠标指针悬停效果、点击反馈、滚动动画、弹窗提示等动态交互方式。通过设计友好的交互体验来提升用户满意度和任务完成效率。

4. 前端开发与适配

（1）前端开发：基于设计稿和交互文档，前端工程师使用 HTML5、CSS3、JavaScript 编写代码实现静态页面和动态交互效果。现代前端开发往往利用框架（React、Vue.js、Angular 等）提高开发速度和可维护性。

（2）响应式设计：为了适应不同设备访问，前端开发者需实施响应式布局策略，确保网站能在桌面电脑、平板电脑和智能手机等多种设备上自动调整显示效果。

（3）功能实现与优化：前端开发还包括对接后端 API，实现数据获取、存储、更新等功能，并进行性能优化，比如资源加载优化、代码压缩、缓存策略设置等。

（4）兼容性测试：确保网站在各种浏览器（如 Chrome、Firefox、Safari、Edge 等）和操作系统环境下表现良好，对于不支持某些新特性的旧版浏览器也要做适当降级处理。

1.3.4 后端开发与数据库构建

电子商务网站的后端开发与数据库构建是整个项目的核心部分，它们负责处理业务逻辑、数据存储和管理，以及前后端交互等功能。

1. 后端开发

（1）业务逻辑实现：后端开发者根据需求分析文档编写服务器端代码，以处理商品发布、购物车管理、订单流程（包括下单、支付、发货、退款等）、用户认证与授权、促销活动规则实施等核心业务功能。

（2）API 设计与开发：采用 RESTful API 或其他规范设计接口，为前端应用、移动 APP 或第三方服务提供数据访问通道。这些接口通常会定义各种 HTTP 方法（GET、POST、PUT、DELETE 等）对应的操作，如查询产品信息、创建新订单、更新用户资料等。

（3）安全性控制：确保系统安全稳定，对敏感数据进行加密处理，防止 SQL 注入、XSS 攻击等常见安全威胁，并实现用户身份验证、权限管理和审计日志记录等功能。

（4）性能优化：通过缓存策略、数据库索引优化、负载均衡技术等方式提升系统响应速度和并发处理能力，保证在高流量下的稳定运行。

2. 数据库构建

（1）概念设计：基于业务需求，设计实体关系模型（E-R 图），明确各个实体（如用户、商品、订单、地址等）及其之间的关联关系。

（2）逻辑设计：将概念模型转换成具体的表结构设计，定义表的字段、数据类型、主键、外键约束等属性，并考虑数据库范式，合理化冗余数据。

（3）物理设计：选择合适的数据库管理系统（如 MySQL、PostgreSQL、MongoDB 等），并针对实际应用场景进行物理层面的优化，如分区表、索引策略、存储引擎选择等。

（4）数据完整性保障：通过设置约束条件（如唯一性约束、非空约束、参照完整性和触发器等）来维护数据的一致性和可靠性。

（5）数据备份与恢复策略：制定合理的备份计划，确保在发生故障时能够快速恢复数据，并且可能需要考虑使用读写分离、主从复制、分布式数据库等架构来提高系统的可用性和扩展性。

此外，在实际开发中，后端开发团队还应密切关注数据库操作效率，编写高效的 SQL 查询语句，同时配合前端完成实时数据推送、后台任务调度等工作，共同构建高性能、可扩展的电子商务平台。

1.3.5 支付系统与物流集成

电子商务网站的支付系统与物流集成是电商运营中至关重要的组成部分，它们直接影响到用户体验和交易的成功率。

1. 支付系统接入

（1）支付方式选择：电子商务网站通常需要提供多种支付选项以满足不同用户的需求，如信用卡/借记卡、第三方在线支付（如支付宝、微信支付）、银行转账、货到付款等。

（2）支付接口对接：与各类支付服务提供商进行 API 接口对接，确保在网站上能够安全、高效地完成支付流程，包括但不限于支付请求发起、支付状态实时查询、支付结果通知等环节。

（3）安全加密技术：采用 SSL 证书保证数据传输的安全性，使用 MD5、RSA 等加密算法对敏感信息进行处理，符合 PCI DSS 等支付行业安全标准。

（4）订单支付状态同步：当用户完成支付后，支付系统应能将支付结果及时反馈给电商平台，并自动更新订单状态为已支付，以便后续的发货及售后服务。

2. 物流服务整合

（1）物流服务商合作：与多家物流公司签订合作协议，接入其物流跟踪系统 API，实现订单配送过程中的实时追踪。

（2）地址管理与校验：在下单过程中对收货地址进行格式校验和有效性确认，通过地理信息系统（GIS）优化配送路线规划。

（3）包裹跟踪与通知：集成物流公司的 API，实现在用户中心显示订单物流状态，同时通过邮件或短信等方式推送物流进度变化通知。

（4）运费计算：根据商品重量、体积、目的地等因素动态计算运费，并展示给用户；部分网站还可能提供满额包邮、不同区域运费差异化设置等功能。

（5）退货物流处理：对于售后退货情况，也需要与物流商协同处理退件事宜，确保退货过程顺利进行并记录在案。

综合来说，支付系统与物流集成的目的在于构建一个无缝衔接的购物流程，提升用户的购物体验和信任度，同时也便于商家管理和控制交易成本，提高整体业务效率。

1.3.6 网站性能测试与优化

通过对网站性能进行测试和优化，电子商务网站可以有效提升用户体验，保障在高峰时段或促销活动时的稳定性和高效性。

1. 网站性能测试

（1）负载测试：模拟大量用户同时访问网站，检验在高并发场景下系统的处理能力和响应速度，识别系统瓶颈和可能的崩溃点。

（2）压力测试：通过不断增加系统负载直至其性能极限，评估网站在超出正常工作负荷时的行为表现以及恢复能力。

（3）稳定性测试：长时间持续施加稳定负载，检查网站在连续运行期间是否存在内存泄漏、资源耗尽等问题，确保服务的长期稳定性。

（4）响应时间测试：测量用户从请求到页面加载完成所需的时间，分析不同功能模块、页面和操作的响应速度，以优化用户体验。

（5）兼容性测试：检测网站在不同浏览器、操作系统及设备上的加载速度和显示效果，确保跨平台性能的一致性和可用性。

2. 网站性能优化

（1）前端性能优化。

①代码压缩与合并：对 CSS、JavaScript 文件进行压缩以减少体积，并合理合并文件，减少 HTTP 请求数量。

②缓存策略设置：利用 HTTP 缓存头信息控制资源缓存时间，实现静态资源复用，加快页面加载速度。

③图片优化：使用合适的图像格式，压缩图片大小，根据屏幕分辨率提供不同尺寸的图片资源。

④异步加载与延迟加载：非首屏内容可以采用异步加载方式，减少初始加载负担；对于长滚动页面，可应用延迟加载技术。

（2）后端性能优化。

①数据库调优：合理设计数据库表结构，创建索引，优化查询语句，提高数据读写效率。

②服务器配置调整：合理分配服务器硬件资源，启用负载均衡技术分散流量，优化服务器软件配置，如 Nginx 或 Apache 等 Web 服务器的配置参数。

③缓存机制引入：使用 Redis、Memcached 等缓存系统存储常用且不经常变动的数据，减轻数据库压力。

（3）CDN 加速：部署内容分发网络（CDN），将静态资源分布在全球各地的节点上，降低用户访问时延，提升网站响应速度。

（4）架构优化：考虑采用微服务架构，将复杂业务拆分成多个独立的服务组件，实现分布式部署，提高扩展性和灵活性。

（5）监控与日志分析：实时监控网站性能指标，定期收集和分析日志数据，发现问题及时优化，不断迭代改进网站性能。

1.3.7 网站上线部署与推广

电子商务网站上线部署不仅涉及技术层面的服务器配置、系统部署等工作，更需在上线后投入大量的精力于运维管理和推广策略上，确保网站稳定高效地运行，同时也能够吸引到更多目标用户，实现商业目标。

1. 上线部署

（1）服务器环境搭建：根据项目需求选择合适的服务器配置，包括操作系统、数据库、Web 服务器（如 Nginx 或 Apache）、应用服务器等，并进行相应的安装和配置。

（2）域名解析：购买并备案域名，设置 DNS 记录将域名指向服务器 IP 地址。

（3）SSL 证书安装：为了保证用户数据的安全性，需要为网站安装 HTTPS SSL 证书，确保传输加密。

（4）数据迁移与同步：在正式环境中导入开发阶段生成的数据，并进行必要的测试验证，确保数据迁移正确无误。

（5）系统部署与调试：将开发完成的电商网站代码上传至服务器，按照部署文档执行安装步骤，进行功能和性能的最后调试。

（6）备份策略制定：建立定期备份机制，包括数据库及重要文件的备份计划，以防数据丢失。

2. 线上运维管理

（1）监控与报警：设置实时监控工具对服务器资源使用情况、网站运行状态以及异常情况进行监控，并设定合理的报警阈值，以便及时处理问题。

（2）性能优化与故障排查：持续关注并分析网站性能指标，如页面加载速度、响应时间、并发处理能力等，通过调优提升用户体验。遇到故障时，快速定位问题并修复。

（3）安全防护：定期进行安全检测，修补漏洞，防止 DDoS 攻击、SQL 注入、XSS 攻击等安全威胁，同时保持软件更新以应对新的安全风险。

3. 网站推广策略

（1）SEO 优化：针对搜索引擎规则进行关键词优化、内外链建设、内容优化，提高网站在搜索结果中的排名。

（2）社交媒体营销：利用微博、微信公众号、抖音等社交平台发布有价值的内容，吸引用户关注并与之互动，扩大品牌影响力。

（3）广告投放：在搜索引擎、社交媒体、行业相关网站上进行精准广告投放，引导潜在客户访问网站。

（4）内容营销：通过博客、视频、图文教程等形式提供有价值的内容，增加用户粘性，树立品牌形象。

（5）活动策划与优惠促销：举办限时折扣、满减、买赠等促销活动，配合节日、热点事件进行主题营销，激发用户的购物欲望。

（6）邮件营销：建立用户订阅列表，定期发送产品更新、优惠信息等邮件，保持与用户的联系并刺激复购。

综上所述，在构建电子商务网站时，必须兼顾用户体验、功能完备性、安全性与合规性、搜索引擎优化、支付与物流集成等多个关键要素。此外，还应严格遵守电子商务相关法律法规，持续关注市场动态和技术发展趋势，定期对网站进行迭代更新和维护，才能确保电子商务网站长期稳健运营，为用户提供高效、安全、便捷的一站式购物体验。

课后练习

一、填空题

1. 电子商务的框架结构有网络基础设施层、_____、_____、商业服务层和_____。

2. 一个完整的网站通常包括_____、_____、_____等多个网页，并且拥有统一的_____和_____。

3. 按交易对象分类，电子商务网站可以分为_____、_____、_____和_____；按产品线宽度与深度分类，电子商务网站可以分为_____和_____。

二、简答题

1. 简述电子商务网站的构成。
2. 电子商务网站的评价指标都有哪些？
3. 简述电子商务网站的建设流程。

三、实践活动

浏览阿里巴巴、京东、eBay 等知名电子商务网站，并分析这些电子商务网站的商业模式、用户界面与用户体验设计、购物流程与支付体系，以及后台管理系统等的特点和优势。

第2章 网页设计与制作基础

本章导读

在信息化社会的洪流中，网页作为信息传播和交互的重要载体，其设计与制作已成为构建品牌形象、实现商业目标及优化用户体验的关键环节。

本章主要介绍网页设计与制作的基础知识。首先从网页基础开始，解析网页的概念、结构、组成元素及布局。接着探讨网页设计原则，并列举常用的设计工具以助于实践操作。随后讲解了网页制作的基本原则，涉及代码编写规范、响应式设计和性能优化等内容，同时简要介绍了 HTML、CSS 和 JavaScript 等关键的前端制作技术。最后介绍了网页设计与制作的整体流程，帮助学生理清从项目启动到最终交付的全过程。

通过对本章的学习，学生不仅能理解网页的构成原理、设计理念，更能掌握网页设计与制作的整体框架，为后续章节的网页设计与制作实践学习打下基础。

学习目标

- 理解网页的概念、结构、构成元素和布局。
- 掌握网页设计的基本原则和常用的网页设计工具。
- 掌握网页制作的基本原则和常用的网页制作技术。
- 掌握网页设计与制作的整体流程。

2.1 网页基础

在当前数字化、网络化的商业环境中，无论是企业展示产品与服务，还是消费者进行在线购物、获取信息和服务，网页都成为连接买卖双方的重要桥梁和媒介。

2.1.1 网页的概念

网页（web page）是组成网站的基本单元，一个网页可以包含文本、图像、视频等各种内容以及交互元素，它构成了用户在互联网上看到的单个页面内容。

网页在本质上是一个文件，一个存储在互联网上特定计算机服务器上的文件集合，这些文件通常由 HTML、CSS、JavaScript 等编程语言编写而成，并通过 HTTP 或 HTTPS 协议进行传输。每一个网页都有其唯一的地址标识（网址），即统一资源定位符（URL），它如同网页的"门牌号"，使得全球范围内的任何联网设备都能准确无误地找到并访问该网页。当用户在浏览器中输入网址时，系统将通过域名解析服务将其转换为服务器的 IP 地址，并向该服务器发送 HTTP 请求。服务器接收到请求后，检索并处理相关网页文件，以数据包的形式返回用户的计算机。用户端浏览器随后解析这些包含 HTML、CSS 和 JavaScript 代码的数据包，构建并渲染出可视化的网页界面，实现信息的有效传播与互动体验。

2.1.2 网页的结构

网页结构的设计与规划在网站构建过程中占据核心地位，它不仅决定了页面内容的组织逻辑、用户交互体验以及搜索引擎优化等多个方面，还直接影响着网站的品牌形象、信息传递效率和用户留存率。常见的网页结构如下：

1. 头部区域

头部区域位于网页最顶部，通常包括以下部件。

- 网站 Logo：是品牌形象的核心标志，常链接回首页。
- 导航栏：为用户提供便捷的导航路径，帮助他们快速找到所需的内容或服务。
- 搜索框：允许用户输入关键词进行站内搜索。
- 登录/注册入口：对于有会员功能的网站来说，这是必不可少的功能按钮。

2. 主体内容区域

主体内容区域是网页的核心，具体根据网站类型可能包含以下部件。

- 文章列表：博客、新闻类网站展示文章标题、摘要及图片等信息。

- 产品列表或详情页：电商网站展示商品图片、名称、价格及购买选项等。
- 功能区块：应用型网站或工具型网站展示主要功能模块和服务内容。
- 多媒体内容：如视频、音频、图像画廊等多媒体展示区。

3. 侧边栏

侧边栏为可选组件，用于提供附加信息或辅助功能，通常包括以下部件。

- 分类目录：按照主题对内容进行分类整理。
- 最新文章、热门推荐或相关阅读：增加用户停留时间和浏览深度。
- 广告位：放置广告以实现盈利目的。
- 社交媒体链接：引导用户关注社交媒体账号。

4. 页脚

页脚位于网页底部，包含但不限于以下部件。

- 链接导航：再次呈现网站的主要栏目或子页面链接。
- 法律声明：如隐私政策、使用条款、版权信息等。
- 联系方式：公司地址、电话、邮箱等联系方式。
- 社交图标：指向企业或个人在社交媒体上的官方账号。
- 版权年份和所有者信息。

随着移动优先理念的普及，网页结构设计时需充分考虑不同屏幕尺寸下的布局变化，确保在桌面端、平板电脑和手机等各种设备上都能提供良好的用户体验。

2.1.3 网页的构成元素

网页元素共同构建了一个完整的网页界面，通过合理的设计和排版，使得用户能够方便地获取信息，进行交互。网页的构成元素主要有以下几种。

1. 文本内容

文本内容是网页传达信息的核心部分，包括文章、标题、段落、列表等。

2. 图像

图像用于丰富网页视觉表现，可以是产品展示、插图、图标等形式。

3. 超链接

超链接是网页之间相互连接的关键机制，允许用户通过点击它跳转到其他页面、文件或者邮箱地址。

4. 多媒体内容

多媒体内容包括音频、视频播放器、嵌入式内容等。

5. 表单

表单是用户输入数据的区域，如搜索框、注册表单、联系表单等，用于收集用户信息或处理用户请求。

6. 动画和交互元素

动画和交互元素，如 JavaScript 特效、CSS 动画、Flash 动画（早期应用较多，现在更多使用 HTML5 技术实现）、滑块、弹窗等动态效果。

图 2-1 为典型的电子商务网站首页界面。

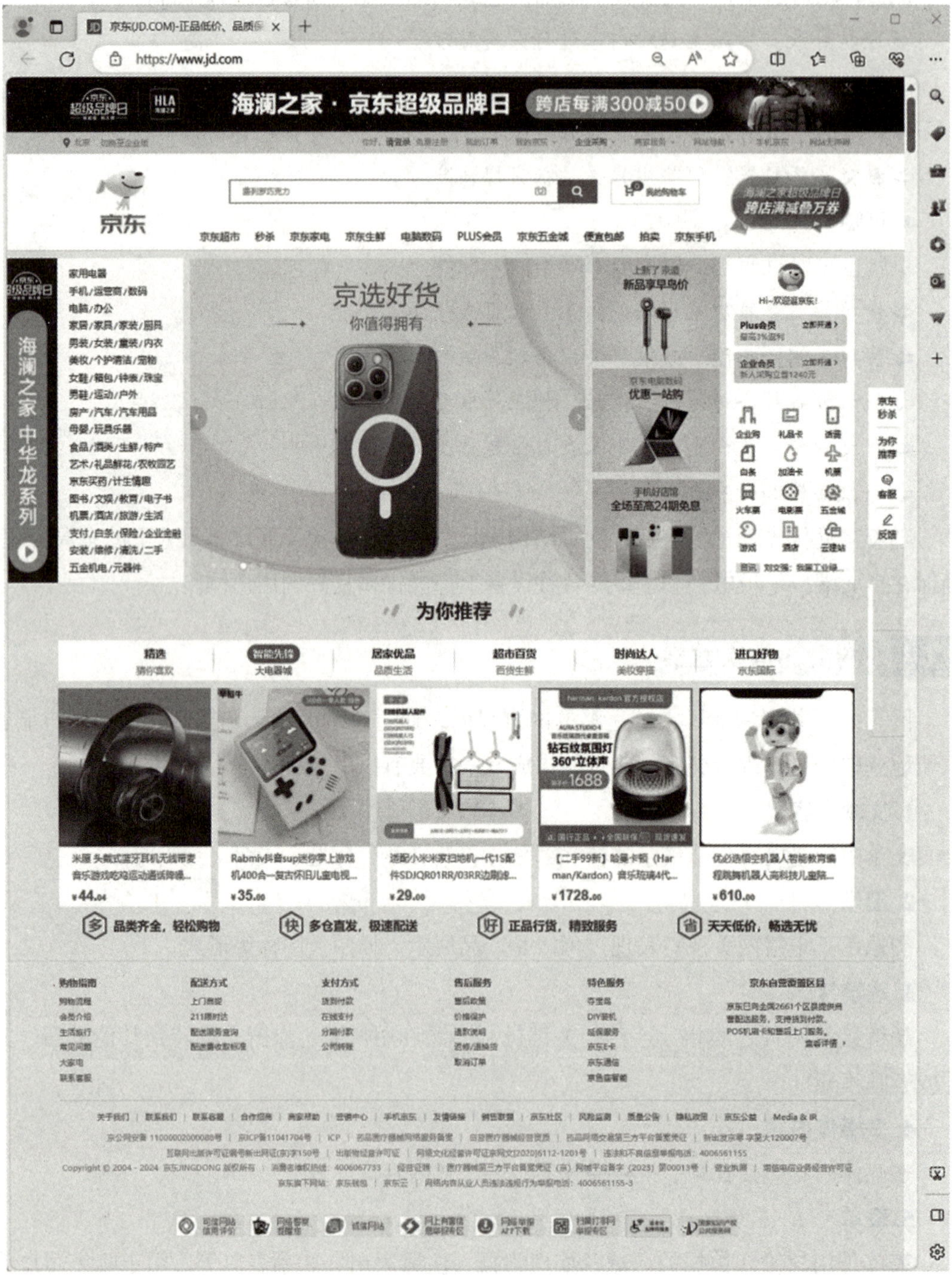

图 2-1　电子商务网站首页示例

2.1.4　静态网页和动态网页

1. 静态网页

静态网页是一种预先编写好固定内容并存储在服务器上的网页文件，当用户访问时，服务器直接将这些文件发送到用户的浏览器上展示。这类网页的内容和结构是相对固定的，不会根据用户的请求或交互而发生改变。

静态网页的主要特点如下：

- 内容固定不变：静态网页的 HTML、CSS 和 JavaScript 代码是在创建时就已经确定好的，不随时间和用户的不同请求而变化。
- 开发简单：由于内容固定，静态网页通常通过简单的文本编辑器或专用的网页设计工具（如 Adobe Dreamweaver）就可以创建，不需要复杂的服务器端编程。
- 加载速度快：因为服务器只需读取并发送存储在硬盘上的文件，无须执行任何脚本或数据库查询操作，所以静态网页的加载速度相对较快。
- 维护成本较高：如果需要更新页面内容，必须手动修改相应的 HTML 文件，并重新上传至服务器，对于大型网站或频繁更新内容的场景，维护成本较高。
- 无个性化功能：静态网页无法提供个性化的用户体验，比如用户登录状态、动态搜索结果等，因为它们不具备与服务器进行实时交互的能力。

静态网页适用于展示固定信息且不需要频繁更新的场合，如个人博客、小型企业介绍、产品说明书等。随着现代 Web 技术的发展，越来越多的网站采用混合模式，即部分内容静态化以提升性能，同时结合动态元素来实现互动和个性化功能。

2. 动态网页

动态网页是一种网页编程技术，它允许网页的内容和表现形式根据不同的条件或用户请求动态生成。与静态网页不同，动态网页并不是在服务器上存储一个固定的 HTML 文件内容，而是在用户访问时，服务器端的脚本语言（如 PHP、ASP.NET、JSP、Python 等）和数据库系统（如 MySQL、SQL Server 等）共同作用来实时生成页面内容。这意味着每个用户请求可能会得到个性化或更新鲜的信息。

动态网页的主要特点如下：

- 交互性：动态网页可以与用户进行互动，比如处理表单提交、用户登录、状态跟踪等功能，能够提供更丰富、个性化的用户体验。
- 数据库驱动：动态网页通常以数据库技术为基础，通过查询数据库获取实时数据，并将这些数据整合到网页中展示给用户，从而实现内容的动态更新和管理。
- 自动更新：网站管理员可以通过后台管理系统轻松更新和维护网页内容，无须直接修改 HTML 文件，大大降低了维护工作量。
- 动态生成 URL：动态网页的 URL 可能包含参数信息，例如"？后面的内容"，这有助于服务器识别并处理特定的用户请求，但也可能导致搜索引擎优化上的挑战，需要通过重写 URL 或者使用其他 SEO 策略来解决搜索引擎抓取问题。
- ➡ 性能考虑：虽然动态网页提供了灵活性和交互能力，但其生成过程相对静态网页而言会消耗更多的服务器资源，可能影响加载速度，因此合理的缓存策略和技术优化是必要的。
- ➡ 可扩展性：动态网页技术使得构建功能复杂、规模庞大的网站成为可能，如电子商务平台、社交网络、在线论坛等，并且支持用户注册、订单处理、内容发布等各种高级功能。

动态网页的应用非常广泛，适用于各种规模的网站和复杂的业务需求。它可以实现个性化的内容展示、用户行为分析、数据分析等功能，提高网站的用户体验和业务价值。然而，动态网页的实现和维护相对复杂，需要一定的技术和开发成本。

2.2 网页设计基础

如果说网站设计就像一个城堡的整体轮廓和形象，宏观地涵盖了整个网站的策划、架构设计以及功能设定等多个层面，那么网页设计就是城堡里面的内置环境，更加具体和微观，其专注于单个网页或一组相关网页的设计与实现，需要有很高的审美性，并能提供访客想要参阅的数据资料。

2.2.1 网页设计的基本原则

网页作为电子商务活动中的关键载体，在信息传播与服务提供方面扮演着至关重要的角色。通过精心设计的网页，企业能够有效地展示品牌形象，详细传达商品特性，并为用户提供便捷高效的交易服务。因而，在构建电子商务平台时，对网页进行科学合理且符合用户体验的设计是成功开展线上业务的关键要素之一。

网页设计的基本原则有如下几个方面。

1. 用户体验优化

（1）清晰的视觉层次：通过精心搭配大小、颜色与位置，构建信息层级结构，引导用户视线流动。

（2）高效的导航系统：创建简洁明了的主导航和辅助导航系统，便于用户快速定位所需内容，提升浏览和交互效率。

（3）合理的空间布局：依据内容重要性及阅读习惯安排元素分布，确保页面整洁有序，重点突出商品信息和服务内容，让用户能快速识别并获取关键价值点。

2. 内容优先与品牌一致性

（1）用户导向的内容策划：根据目标用户需求规划内容，并保证内容组织结构逻辑清晰，易于理解和操作，提高用户满意度和留存率。

（2）品牌一致性：确保品牌的视觉识别元素、设计理念以及情感诉求等核心要素，在界面风格、色彩搭配、图标设计乃至字体选择、交互方式、文案表达等各个层面得到统一且一致的体现，为用户提供一种熟悉且舒适的浏览环境，加深用户对品牌的认知，传达品牌价值，培育用户的信任度，进一步强化品牌的市场竞争力和影响力。

3. 互动性设计与安全性提示

（1）互动元素设计：按钮、链接等的设计应简洁明了，易于识别和操作，并具有快速响应能力，为用户提供流畅的操作体验。

（2）安全保障：在涉及交易和个人隐私数据环节，应明确展示安全认证标识（如SSL证书、信任徽章等），以建立用户对网站的信任感和安全感。

4. 色彩搭配与字体选择

（1）色彩搭配：运用色彩心理学理论来选取合适的颜色方案，通过不同色彩传达特定的品牌调性和情绪氛围，同时确保色彩间的对比度适宜，以利于信息层次分明、视觉焦点突出，并引导用户的浏览路径。

（2）字体选择：遵循易读性原则，选用易于辨识且符合阅读习惯的字体。例如，为正文内容使用无衬线字体，根据需要使用衬线字体凸显标题或重要信息，并注意调整字重、尺寸及间距等排版要素，从而优化页面的可读性，提升整体视觉效果。

遵循良好的网页设计原则至关重要，它不仅有助于提升网站的整体视觉吸引力，还能优化用户体验，确保用户在浏览和使用过程中感到舒适愉悦，操作简单直观。一个设计得当的网页不仅能有效传达品牌价值和产品优势，更能促进用户的购买决策过程，从而显著提高转化率和客户满意度。

2.2.2 网页设计工具

在进行网页设计项目时，选择恰当的工具至关重要，它们能够极大地提高工作效率、简化工作流程，并帮助设计师和开发者应对从视觉设计到原型制作等不同环节的需求。

网页设计工具主要有图像处理软件、图形设计软件和原型设计软件等。

1. 图像处理软件

图像处理软件能够编辑高质量的图片及复杂的视觉效果，确保图像内容与整体布局风格一致，并可根据需要调整大小、格式、分辨率等属性来适应不同设备和浏览器环境，同时进行必要的压缩处理以加快页面加载速度。此外，图像处理工具还支持切片操作和响应式图像准备，有助于构建灵活且适配性强的现代网页界面。常用的图像处理软件有以下几种。

（1）Adobe Photoshop。Adobe Photoshop 是由 Adobe Systems 开发和发行的一款世界知名的图像处理软件，自 1990 年首次发布以来，已经成为图形设计、摄影后期处理、网页图像优化、数字艺术创作等领域不可或缺的专业工具。Photoshop 主要用于编辑和创建基于像素的图像，并提供了广泛的功能集来满足不同用户的需求。Adobe Photoshop 因其强大的功能和灵活性而深受专业摄影师、平面设计师、插画师、网页设计师以及数字艺术家的喜爱，是行业标准级别的图像编辑软件。随着版本的不断更新，Photoshop 始终紧跟时代潮流，引入更多创新技术和功能，持续提升用户体验和创作效率。Adobe Photoshop 软件的图标如图 2-2 所示。

（2）GIMP。GIMP（GNU Image Manipulation Program）是一款开源、免费的图像编辑软件，它提供了丰富的图像处理功能，可以与商业级别的图像编辑工具如 Adobe Photoshop 相媲美。GIMP 适用于多种操作系统，包括 Windows、Linux 和 macOS，并且具有高度可定制性和扩展性。作为一款全面的图像处理解决方案，GIMP 因其免费、跨平台、功能强大等特点，成为许多专业设计师、艺术家和业余爱好者的首选。GIMP 软件的图标如图 2-3 所示。

（3）Paint.NET。Paint.NET 是一款专为 Windows 操作系统设计的免费图像和照片处理软件，由华盛顿州立大学的学生里克·布鲁斯特（Rick Brewster）发起并维护开发。该软件最初是作为 Microsoft Paint 的一个功能更强大、更现代化的替代品而创建的，并且在微软公司的项目指导下不断成长和完善。Paint.NET 以其简单易用性和强大的图像编辑功能，在免费图像处理软件领域内获得了广泛的赞誉和用户基础。Paint.NET 软件的图标如图 2-4 所示。

图 2-2　Adobe Photoshop 图标　　　　图 2-3　GIMP 图标　　　　图 2-4　Paint.NET 图标

2. 图形处理软件

图形设计软件支持矢量图形编辑，使设计师可以创建出无限缩放而不失真的图像，精确地控制颜色、形状、纹理、字体和整体视觉风格，轻松地制作出高质量的图像、图标，创建动态效果和响应式布局，提高网页设计的质量和吸引力，从而为用户提供更好的浏览体验。常用的图形处理软件如下：

（1）Adobe Illustrator。Adobe Illustrator 是一款由 Adobe 公司开发的专业级矢量图形设计软件，被广泛应用于全球的图形设计、插图绘制、多媒体创作以及印刷出版行业。作为业界标准的矢量编辑工具之一，Illustrator 允许设计师和艺术家创建高质量的可缩放图形，无论从简单的 Logo 设计到复杂的多页图文排版、包装设计、网站 UI 元素、动态图形甚至是数据可视化图表等，都能游刃有余。Adobe Illustrator 是一款功能强大且全面的图形设计解决方案，是图形设计师、插画师、艺术工作者和其他创意专业人士不可或缺的工具之一。Adobe Illustrator 软件的图标如图 2-5 所示。

（2）Vectr。Vectr 是一款用户友好、功能丰富的免费在线及桌面矢量图形设计工具，适用于专业设计师和非专业人士。它提供了直观的界面和实时协作功能，支持团队成员通过链接共同编辑设计项目，并确保数据安全地自动保存。Vectr 兼容多种平台，包括 Windows、Mac 和 Linux 系统，用户可以轻松创建 Logo、名片、海报等各种矢量图形，作品可导出为 PNG、SVG 等多种格式。Vectr 软件致力于简化矢量图形设计过程，让更多人能够快速上手并产出高质量的设计成果。Vectr 软件的图标如图 2-6 所示。

图 2-5　Adobe Illustrator 图标

图 2-6　Vectr 图标

（3）CorelDRAW。CorelDRAW 是一款由加拿大 Corel 公司开发的知名矢量图形设计软件，适用于 Windows 和 Mac 系统。自 1989 年发布以来，因其强大的矢量图像创作、精确编辑和排版布局功能而在平面设计领域占据重要地位。该软件不仅支持高精度的 Logo 设计、插图绘制及多页文档排版，还具备位图编辑、全面的文字处理、颜色管理和高质量输出预览等功能，并且兼容多种文件格式如 AI、EPS、PDF 等，附带丰富资源库以加速设计进程，广泛应用在商标、标志、印刷出版物、广告、网页图形等多个行业设计中。随着版本更新，其功能性和用户体验持续优化升级。CorelDRAW 软件的图标如图 2-7 所示。

图 2-7　CorelDRAW 图标

3. 原型设计软件

原型设计软件能够快速构建可视化的页面模型，实现早期用户验证和功能规划，并通过模拟交互行为促进团队沟通协作。原型工具支持迭代优化设计，在开发前评估成本效益，有效避免后期修改成本，从而提升产品质量，增进用户体验，并推动项目成功实施。

常用的原型设计软件有如下几种。

（1）Adobe XD。Adobe XD（全称 Adobe Experience Design）是一款由 Adobe 公司开

发的专业级设计和原型制作工具，主要用于创建网站、移动应用程序以及其他数字产品的交互式用户体验与用户界面设计。它提供了从概念草图到最终原型的一站式解决方案，旨在简化 UX/UI 设计师的工作流程，并支持团队间的协作。Adobe XD 是一个集设计与原型制作于一体的现代设计工具，是 UI/UX 设计师进行数字化产品设计的理想选择。Adobe XD 软件的图标如图 2-8 所示。

（2）Axure RP。Axure RP 是一款强大的、业界广泛认可的快速原型设计工具，由美国 Axure Software Solution 公司开发。这款软件专为产品经理、业务分析师、信息架构师、交互设计师、UI 设计师等专业人士设计，用于创建应用软件和 Web 网站的高保真度原型、线框图、流程图以及生成详细的规格说明文档。Axure RP 因其高度灵活性和强大功能，在产品设计领域有着广泛的用户基础，是 UX/UI 设计流程中不可或缺的重要工具之一。Axure RP 软件的图标如图 2-9 所示。

图 2-8　Adobe XD 图标　　　　图 2-9　Axure RP 图标

（3）Sketch。Sketch 是一款专为 macOS 平台设计的矢量图形编辑和界面设计工具，由荷兰公司 Sketch B.V. 开发。它在数字产品设计师社区中广受欢迎，尤其是在用户界面（UI）和用户体验（UX）设计领域。Sketch 以其简洁高效的界面、强大的矢量绘图功能以及针对界面设计优化的工作流程而著称。需要注意的是，Sketch 目前仍仅限于 macOS 操作系统使用，尚未提供 Windows 或 Linux 版本。自 Sketch 推出以来，其创新的特性受到了广泛认可，并对 UI/UX 设计行业标准产生了重要影响。随着设计工具市场的竞争和发展，Sketch 也在不断迭代更新，以适应不断变化的设计需求和工作流程。Sketch 软件的图标如图 2-10 所示。

（4）Figma。Figma 是一款基于云的界面设计工具，专为 UI/UX 设计师打造，它革新了传统的设计流程，使得团队协作更加高效和实时。Figma 凭借其创新的工作模式和强大的功能集，已经成为 UI/UX 设计领域中的一款主流工具，尤其适合需要频繁协作和快速迭代的设计团队使用。Figma 的图标如图 2-11 所示。

（5）即时设计。即时设计是一款专业级的在线 UI 设计工具，它提供了云端协作功能，允许设计师和团队成员无论身处何处都能实时共同编辑和创作设计作品。它兼容 Sketch、Figma 等工具格式的导入/导出，并拥有全套矢量编辑能力，包括交互原型制作与智能标注切图功能。该软件提供丰富的组件库和模板资源，实现从设计到交付的一站式服务，优化了跨平台的设计与团队协作流程，助力设计师高效完成从原型绘制至高保真设计的全过程。即时设计的图标如图 2-12 所示。

 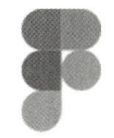 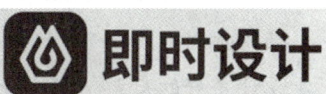

图 2-10　Sketch 图标　　　　图 2-11　Figma 图标　　　　图 2-12　即时设计图标

2.3　网页制作基础

优质的网页制作涵盖了前端用户体验优化、后端数据安全稳定处理以及响应式设计。响应式设计确保了网站能够适应多设备访问，而前端用户体验优化和后端数据安全稳定处理则确保了购物流程的顺畅与交易环境的安全可靠。这些因素共同作用，在塑造电商品牌形象、提升市场竞争力和拓展市场份额等方面扮演着至关重要的角色。

2.3.1　网页制作的基本原则

电子商务网页制作的基本原则包括但不限于以下几个方面。

1. 标准化编码与语义化布局

- 遵循 W3C 标准编写 HTML、CSS 和 JavaScript 代码，确保网页结构清晰，符合语义规范，有利于搜索引擎理解内容并提升 SEO 效果。
- 使用适合电商网站的 HTML5 元素（如 '<article>'、'<section>' 等）来组织商品信息和内容区块。

2. 速度与性能优化

- 对图片、CSS 和 JavaScript 文件进行压缩以减少资源大小，使用 CDN 加速内容分发。
- 通过合并文件、减少 HTTP 请求、利用缓存策略等方式提高页面加载速度。
- 对首屏内容进行特别优化，采用懒加载或预加载技术提高用户浏览体验。
- 合理设置网页标题、描述标签和关键词，确保每个商品页面具有独特且富含关键词的元数据，以提升搜索引擎优化效果。

3. 响应式设计与兼容性测试

- 确保网页能够自适应不同设备屏幕尺寸和浏览器环境，实现跨平台的良好视觉效果与交互体验。
- 在多种主流浏览器（如 Chrome、Firefox、Safari、Edge 以及移动端浏览器）及设备（桌面电脑、平板、手机等）上进行全面的兼容性测试。

4. 可维护性和扩展性

- 采用模块化和组件化的开发方式，将重复使用的部分抽象为组件，方便代码复用和更新。

- 结合前端框架（如 React、Vue.js 等）构建 SPA 应用，提升用户体验和后台接口对接效率。
- 设计良好的后端 API，使前后端分离，便于后续功能迭代和升级。

5. 无障碍访问与合规性
- 考虑到残障人士的需求，遵循 WCAG（Web Content Accessibility Guidelines）标准，确保网页对各类用户均具有良好的可访问性。
- 遵守相关法律法规要求，特别是在处理用户隐私和个人数据时，严格遵守 GDPR 等相关规定。

6. 动态适应性与持续优化

随着市场趋势的变化、用户行为习惯的发展以及来自用户反馈的意见，网页制作应保持一定的灵活性和迭代更新能力，根据实际情况适时调整和优化，确保其始终能满足不断变化的用户需求和行业标准，促进网站的整体性能和竞争力的不断提升。

遵循网页设计制作的原则对于电子商务网站来说是至关重要的，它直接关系到网站的整体性能、用户留存、销售转化以及长期的品牌发展。

2.3.2 网页制作技术

要进行电子商务网页制作，需要用到编辑器、文本标记语言、层叠样式表和脚本语言。下面分别进行介绍。

1. 编辑器

编辑器是程序员和开发者进行网页制作与软件开发过程中不可或缺的工具，它们提供了对编程语言文本文件的强大支持，旨在提高编写、阅读、修改和管理代码的效率。编辑器包括代码编辑器、集成开发环境、在线编辑器，以及文本编辑器与版本控制集成工具等。常用的网页制作编辑器如下：

（1）Adobe Dreamweaver：Adobe Dreamweaver 是一款由 Adobe 公司开发的专门针对网页设计与开发的可视化工具，同时具备所见即所得的设计界面与代码编辑模式。Dreamweaver 自 1997 年发布以来，一直是网页设计师和前端开发者构建网站的主流工具之一。随着时间的推移，Dreamweaver 也在不断更新迭代，以适应现代 Web 技术的发展需求，例如支持 HTML5、CSS3、jQuery 等新技术框架。Adobe Dreamweaver 的图标如图 2-13 所示。

使用 Dreamweaver 可以提高整个开发流程的效率和质量，通过提供可视化编辑界面、自动代码补全以及实时预览功能，显著减少手动编写代码时的重复工作，加快了开发速度。

图 2-13 Adobe Dreamweaver 图标

（2）Visual Studio Code（VS Code）：Visual Studio Code 是一款由微软开发的免费、

开源且跨平台的源代码编辑器。它支持 Windows、macOS 和 Linux 操作系统,并且专为现代 Web 和云应用的开发而设计,但不仅仅局限于这些领域,通过其丰富的插件系统,可以扩展支持多种编程语言和框架。Visual Studio Code 凭借其强大的核心功能、出色的性能表现和广泛的社区支持,已成为众多开发者的首选代码编辑器之一。Visual Studio Code 的图标如图 2-14 所示。

(3) Sublime Text:Sublime Text 是一款流行的、跨平台的源代码文本编辑器,由澳大利亚程序员乔恩·斯金纳(Jon Skinner)开发。它以轻量级、快速启动和高度可定制性而闻名于开发者社区。尽管 Sublime Text 本身是一个收费软件,但其试用期无限制,用户可以选择在长期使用后付费购买许可证以支持开发者的持续维护和更新。由于其出色的表现和丰富的功能集,Sublime Text 在全球范围内受到了广大开发者的喜爱和推崇。Sublime Text 的图标如图 2-15 所示。

图 2-14　Visual Studio Code 图标

图 2-15　Sublime Text 图标

2. 文本标记语言

文本标记语言是一种计算机语言,它使用特定的标签和指令来对纯文本进行结构化处理。这些标签不改变文本内容本身,而是定义了如何展示和解释文本。常用的文本标记语言有如下几种。

(1) HTML:HTML(hypertext markup language)是一种标准的标记语言,用于创建网页和展示内容。它由一系列的标签构成,这些标签可以对文本、图像、链接和其他内容进行描述和组织,以便浏览器能够正确地解析并呈现网页。HTML 作为万维网的基础,为网页内容的创建和展示提供了一套标准化的方法论。随着 HTML 版本的不断更新和迭代,其功能愈发强大和完善,极大地促进了互联网内容的发展和丰富。

(2) XML:XML(extensible markup language)是一种可扩展的标记语言,用于定义用户自定义的数据结构,适用于数据交换、文件配置、文档存储等领域。与 HTML 主要用于显示信息不同,XML 着重于描述数据本身及其结构,而不涉及如何展示数据。作为一种通用的数据描述语言,XML 在现代信息技术领域有着广泛的应用,特别是在需要标准化、结构化数据表示和传输的场合。

(3) XHTML:XHTML(extensible hypertext markup language)是超文本标记语言(HTML)与可扩展标记语言(XML)相结合的一种标记语言,旨在提供一种更为严格和纯净的 HTML 版本。虽然 XHTML 的设计初衷是为了替代 HTML,但在实践中,后面发展起来的 HTML5 对错误更加宽容,提供的 API 接口也很丰富,这导致 XHTML 并未完全取代 HTML 成为主导的 Web 页面编写方式。然而，XHTML 的一些原则和最佳实践仍然影响着现代 HTML 代码的编写风格，促使开发者编写更加规范和标准化的 HTML 代码。

（4）Markdown：Markdown 是一种轻量级的标记语言，由约翰·格鲁伯（John Gruber）在 2004 年与亚伦·斯沃茨（Aaron Swartz）共同设计。Markdown 的主要目标是提供一种易读易写的纯文本格式，并且可以方便地转换为结构化的 HTML 文档。Markdown 的语法简洁明了，旨在使作者专注于内容创作的过程，而非复杂的排版样式。通过使用特定符号或字符组合，用户可以创建标题、段落、列表、强调文本、链接、插入图片等常见文本格式元素，而无须记忆大量的标签语法。

3. 层叠样式表

层叠样式表（cascading style sheets, CSS）是一种标准样式表语言，主要用于设置 HTML 页面中的文本内容（字体、大小、对齐方式等）、图片的外形（宽高、边框样式、边距等）以及版面的布局等外观显示样式。

CSS 的主要优势在于将样式和内容分离，使得网页设计更加灵活和易于维护。通过使用 CSS，可以将网页的外观和样式信息与网页的内容定义（由 HTML 或 XML 等标记语言定义）分离开来，从而实现网页设计的模块化和可重用性。

CSS 不仅可以静态地修饰网页，还可以配合各种脚本语言动态地对网页各元素进行格式化。CSS 的应用使得网页设计更加丰富和灵活，同时也提高了网页的可访问性和可维护性。

4. 脚本语言

脚本语言是一种特殊的计算机语言，主要用于向其他软件发出指令，如网络浏览器、服务器或独立的应用程序。这些语言一般需要解释器才能运行，即由另一个程序来执行其中的代码。常见的脚本语言包括 JavaScript、PHP、Ruby、Python 等，它们都有着广泛的应用。

（1）JavaScript：JavaScript 是一种广泛应用于网页和网络应用开发的高级、解释型编程语言。它是为增强网页交互性而创造的，可以直接嵌入 HTML 中，并且能够在用户的浏览器上实时执行，控制网页的行为，处理用户输入，创建动画效果，以及与服务器进行异步通信（AJAX）。随着现代 Web 技术的发展，JavaScript 已经成为现代 Web 开发不可或缺的一部分，它的功能已经远远超越了最初的网页表单验证和简单动画制作，现在可以用来构建复杂的单页应用、游戏、实时通信系统以及其他各种前端和后端解决方案。

（2）PHP：PHP（page hypertext preprocessor），即超文本预处理器，是一种开源、免费的通用服务器端脚本语言，主要用于 Web 开发，以创建动态网页和交互式应用程序。PHP 代码可以嵌入 HTML 中，并由安装在 Web 服务器上的 PHP 解释器来解析执行，生成 HTML 内容后返回客户端浏览器。PHP 能够处理表单数据、数据库操作以及其他服务器端逻辑，并将结果输出到 HTML 页面上。PHP 起初是为了解决个人主页开发而设计的，但随着功能的不断丰富和完善，现已成为构建复杂企业级 Web 应用的重要工具之一，常用于开发博客系统、电子商务网站、论坛、内容管理系统（CMS）、API 接口等各类在线项目。

（3）Ruby：Ruby 是一种面向对象的脚本编程语言，以其简洁、优雅和高度灵活的语法而闻名。它由日本计算机科学家松本行弘（Yukihiro Matsumoto）于 1993 年开始设计，并在 1995 年正式对外发布。Ruby 的设计哲学强调了代码可读性和简洁性，旨在使程序员更快乐，提高开发效率。Ruby 语言被广泛应用于 Web 开发、服务器脚本编写、自动化任务处理、测试脚本编写等多个领域，并且拥有活跃的社区和丰富的第三方库资源。

（4）Python：Python 是一种高级、通用型的解释性编程语言，由荷兰程序员吉多·范罗苏姆（Guido van Rossum）于 20 世纪 90 年代初设计并首次发布。Python 的设计哲学强调代码的可读性和简洁性，采用动态类型系统和垃圾回收机制，支持多种编程范式，包括面向对象、命令式、函数式和过程式编程。Python 以其高度灵活性、强大的功能和广泛的社区支持，在全球范围内被广大开发者和科研人员所喜爱和使用。

2.4 网页设计与制作流程

本节介绍电子商务网页设计与制作的整个流程，通过了解这个流程，我们可以更好地组织和管理网页制作工作，并确保最终交付的网页符合客户的要求和期望。

2.4.1 需求分析阶段

1. 需求理解与场景分析

（1）进行市场研究、用户访谈等以收集目标用户群体的需求和行为特征，明确产品定位及核心价值。

（2）基于收集到的数据，形成详细的用户画像，并通过场景构建来描绘典型使用情景。

2. 功能清单创建与核心功能识别

（1）列出所有可能的功能点，梳理成功能清单。

（2）对功能清单进行优先级排序，确定并详细描述最为核心的功能模块。

2.4.2 原型设计阶段

1. 原型设计与创建

（1）采用 Axure、Sketch、Adobe XD 等工具绘制电商网站的低保真或高保真的线框图，展示页面布局和信息架构。

（2）定义交互逻辑，包括页面跳转关系、按钮点击反馈、表单填写过程等。

2. 原型测试与迭代改进

（1）组织内部评审会，获取团队成员和利益相关者的初步反馈。

（2）开展用户测试，收集潜在用户对原型的意见和建议。

（3）根据测试结果对原型进行反复调整和完善，直至达到满意的用户体验水平。

2.4.3 视觉设计阶段

1. 色彩运用与视觉风格设定

（1）制定电商品牌专属的颜色方案，考虑色彩心理学影响和品牌调性传达。

（2）设计主题色、辅助色以及背景色搭配规则。

2. 图像资源选择与处理

（1）挑选符合品牌形象和内容情境的图片、插画或图标素材。

（2）对选定的图像进行裁剪、缩放、格式转换等优化处理，确保加载速度和质量平衡。

3. 字体与排版设计

（1）选用易读且体现品牌特色的字体组合，定制特殊字形或样式（如标题、副标题、正文）。

（2）设计文本块、列表项、引用等不同文本元素的排版样式，并保持页面内一致性。

4. 版式布局与动效规划

（1）细化页面各区块的空间分配，确保信息层次清晰，视觉焦点突出。

（2）构思页面间的过渡效果、动态组件动画，增强用户体验的连贯性和趣味性。

2.4.4 页面设计阶段

1. 页面类型设计与组件规范

（1）为不同类型页面（首页、详情页、表单页等）设计独特的模板和交互模式。

（2）定义各个 UI 组件的设计规格文档，包含尺寸、间距、状态变化等细节。

2. 交互设计与前端开发对接

（1）将详细交互设计稿交付给前端开发者，并说明交互事件触发机制和响应方式。

（2）协同工作，确保设计意图准确无误地转化为代码实现。

2.4.5 前端开发阶段

1. HTML 结构搭建与内容语义化

（1）页面结构规划与元素布局。

①根据项目需求和信息架构设计，确定网页的基本框架和各个部分的逻辑关系。

②使用 HTML5 语义标签构建页面内容区块，确保网页具有良好的可读性和搜索引擎友好性。

（2）嵌入文本、图像及多媒体资源。

①正确编写段落和标题内容，保证文本的层次清晰。

②插入并优化图片资源，包括设置 alt 属性以提升可访问性。

③实现音频、视频等多媒体内容嵌入并对其属性进行控制。

（3）超链接和导航系统实现。

①创建基本内链和外链。

②设计和实现导航菜单，确保在不同设备上均可正常工作。

2. CSS 样式设计与响应式布局

（1）CSS 基础样式设定。

①应用 CSS 选择器为 HTML 元素添加颜色、字体、字号、行高等基本样式。

②通过设置盒模型的 margin、padding、border 属性调整元素空间布局。

（2）精细化样式控制。

①使用 CSS 伪类和伪元素实现动态效果，如悬停状态、激活状态等。

②定制复杂布局，运用 Flexbox 或 Grid 布局技术实现灵活多变的界面设计。

（3）响应式设计实践。

①通过媒体查询实现不同屏幕尺寸下的自适应布局。

②针对移动端和平板电脑优化样式，确保在各种设备上视觉效果一致且易于操作。

3. JavaScript 动态功能开发

（1）用户交互行为实现。

①编写 JavaScript 脚本，监听用户事件（如点击、滚动、输入等），并根据事件触发相应的 DOM 操作。

②利用 JavaScript 实现动态效果，如滑动切换、动画过渡、表单验证等。

（2）数据获取与异步处理。

①使用 AJAX 技术调用 API 接口，实现无刷新数据加载。

②处理异步请求返回的数据，将数据显示到页面中或者更新 DOM 结构。

③错误处理。当 AJAX 请求失败时，提供合适的错误提示或回退机制。

4. 表单构建与数据处理

（1）设计并创建表单组件，结合 CSS 实现自适应和美观布局。

（2）添加客户端验证逻辑，保证提交数据的有效性和安全性。

（3）对接后端服务，实现表单数据的提交和接收。

5. 后端集成对接

（1）与后端开发人员合作，完成数据库连接、API 接口的对接和数据传输逻辑。

（2）调试前后端数据交互，确保数据实时同步和更新正确。

2.4.6 测试与发布阶段

1. 功能测试与兼容性测试

（1）执行详尽的功能测试计划，检查每个功能模块是否按预期运行。

（2）在多种设备和浏览器环境下进行兼容性测试，排查潜在问题。

2. 响应式与性能测试

（1）验证网页在桌面电脑、平板、手机等多终端上的显示效果和交互体验。

（2）利用性能测试工具评估加载速度、渲染效率，优化网页性能。

3. 部署与上线

（1）将已完成并测试合格的项目文件上传至服务器。

（2）配置域名绑定与 SSL 证书安装（如果适用），确保网站的可访问性和安全性。

（3）进行线上环境下的最终确认测试，确保一切正常后正式发布。

2.4.7 维护与更新阶段

1. 网站性能监控与问题修复

（1）实施实时性能指标监测，包括但不限于页面加载速度、响应时间、资源利用率等关键指标。

（2）通过日志分析和故障排查工具识别潜在的技术问题和性能瓶颈。

（3）制定并执行定期的性能优化计划，快速响应并解决出现的问题以提升用户体验。

2. 用户反馈收集与需求整合

（1）建立多渠道用户反馈机制，如在线调查问卷、客服沟通、社交媒体监听等。

（2）对用户反馈进行分类整理，分析其背后的需求趋势和痛点。

（3）根据业务发展情况与市场变化，结合用户反馈数据，形成改进建议和新功能需求列表。

3. 网页内容与功能迭代升级

（1）基于用户反馈及业务需求，策划网页内容更新方案，包括文本、图片、视频等多媒体资源的更新替换。

（2）针对用户使用习惯和满意度，调整和优化已有功能模块，确保功能易用性和实用性。

（3）开发并上线新的功能特性，满足不断发展的业务需求和市场环境，推动产品创新与竞争力提升。

课后练习

一、选择题

1. 网页的结构包括_____、_____、_____和_____。

2. 网页的构成元素包括_____、_____、_____、_____、_____、_____和_____。

3. 要进行网页制作,需要用到_____、_____、_____和_____。

二、简答题

1. 简要叙述网页与网站的区别与联系。
2. 网页设计的原则有哪些?
3. 网页制作的原则有哪些?

三、实践活动

安装 Adobe Photoshop 图像处理软件、Adobe Illustrator 图形设计软件、Adobe XD 原型设计软件,以进行网页设计;安装 Adobe Dreamweaver 软件,以进行网页制作。

第3章 网页界面设计

本章导读

网页界面设计不仅关乎美学与视觉效果,更是用户体验、信息传达及用户行为引导的关键环节。

本章首先讲解了原型设计的相关知识,包括需求理解与场景分析、功能清单创建与核心功能识别、原型设计与创建、原型测试与迭代改进等。接着讲解了视觉设计的相关知识,包括色彩理论、图像资源处理、字体设计和版式布局等视觉元素的运用策略,以及如何利用动效设计增强界面表现力。最后,讲解了页面设计的相关知识,进一步深化对不同类型页面的设计要点的理解,着重介绍页面交互设计的理念和技术手段,帮助打造出既美观又易用的交互界面。

通过对本章的学习,学生可以全面提升网页界面设计能力,为各类项目提供更具竞争力的设计解决方案。

学习目标

➤ 了解网页原型的设计方法,能够理解需求、分析场景、创建功能清单、识别核心功能、设计与迭代网页原型。

➤ 了解视觉设计要素,会运用色彩搭配、图像选择、字体排版、布局规划和动效设计提升界面美感。

➤ 了解电子商务网站页面的类型,熟悉各网页页面的设计要点,掌握用户界面交互体验的设计方法。

3.1 原型设计

原型设计是电子商务网页设计流程的初级阶段,在这个阶段,设计师通常会使用工具来构建低保真度或高保真度的网页原型(通过创建简化的静态或动态模型来模拟最终产品的功能和布局),以便于直观展示页面间的交互逻辑、信息架构以及界面元素的排列分布。原型设计有助于项目团队成员、客户以及其他利益相关者对产品有一个清晰的理解,并在此基础上提供反馈与优化建议。

进行原型设计的步骤有如下几点。

3.1.1 需求理解与场景分析

在原型设计的初始阶段,首要任务是对产品的需求进行深入理解和准确把握。首先需要通过市场调研、用户访谈、数据分析等方式识别产品的目标用户群体,这包括了解用户的年龄层、职业背景、兴趣偏好、技术接受度等特征。接下来,要从用户的角度出发,挖掘他们的根本需求、痛点以及期望值,并结合业务目标提炼出产品的核心功能诉求。这些核心功能诉求将是整个原型设计的基础,是确保原型能够有效解决用户问题,满足其使用期望的有力支撑。

基于已确定的需求,团队需进一步细化到具体的使用场景中。通过构建用户画像和用户旅程地图,识别并描绘出不同用户角色在各种情境下与产品互动的过程。分析每个场景中的任务流、痛点、期望及可能的行为路径,确保后续设计能够贴合实际应用场景,并解决用户的真实问题。

3.1.2 功能清单创建与核心功能识别

根据前期的需求分析和场景梳理结果,列出所有可能的功能模块,如商品浏览、搜索过滤、购物车管理、订单处理、支付流程、用户账户系统(注册/登录/个人信息管理)、客户服务(在线客服、FAQ、退换货政策)等。

基于 MVP(minimum viable product)原则,确定哪些关键功能应优先纳入原型设计中,以满足产品初期上线的基本要求。然后结合需求优先级排序和资源约束,在功能清单中筛选出最为核心和具有代表性的功能模块。这些关键功能将作为原型设计的核心内容,先行设计并验证其可行性与效果。这一阶段需要对功能清单进行详尽评估,考虑技术可行性、成本效益比以及对达成产品目标的影响程度,确定那些直接影响用户体验和转化率的关键功能。例如:

- 商品详情页展示：提供丰富详尽的商品信息、高清图片、用户评价以及购买选项。
- 智能搜索与筛选：实现高效的关键词搜索及多维度的产品筛选功能，帮助用户快速找到所需商品。
- 一键下单与便捷支付：简化购物流程，支持多种支付方式，并确保交易安全可靠。
- 个性化推荐系统：基于用户行为和偏好数据提供个性化商品推荐，提高用户粘性和转化率。

3.1.3 原型设计与创建

1. 低保真原型设计

低保真原型设计是产品设计初期阶段的一种快速、灵活的设计方法，主要用于初步探索和验证产品的核心功能、布局结构以及用户交互流程。

低保真原型方法为验证初步的产品理念提供了有效途径，在深度开发和精细打磨之前，允许团队成员及潜在用户群体对设计理念有直观的理解，并给出有价值的反馈意见。这一阶段的具体工作包括如下几个方面。

- 简单草图与概念展示：低保真原型通常以简单的线条框、手绘草图或基础形状来表示页面元素，如按钮、文本框、图像区域等，无须关注颜色、字体、图标等视觉细节。
- 聚焦核心功能：主要关注产品的基本架构和关键功能模块，不涉及过多的复杂交互和非核心功能。通过简单的线框图来呈现各页面间的跳转关系和信息层级。
- 快速制作与迭代：低保真原型强调速度和灵活性，设计过程相对快捷，能够快速完成多轮迭代，从而在早期阶段就及时发现并解决潜在问题。
- 低成本沟通工具：由于其简洁直观的特性，低保真原型非常适合作为团队内部沟通讨论的工具，有助于各方理解产品的大致框架和功能布局，同时也能作为向利益相关者进行初步演示的素材。
- 用户测试与反馈收集：尽管外观粗糙，但低保真原型足以让测试用户了解产品的主要功能和操作流程，从而获取关于界面布局、导航逻辑等方面的初步反馈，为后续设计决策提供依据。

低保真原型设计是一个低成本且高效的前期设计手段，其灵活性使得设计团队能够在短时间内快速迭代多个设计方案，不受限于复杂的软件工具或技术实现，旨在迅速捕捉并验证产品构思，为后续的中、高保真原型设计和开发工作奠定基础。

2. 中保真原型设计

中保真原型设计是介于低保真原型设计和高保真原型设计之间的一种设计阶段，它在产品开发过程中提供了一个比低保真原型更具体，但又不追求完全模拟最终产品的细节的设计模型。

中保真原型设计在基本布局与结构上增加更多实际产品的细节和交互示意，通过更具体且直观的产品模型来优化功能布局、交互过程和用户体验，并要求设计师在追求细节和迭代速度间取得平衡，确保设计方案易于理解和讨论修改。这一阶段的具体工作包括如下几个方面。

- 细化布局与结构：设计页面详细排版，精确设定区域大小、位置和间距；完善导航菜单、面包屑导航、页脚等组件样式；商品列表页的商品卡片需定义图片、标题、价格、评价星级及购买按钮的位置和尺寸。
- 交互逻辑展示：使用连线或注释来描绘不同控件间的跳转逻辑（如点击行为导致的页面变化），并模拟简单的动画效果，如下拉菜单展开、弹出框显示/隐藏及加载提示。
- 内容模拟：尽管非高保真设计，但仍利用占位符填充内容以接近真实场景，展现信息层次和数据架构。
- 功能模块设计：详细规划搜索功能，包括搜索栏、筛选条件及结果展示；购物车模块应包含商品数量、总价计算及增删商品操作；关键业务流程如用户注册登录、填写地址、支付方式选择、订单确认等均需细致设计，明确各个输入框、选项卡、单选或多选按钮等功能元素。
- 响应式布局预览：针对桌面端和移动端至少提供两种不同的屏幕尺寸布局方案。
- 可操作性：借助 Axure、Adobe XD、Figma 等工具制作动态交互原型，实现对实际操作行为的初步模拟，方便团队成员和潜在用户进行测试反馈。

中保真原型设计是一个效率与精度折中的选择，旨在快速捕捉并表达设计概念的核心要素，同时允许团队尽早获得来自各方的反馈，以便在进入详细设计和开发阶段之前发现问题并修正方向。

3. 高保真原型设计

高保真原型设计是指在产品开发流程中，创建与最终产品几乎一致或极其接近的设计模型。这种模型在视觉表现、交互逻辑、功能细节和内容完整性上都力求做到仿真度极高，以便于准确地预览和评估产品的用户体验。

高保真原型设计是一个极其详尽的过程，在这一阶段，设计师不仅关注页面布局、内容结构与导航体系的精确定义，而且会深入每个元素的像素级细节。这一阶段的具体工作包括如下几个方面。

- 视觉设计：高度还原品牌风格，采用真实色彩、字体、图标和图像资源，确保界面美观且符合用户体验标准。商品图片、标题、价格、评价星级等信息展示均按照实际尺寸进行设计，并保证在不同分辨率屏幕下的清晰度和一致性。
- 交互仿真：通过工具实现按钮点击、滑动效果、下拉菜单展开收起、弹窗提示、加载动画等所有可能的交互行为。同时，针对搜索功能，包括输入框自动补全、筛选条件联动变化，以及搜索结果的分页展示等功能都会精细设计并模拟。

➡ 动态内容：利用真实数据或高质量占位符填充商品列表、用户评论、促销活动等内容模块，体现真实场景中的信息层次和更新逻辑，如购物车实时更新总价、库存状态提示、优惠券使用规则说明等。

➡ 响应式布局：根据不同设备（如桌面电脑、平板、手机）创建适应性设计方案，确保在各平台上的自适应性和易用性，每一种屏幕尺寸下都要考虑到UI元素的可见性、可操作性和阅读舒适度。

➡ 关键流程设计：详细规划并精确呈现用户注册登录、账户管理、商品选购、配送地址填写、支付方式选择、订单确认及提交等核心业务流程，每个步骤包含的所有表单字段、单选/多选控件、按钮状态切换、错误提示等都应完备无遗。

高保真原型设计能有效减少开发过程中的沟通成本，提高项目团队对最终产品预期的一致性理解，同时也是与潜在用户或利益相关者进行预览演示的重要手段。

3.1.4　原型测试与迭代改进

低、中、高保真原型的测试与迭代改进的方法不尽相同，它们各自侧重于设计的不同阶段和目标。

1. 低保真原型测试与迭代改进

低保真原型的测试目的是在早期阶段快速评估和迭代产品的核心功能、信息架构和用户交互逻辑，以确保产品概念的可行性及用户体验的合理性。设计团队可以通过草图、线框图或简单的交互模型来展示，采用纸笔测试、快速迭代讨论、专家评审等方式进行验证。其主要内容包括以下几个方面。

（1）功能性验证。

➡ 检查低保真原型是否能够清晰展示产品的主要功能模块以及各模块间的连接关系。

➡ 验证基本的页面跳转逻辑，例如从主页到商品列表页，再到商品详情页等主要导航路径。

（2）信息架构评估。

➡ 确认内容区块划分是否合理，关键信息能否在适当的位置呈现给用户。

➡ 核实层级结构是否易于理解，如面包屑导航是否正确反映了当前页面在整个网站架构中的位置。

（3）任务流程测试。

➡ 设计并执行一系列基于目标用户的典型任务（如搜索特定商品、添加商品到购物车、查看订单状态等），观察用户在完成这些任务时的体验和效率。

➡ 通过观察和访谈收集用户对原型中功能布局、操作流程等方面的反馈意见。

（4）用户参与度与易用性测试。
- 尽管低保真原型不包含视觉细节，但可以邀请潜在用户或利益相关者进行初步的可用性评估，了解他们对界面布局、元素识别、功能理解等方面的直观感受。
- 使用简单的模拟操作或者纸笔原型演示，收集关于用户如何与系统互动的初步数据。

（5）快速迭代与改进。
- 基于以上测试结果，设计师需要迅速调整和优化低保真原型，针对发现的问题进行重新设计和验证，形成快速迭代循环。
- 团队成员之间应分享低保真原型，并展开讨论，确保各方对产品设计理念、功能规划和用户体验达成共识。

总的来说，低保真原型的测试与迭代改进侧重于整体框架、逻辑流程和功能定位方面，强调速度和灵活性，有助于团队在投入更多时间和资源之前尽早发现并修正设计问题，为后续的设计和开发工作奠定坚实基础。

2. 中保真原型测试与迭代改进

中保真原型的测试是在低保真原型的基础上进一步细化设计和功能实现后进行的，它更接近于最终产品的视觉表现和交互体验。中保真原型阶段的测试与验证同样注重快速迭代，以便尽早发现和解决问题，为高保真原型设计和开发工作提供更准确的方向。

在这个阶段，测试与验证的目标和内容主要包括以下几个方面。

（1）界面布局与视觉一致性。
- 验证页面元素（如按钮、表单、导航菜单等）的位置、大小是否合理，确保信息层级清晰。
- 检查颜色、字体、图标等视觉元素是否符合品牌指南或设计规范，整体风格是否一致。

（2）交互行为模拟。
- 通过可点击或可操作的原型，测试用户在不同场景下的交互逻辑是否顺畅，如点击按钮后的反馈、滑动切换页面的效果等。
- 确认复杂交互过程（如表单填写、筛选条件设置、动态加载内容等）的用户体验是否良好。

（3）关键路径与任务流程检验。
- 设计并执行一系列典型用户任务，如浏览商品、添加到购物车、结账支付等，并观察用户能否顺利地按照预期完成任务。
- 对比低保真原型时的反馈和改进点，确认中保真原型中的优化措施是否有效。

（4）用户参与度与可用性测试。
- 使用更为细致的中保真原型进行用户测试，收集用户对界面易用性、导航结构和交互反馈的评价。

- 可以邀请目标用户群体或潜在用户参与实际操作，提供更为详尽的使用感受和建议。

（5）适配性评估。根据产品需求，检查中保真原型在不同设备（如桌面端、移动端）上的显示效果和适应性，确保响应式设计的合理性。

（6）迭代改进与细节优化。基于上述测试结果，对中保真原型进行必要的调整和优化，对存在的问题进行修正，并在团队内部或与利益相关者之间进行多轮评审和讨论。

总结来说，中保真原型的测试与验证是介于低保真和高保真之间的过渡环节，它更加关注界面的视觉一致性、交互的可行性以及用户对于产品初步形态的接受程度，旨在为产品后续的设计和开发奠定坚实的基础，同时减少不必要的后期改动成本。

3. 高保真原型测试与迭代改进

高保真原型验证与测试是产品设计流程中更为细致深入的阶段，其目的是确保原型在视觉、交互和功能层面能够精确模拟最终产品的表现，并且具备良好的用户体验。设计团队通过模拟实际操作环境，使用专业的原型工具创建接近最终产品的原型，进行A/B测试、可用性测试、用户验收测试（UAT）、性能评估等。

其主要内容包括以下几个方面。

（1）用户界面测试。

- 确认原型是否按照品牌指南和设计规范执行了颜色、字体、图标、间距等视觉元素。
- 检查页面布局、组件样式、动态效果等是否符合预期设计，以及不同屏幕尺寸下的响应式适配情况。

（2）交互行为验证。

- 通过点击、滑动、输入、拖曳等多种交互方式操作原型，确保所有按钮、链接、表单字段等控件的功能正确无误，同时检查各种交互反馈（如提示信息、加载状态、错误提示）是否恰当及时。
- 使用原型工具中的交互设计功能进行仿真测试，模拟用户从一个页面到另一个页面的导航流程，确保各步骤间的逻辑顺畅。

（3）业务流程检验。

- 对于电子商务网站或其他涉及复杂业务流程的应用，全面检验购物车功能、支付流程、账户注册登录、售后服务等核心业务模块是否符合预定设计要求和业务规则。
- 观察用户在完成任务流程时的体验，如查找商品、添加到购物车、填写收货地址、选择支付方式、提交订单等步骤的易用性。

（4）可用性评估与用户测试。

- 邀请真实用户或潜在用户参与高保真原型的可用性测试，观察他们在实际操作过程中对界面的理解程度、执行效率及满意度。

⇨ 收集并分析用户的使用数据、反馈意见和建议，以进一步优化设计。

（5）性能与技术可行性评估。

⇨ 虽然不是直接针对代码实现，但在高保真原型阶段也可以初步考虑页面加载速度、动画流畅度等因素对用户体验的影响。

⇨ 设计团队与开发团队紧密合作，探讨设计实现的技术难度和成本，确保设计方案既满足设计目标又能被有效实施。

（6）迭代改进与完善。根据以上各项测试与验证的结果，对高保真原型进行必要的调整和完善，形成迭代过程，直至达到满意的测试结果和用户反馈。

总的来说，高保真原型的测试与迭代改进更关注细节层面的设计决策，如视觉风格、交互细节、动态效果、精确的文本和图形，以及功能的具体实现方式。这一阶段通过详尽的检查和真实的用户反馈，能够最大程度地减少后期开发和上线后的修改需求，确保产品高质量上线并提供出色的用户体验。

3.2 视觉设计

视觉设计关注的是网页的美学表达与品牌一致性，包括色彩运用、图像选择、字体设计、版式布局、动效设计等。在视觉设计过程中，设计师利用色彩理论、平面构成等原则创造引人入胜且易于导航的界面，同时确保视觉元素与品牌调性保持一致。

3.2.1 色彩运用

色彩在网页设计中扮演着至关重要的角色，它不仅能够赋予电子商务网站独特的视觉风格和艺术表现力，还能通过心理效应影响消费者的情感体验和行为决策。

1. 色彩基础知识

对色彩的运用是网页设计、平面设计以及任何视觉艺术领域的重要基石。

（1）颜色的本质。

颜色源于光的折射与反射，三原色是所有其他颜色的基础，通过不同比例的混合可以创造出无穷无尽的色彩世界。在网页设计和显示器显示颜色的领域中，三原色指的是红（red）、绿（green）、蓝（blue），简称为RGB，如图3-1所示。这三种颜色通过不同亮度等级的组合，可以合成出屏幕上显示的所有其他颜色。

当这三种颜色的亮度级别都为255时（在0到255的

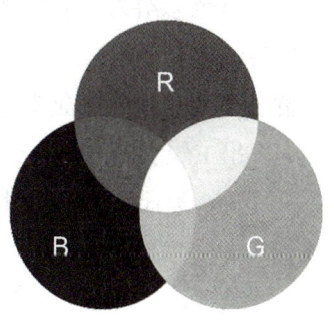

图3-1 三原色

标准数字色彩模型中，255表示最大亮度），它们混合在一起会产生白色光；当所有颜色的亮度级别都为0时，则显示为黑色。通过调整这三种颜色的不同亮度比例，可以得到网页上呈现的丰富多样的颜色。

（2）色彩属性。

每种颜色都有明度（亮度）、饱和度（纯度）和色相（色调）三种基本属性，改变这些属性会得到不同感觉的颜色，如浅色调更显轻盈，深色调则显得稳重或神秘。

色相：也称为色调，是颜色的基本特征，用来区分不同种类的颜色，如红色、蓝色、绿色等。色相位于色轮上，代表了色彩的基本面貌。

饱和度：又叫纯度或鲜艳度，表示颜色的纯净程度。高饱和度的颜色看起来更加鲜艳、强烈，而低饱和度的颜色则显得更柔和，接近灰色调。

明度：描述颜色的亮度或暗度，它反映了色彩从最亮的白色到最暗的黑色之间的变化范围。同一色相的不同明度可以产生深浅不同的同色系色彩。

（3）色轮与颜色的关系。

色轮是一种将所有可见光颜色按照一定规律排列成圆形的工具，通常以红、橙、黄、绿、青、蓝、紫七种基本色为基础，并通过中间的过渡色填充完整，如图3-2所示。色轮有助于人们理解颜色之间的关系。

互补色：色轮上相对位置的两种颜色互为补色，如红色与绿色、蓝色与橙色。互补色搭配在一起会产生强烈的对比效果，视觉冲击力强。

类似色/邻近色：色轮上相邻的几种颜色彼此相似，它们搭配在一起能创造出和谐统一的视觉感受。

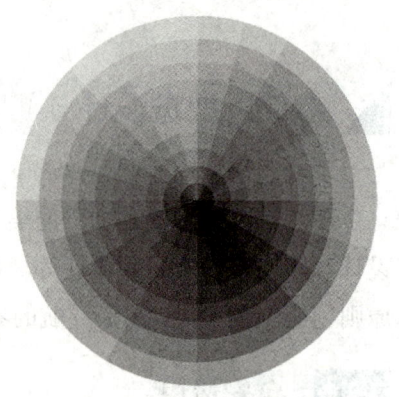

图3-2 色轮

分裂互补色：选取一种颜色及其相对两侧的一种或两种颜色作为配色方案，形成既有强烈对比又充满和谐感的画面。

2. 色彩情感

根据色彩给人的心理感受，可以将其大致分为暖色系（例如，红色、橙色和黄色，能够传递出温暖、有活力和积极的情绪）、冷色系（例如，蓝色、青色和绿色，能够营造冷静、清新和平静的氛围）、还有非彩色系（包括黑、白、灰等，它们主要用于调和色彩，突出主题或提供视觉平衡），如图3-3所示。

红色：象征激情、力量与刺激，常用于引起注意或激发购买欲望的按钮、标题等设计元素。

绿色：传达宁静、环保与健康的理念，适合于自然产品、健康生活类网站背景或内容区域的配色。

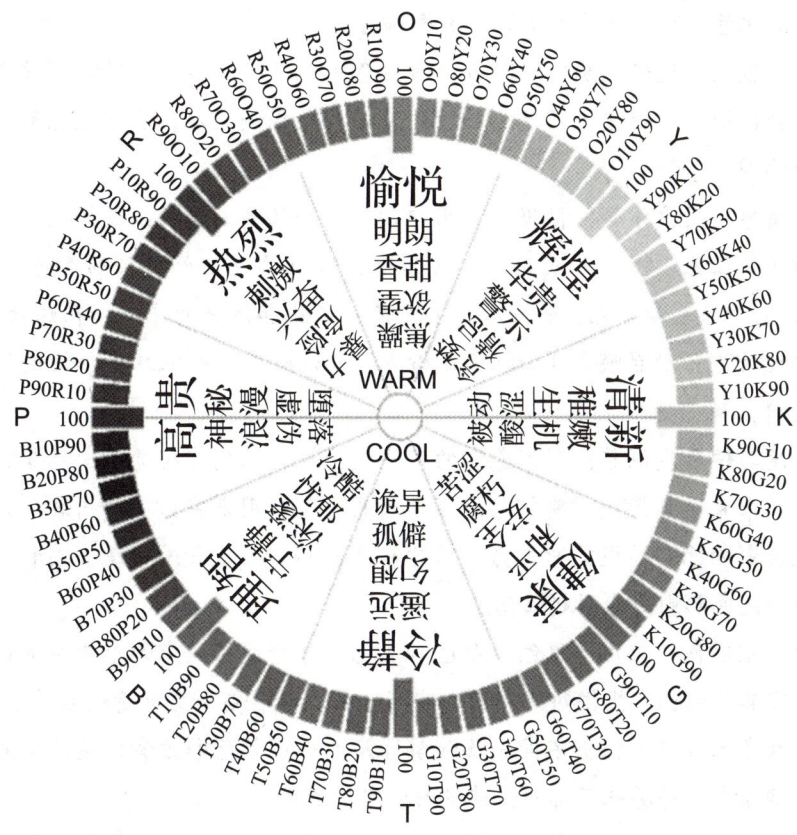

图 3-3 色彩给人的心理感受

黄色：代表快乐、智慧和活力，通常用作吸引注意力或者营造轻松愉快氛围的辅助色。

蓝色：体现专业、信任与稳定，许多科技公司和金融机构都选择蓝色作为品牌主色，同时它也适用于创造清爽舒适的页面背景。

白色：纯洁、明亮且易于阅读，广泛应用于网页背景以保持页面的简洁和清晰。

黑色和灰色：黑色带有权威、高级与内敛感，灰色则表现出中立、温和与谦逊，两者常用于高对比度的文字、边框或其他需要凸显质感的设计部分。

3. 色彩搭配技巧

网页色彩的搭配技巧是网页界面设计中至关重要的一个环节，它能够有效提升网页的视觉吸引力、传达品牌信息并引导用户行为。以下是一些实用的网页色彩搭配技巧。

- 补色搭配：色轮上相对位置的颜色（如红和绿、蓝和橙）互为补色，使用补色的色彩搭配能产生强烈的对比效果。
- 类似色搭配：选择色轮上相邻的颜色，如蓝色、青色和绿色，可以营造和谐统一的氛围。
- 三色组合法：在色轮上选取三种颜色，其中两种为邻近色，第三种与前两种颜色互为对比色，可以创造丰富的层次感。
- 主色与辅色的选择：确定一种或两种主色来代表品牌形象，并贯穿整个网站的设计。辅色用于突出重点信息，如按钮、链接或强调文本，应与主色形成良好的对比和协调。
- 色彩情感与用户体验：根据目标用户的感受和品牌的特性来选择色彩。比如，暖色调（如红色、橙色和黄色）通常传递出有活力、热情和温暖的感觉；冷色调（如蓝色、绿色和紫色）则给人带来平静、专业和清新的印象。在购物类网站中，大胆地使用行动召唤色（如红色或橙色）来吸引用户的注意力，促使他们点击购买按钮。
- 明暗度与饱和度调整：利用色彩的不同明暗度可以创建视觉层次结构，深色元素一般用来表示背景或次要信息，浅色或高亮色则用来突出关键内容。饱和度的变化也会影响色彩的视觉冲击力，低饱和度色彩有助于营造舒适、柔和的环境，而高饱和度色彩则更能引起注意。
- 黑白灰辅助色的应用：黑色、白色和灰色是非彩色系统中的重要组成部分，可用于平衡其他彩色，提供对比和留白空间，让页面看起来更加清晰且易于阅读。
- 响应式色彩策略：根据不同设备和屏幕尺寸，调整色彩方案以适应不同的显示环境，确保在各种屏幕下都能保持良好的可读性和美观性。
- 遵循无障碍设计原则：考虑到视觉障碍用户的需要，确保色彩对比度符合WCAG等无障碍标准，以便于所有用户都能识别和访问网站内容。

通过以上这些技巧，设计师能够有效地运用色彩增强网页的整体美感和功能性，从而提升用户体验和品牌价值。

4. 网页色彩的应用

在网页设计中，色彩的运用具有多维度的考量与策略，主要有以下几个方面。

（1）信息传达。通过特定色彩关联特定信息，比如红色可用来强调促销活动或紧急事项，绿色则暗示安全或成功操作。

（2）情绪引导。利用色彩心理学原理，选用恰当的色彩组合来调节浏览者的心情，例如使用暖色调打造温馨、热情的购物环境，或采用冷色调为教育、资讯类网站塑造安静、专注的学习气氛。

（3）品牌塑造。网页色彩应与品牌形象一致，强化品牌识别度和记忆度，使用户能够在众多网站中一眼认出并产生好感。

（4）视觉层次的营造。利用色彩对比度构建清晰的视觉层级结构，帮助用户快速定位重要信息，提高页面导航和功能使用的易用性。

5. 网页安全色

网页安全色是指在不同设备和操作系统上显示效果一致的一组颜色集合，主要是为了确保在各种浏览器、显示器环境下用户都能看到相同的色彩表现。在早期互联网发展时期，由于技术限制，许多计算机显示器仅能显示256种颜色（8位色彩深度），而这其中有一部分颜色被系统保留用于窗口界面和其他操作系统的元素，导致网页设计师无法精确控制这些颜色在所有屏幕上显示的一致性。

为了解决这个问题，设计界提出了一个包含216种颜色的调色板，这些颜色被称为"网页安全色"，因为它们在Windows和Macintosh等主流操作系统中都可以准确无误地显示出来。这216种颜色是通过红、绿、蓝三原色以每种原色6级（00，33，66，99，CC，FF）的不同组合得到的。

现代Web设计已经不再严格依赖于网页安全色，因为大多数用户的显示器都支持数百万甚至数十亿种颜色（如24位或更高色彩深度）。然而，在某些特定场景下，尤其需要兼容老旧设备或浏览器时，使用网页安全色仍然是一种有效的策略。此外，对于那些对色彩一致性有较高要求的应用，如企业内部系统或者面向特定受众群体的网站，也可能会考虑使用网页安全色来保证最佳视觉体验。

色彩在网页设计中的运用是一项既科学又艺术的任务，设计师需深入了解色彩理论，并结合目标受众特点、品牌理念等因素灵活应用，以实现最佳的用户体验和视觉效果。

3.2.2 图像选择

1. 图像基础知识

（1）像素和分辨率。

像素：像素是构成数字图像的基本单位，每个像素代表屏幕上的一个点，它由红、绿、蓝三种颜色通道的亮度信息组成。图像质量的好坏在很大程度上取决于其包含的像素数量，即像素密度。在网页设计中，通常会关注图像的像素尺寸和dpi（每英寸点数）来确保图像在不同设备上的清晰度。

分辨率：分辨率是指屏幕上或图像文件中的像素密度，通常以"每英寸像素数"（pixels per inch, PPI）或"每英寸点数"（dots per inch, DPI）表示。对于网页设计而言，显示器分辨率指屏幕上横向和纵向的像素总数；而对于图像本身，分辨率决定了图像大小及细节表现程度，高分辨率意味着更丰富的细节和更清晰的图像，但文件体积也会更大。

（2）矢量图和位图。

位图：也称为栅格图像，是由许多像素点按照特定排列方式组成的图像，常见的位图格式有JPEG、PNG和BMP等。位图在放大后会出现锯齿状失真现象，因为它的数据是以固定位置的像素值记录的。

矢量图：基于数学公式和路径描述的图形格式，如SVG、EPS和AI等。矢量图的优点在于可以无限缩放而不损失图像质量，常用于标志、插图和图标等需要灵活调整大小的设计元素。

（3）图像色彩模式。

RGB 色彩模式：主要用于电子显示屏显示，通过红色（red）、绿色（green）、蓝色（blue）三原色的不同强度混合产生所有可见光的颜色。

CMYK 色彩模式：适用于印刷行业，通过将青色（cyan）、洋红色（magenta）、黄色（yellow）以及黑色（black）四种油墨按不同比例叠加形成各种颜色。

灰度/黑白模式：仅使用单一色调（从黑到白）来表现图像，不包含彩色信息。

HSB/HSV 色彩模式：基于色相（hue）、饱和度（saturation）和亮度（brightness）/明度（value）定义颜色，这种模式更直观地反映了人眼对颜色的认知过程。

（4）图像文件格式。常用的图像格式有 JPEG、PNG、GIF、SVG、WebP、BMP 和 TIFF 等。其中，JPEG（.jpg）是被广泛使用的图像格式，适合照片和具有连续色彩过渡的图像，支持较高压缩率以减小文件大小，但过度压缩会导致画质损失。PNG（.png）格式支持透明背景，尤其适用于图标、Logo 和需要透明效果的图片，并且该格式采用无损压缩技术，可以得到高质量且文件大小适中的图像。GIF（.gif）格式支持动画和透明背景，但由于颜色限制（最多 256 种颜色），更适合简单图形和动画。SVG（.svg）为可缩放矢量图形格式，该格式的图像无论放大多少倍都不会失真，适合线性图形、Logo 和图标等。WebP 格式为谷歌推出的现代图像格式，其特点是可以在减小文件大小的同时提供更好的视觉质量。该格式同时支持静态和动态图像，并逐渐被各大浏览器所支持。BMP（.bmp）和 TIFF（.tiff）等格式则主要应用于打印和专业图像处理领域，由于文件较大，在网页设计中较少直接使用。

2. 图像选择原则

在网页设计中，图像选择是至关重要的环节，它直接影响到网站的整体视觉效果、信息传达效率以及用户体验。以下是关于网页设计中图像选择的几点指导原则。

（1）相关性与一致性。图像内容必须与网页主题紧密相关，能够准确反映或增强页面所要传递的信息。整个网站内图像风格应保持一致，包括色彩调性、摄影风格、图形样式等，以强化品牌形象和用户认知。

（2）质量与分辨率。确保使用的图像具有高清晰度，避免模糊不清或像素化的图片影响视觉体验。同时，应根据不同设备和屏幕尺寸优化图像大小和格式，采用合适的压缩技术保证加载速度的同时不失真。

（3）版权合规。使用的图像必须合法且无版权争议，可以是自己拍摄、购买授权或使用许可免费的图片资源，防止因侵权而引发法律问题。

（4）场景化展示。采用情境化的图片展现商品使用场景，让用户更容易想象自己拥有和使用商品的情景。

（5）适应性与响应式设计。图像需要适应不同的布局和屏幕大小，在响应式设计中根据设备类型和窗口大小进行自适应调整，确保在任何设备上都能良好展示。

（6）加载速度的考量。优化图片大小，确保图片加载速度快，不影响网页性能。对于大型背景图像，可考虑使用平铺图案、模糊处理或渐进式加载技术来平衡美观与性能。

网页设计中的图像选择是一个既需艺术审美又需技术实践的过程，设计师应综合考虑以上多个方面，使所选图像既能有效传递信息，又能为用户提供优质的浏览体验。

3.2.3 字体设计

在进行字体的选择时，应根据电商品牌形象选择合适的字体，保证字体风格与整体视觉设计相协调，并具备良好的易读性。通过合理地选择和运用字体，网页设计师能够有效地传达信息，提升网页的整体美感和功能性。

1. 字体分类

衬线体：衬线体的笔画末端有装饰性的小脚或线条，强调笔画的开始和结束，有助于引导视线流动，因此容易识别，易读性较高，通常被认为更适合长篇正文阅读。常见的中文衬线体有宋体、华文中宋、仿宋、楷体等，英文衬线体有 Didot、Garamond、Times New Roman 等。

无衬线体：常见的无衬线体有黑体、Arial、Helvetica 和 Verdana 等。无衬线体没有额外装饰的笔画，现代感强且易于在屏幕上阅读，被广泛应用于网页主体文本和标题。

2. 字体选择

选择字体时应考虑其适用场景、品牌形象和目标受众，同时确保字体在不同设备和浏览器上的兼容性和可读性。搭配时可以使用一种无衬线体作为主要字体，辅以另一种衬线体或手写体等作为强调或标题字体，保持视觉层次清晰。

3. 字体排版

字体大小和间距设置：确定合适的字体大小、行距和段距，有助于提高阅读舒适度，降低视觉疲劳。一般正文文本的字体大小建议在 16 px 以上，行高通常在字体大小的 1.5 倍至 2 倍之间。

层级设置：设置不同的字号和字重以区分标题、正文、提示文本等不同级别的信息，保持视觉层次清晰。

对齐方式：采用统一且合理的对齐方式，如左对齐、居中对齐或两端对齐，保持页面整洁有序。

4. 响应式设计

在移动优先的设计理念下，网页字体设计还需要考虑不同屏幕尺寸下的显示效果，可能需要设置不同的断点并调整字体大小以适应小屏幕设备。

5. 字体栈

设计师可以为元素定义一系列字体备用方案，当首选字体不可用时，浏览器将自动选择下一个可用字体。

3.2.4 版式布局

版式布局是指在设计和构建电子商务网页时，如何组织和排列网页中的各个元素的过程。版式布局决定了用户在访问网页时所看到的内容分布和视觉层次结构。

1. 网页版式布局的原则

网页版式布局要遵循以下原则。

- 平衡与比例：遵循视觉美学原则，实现页面元素间的平衡分布和适当的比例关系。
- 留白处理：有效利用空白区域（留白），帮助用户集中注意力，减轻视觉压力，提高界面的呼吸感。
- 导航结构：具备清晰的顶部导航、面包屑导航、侧边栏导航等，确保用户能轻松定位当前位置并找到所需内容。
- 网格系统：基于网格系统进行布局设计，确保页面各部分之间存在和谐的关系和规律的间隔，提升整体美感。

2. 常见的网页版式布局

（1）国字型布局。

国字型布局，顾名思义，因其形状类似于中文的"国"字而得名。这种布局结构的上方通常会放置网站的标志（Logo）、主导航菜单以及横幅广告条等元素，这些元素共同构成了页面顶部的重要识别区域。中间主体部分以宽大的区块展示主要内容或文章列表，左右两侧则对称分布着导航栏或者工具栏、侧边栏内容，为用户提供辅助信息和服务入口。底部通常包括版权信息、友情链接、网站地图以及底部导航等次要但必要的站点信息，形成一个稳定的视觉架构。

这是一种平衡且对称的布局方式，适用于内容丰富、导航清晰的网站。

国字型布局如图 3-4 所示。

（2）拐角型布局。

拐角型布局与国字型布局的相似之处在于它们都有明显的顶部区域用于展示标题和广告，所不同的是正文区的划分方式有所变化。在拐角型布局中，左侧设置一列较窄的竖向导航栏，可以包含目录链接、搜索框等功能性组件；右侧则是主要的内容展示区域，占据较大的空间来容纳详细文本、图片或其他多媒体内容。同样，页面底部也保留了站点信息和其他附加服务链接。

拐角型布局如图 3-5 所示。

（3）标题正文式布局。

标题正文式布局非常简洁且直接，适合需要突出核心内容呈现的网页。在这种布局中，页面最上方通常会设置一个贯穿全屏宽度的标题区域，这里不仅醒目地展示着网站的名称或 Logo，还巧妙地集成了全局导航功能。这种设计确保了用户在任何位置都能快速定位和跳转至其他重要页面。标题下方则是大面积的单列正文区域，没有复杂的多栏结构，有利于阅读长篇文章或集中展现单一主题内容，避免分散用户的注意力。

标题正文式布局如图 3-6 所示。

图 3-4　国字型布局　　　　图 3-5　拐角型布局　　　　图 3-6　标题正文式布局

（4）封面式布局。

封面式布局以其醒目的大图或动态效果著称，主要用于塑造品牌形象或吸引首次访问者的注意力，常见于网站的首页设计。这类布局往往采用全屏图像、高质量视频背景或者交互式的 HTML5 动画作为视觉焦点，结合精简的文字信息和直观的触发按钮，引导用户点击进入内页进一步探索。由于强调视觉冲击力和情感传递，封面式布局特别适用于产品发布、活动推广、企业形象宣传等场合。

封面式布局如图 3-7 所示。

（5）左右框架式布局。

左右框架式布局是将整个页面分为两个主要部分，其中左侧通常是一个固定的导航区域或目录列表，用于帮助用户快速定位和跳转到网站的不同部分，右侧则是动态内容展示区，随着用户的操作或对左侧导航条目的点击而变化。

左右框架式布局如图 3-8 所示。

图 3-7　封面式布局　　　　　　　图 3-8　左右框架式布局

3.2.5　动效设计

电子商务网站的网页动效设计是提升用户体验、增加用户参与度和强化品牌形象的关键手段之一。

1. 动效设计原则

在进行电子商务网站的网页动效设计时，应注意以下几点原则。

➡ **一致性**：动效设计应当在整个网站中保持一致，确保用户在不同页面和交互环节体验到相同的视觉反馈和行为预期。例如，如果一个按钮在点击时有某种动画效果，那么所有类似的按钮也应该有相同或相似的效果。

➡ **功能性**：动效应当具有明确的功能目的，帮助用户理解系统的状态变化、操作结果以及导航路径。比如，加载指示器用于告知用户内容正在加载，而不仅仅是装饰性的元素。

➡ **清晰性**：动效必须清晰传达信息，避免不必要的复杂性和混乱感。应确保动效不干扰用户的视线焦点，并能增强其对关键信息的关注度。

➡ **效率**：动效的速度和节奏要适宜，应快速响应用户操作且不过于拖沓。动画应该流畅自然，加载速度不影响用户体验，尤其是移动设备上的性能表现。

➡ **可用性**：动效应当有助于提高可用性。例如，通过可视化方式指导用户完成任务流程，如注册、结账等步骤的引导提示。

➡ **轻量化**：动效代码应尽可能优化以减少加载时间和 CPU 使用率，确保网页性能良好，不会因为动效而导致页面卡顿或者耗电过快。

➡ **满足多用户需求**：设计动效时应考虑不同用户的需求，包括视觉障碍、运动障碍或其他有着特殊需求的用户群体，确保动效不会阻碍这些用户获取信息或进行操作。

➡ **适度性**：虽然动效可以增添吸引力，但过度或过于频繁的动效可能造成用户分心甚至反感。因此，在设计中需要适度地使用动效，仅在真正能提升用户体验的地方应用。

2. 动效设计的内容

电子商务网站的网页动效设计可以从多个维度和应用场景来考虑，以下是一些主要的设计内容。

（1）导航与菜单。导航栏、下拉菜单或汉堡菜单的展开/收起动画。当鼠标指针悬停时，链接或者按钮的颜色变化、下画线动画、形状变换等。

（2）页面过渡。页面间的切换效果，如淡入淡出、滑动、翻转等动态过渡效果，增强页面之间的连贯性和用户的浏览体验。

（3）加载与等待。加载进度条、旋转环、骨架屏等加载动效，用于显示内容正在加载中，可以减轻用户等待的焦虑感。

（4）反馈提示。用户点击按钮、提交表单后的确认反馈，如按钮按下状态、成功/失败操作提示框、弹窗消息动画等。

（5）交互元素。图片轮播、图片放大镜、滚动视差效果、折叠面板的打开/关闭动画等，增加产品展示的生动性。

（6）商品列表与详情页。商品卡片的滑动或网格布局的变化动画，商品详情页中的图片切换、视频播放控制条的动画等。

（7）购物车与结算流程。添加商品到购物车时的动画反馈，如购物车图标上数字的增长、浮动提示等；结账流程中的步骤指示器动画，帮助用户理解购物流程进展。

（8）个性化推荐与广告。自动滚动的商品推荐模块、吸引用户注意的悬浮广告动画等。

（9）品牌故事与情感化设计。通过微交互动画传达品牌形象和故事，比如公司Logo动画、启动页动画等。

在实际应用中，设计师应根据目标用户群体、品牌调性和功能需求，结合性能优化原则，精心设计合适的网页动效，以提升用户体验并促进转化率。

3.3 页面设计

页面设计是将抽象的视觉概念转化为实际网页的过程。这包括为电子商务网站的首页、商品页等不同类型的页面制定详细的布局方案，设计独特的页面元素，如按钮、表单和导航菜单，并确保它们在各种设备上都能正常工作。页面设计还涉及交互和动画，这些元素可以提升用户参与度，使网站给人的感觉更加生动和直观。

3.3.1 页面类型及设计要点

电子商务网站的网页页面通常包括以下几类。

1. 首页

首页是网站的门户，主要展示公司的核心价值和主要产品或服务。作为网站的第一印象，首页通常包含品牌标识、导航菜单、特色产品或服务展示、轮播广告、促销活动区域以及快速入口链接等元素。

设计要点如下：

- 明确的品牌标识和口号展示。
- 清晰的导航栏，方便用户快速访问各主要功能区域。
- 引人注目的轮播广告或促销活动模块，突出新品、热销商品或优惠信息。
- 个性化推荐区，根据用户兴趣或行为数据推送相关产品。
- 快速入口链接到重要页面，如购物车、搜索框、注册/登录等。

2. 商品列表页

商品列表页面的设计目标是详细介绍公司的产品或服务，展示同一类别或搜索结果下的多个商品，允许用户按照价格、销量、新品等不同维度排序，同时提供分页浏览和筛选功能。

设计要点如下：

- 分类清晰，提供筛选和排序功能（按价格、销量、新品等）。
- 商品卡片设计简洁明了，包含核心信息，如图片、名称、价格、评分和简短描述。
- 可视化加载更多商品功能，避免一次性加载过多导致页面加载慢。
- 优化移动端触屏浏览体验，支持滑动翻页或无限滚动。

3. 商品详情页

商品详情页提供单个商品的详细信息，如高清图片、产品描述、规格参数、用户评价、购买选项（颜色、尺寸、数量选择）、相关推荐产品及"加入购物车"或"立即购买"等功能按钮。

设计要点如下：

- 高清多角度商品图片和视频展示，可放大查看细节。
- 详尽的产品介绍、规格参数及使用说明。
- 用户评价与评分板块，增强信任度。
- 相关商品推荐，增加购买转化率。
- "加入购物车"和"立即购买"按钮明显且易于点击。

4. 购物车页面

购物车页面是暂时存放用户选购商品的地方，用以显示已添加的商品清单、总价，提供调整数量、删除商品的选项，并可能包含优惠券输入框和结账引导。

设计要点如下：

- 清晰的商品清单，显示数量、单价、总价及是否有库存。
- 支持修改数量、删除商品以及选择配送地址等功能。
- 显示适用的优惠券、积分抵扣及总金额计算。
- 提供继续购物或直接结账的便捷跳转按钮。

5. 注册与登录页面

注册与登录页面是用户创建新账户或登录已有账户的界面，要求用户提供必要的个人信息以完成身份验证。其设计目标是简化用户的登录和注册过程。

设计要点如下：

- 简洁的表单设计，仅要求必要的信息输入。
- 支持第三方账号快速登录，如社交账号绑定。
- 密码强度提示及找回密码功能。
- 提供注册过程中的邮箱验证或手机验证码验证，以确保账户安全。

6. 个人中心或我的账户页面

显示用户的订单历史、收货地址、支付方式、收藏夹、优惠券管理等内容，允许用户进行个人信息更新和个人偏好设置。

设计要点如下：

- 显示个人信息概览，包括头像、昵称、联系方式等。
- 可以使用户查看订单状态、历史订单记录，实时追踪物流信息等。
- 具备收货地址管理与新地址添加功能。
- 支付方式设置与管理。
- 积分、优惠券查询与管理。

7. 结算页面

结算页面是用户确认订单信息、填写配送地址、选择支付方式并最终提交订单的地方，此页面需确保交易安全并简化购物流程。

设计要点如下：

- 确认订单信息，包括收货地址、支付方式、商品清单等。
- 显示订单总额、运费、税费以及所有优惠后的实际支付金额。
- 提供安全的支付接口和多种支付选项。
- 合同条款确认，隐私政策及退换货政策的显著提示。

8. 关于我们和联系我们页面

关于我们和联系我们页面介绍企业背景、发展历程、企业文化、团队成员等信息，以及联系方式、地理位置、客服电话、在线留言表单等联系渠道。

设计要点如下：

- 公司简介、发展历程、团队风采、企业文化等内容展示。
- 详细列出地理位置、营业时间、联系电话、在线客服、邮箱地址等联系方式。
- 可嵌入地图便于用户查找实体店或办公地点。

9. 帮助中心页面

帮助中心页面提供常见问题解答、购物流程说明、退换货政策等客户服务信息，帮助用户解决在购物过程中遇到的问题。

设计要点如下：

- 整理常见问题解答，涵盖购物流程、支付、售后、账户管理等多个方面。
- 提供搜索功能，方便用户快速找到问题解决方案。
- 明确的问题分类，让用户能够迅速定位所需信息。

10. 博客、新闻与资讯页面

博客、新闻与资讯页面用于发布行业动态、产品知识、使用指南等文章内容，增加网站的教育性和互动性，提升品牌形象和用户粘性。

设计要点如下：

- 规划合理的栏目布局，便于用户获取最新内容。
- 内容更新频繁，保持新鲜感，吸引用户回访。

➡ 设计易于阅读的排版格式，包括标题、正文、配图等元素。

➡ 提供分享按钮，鼓励用户将文章内容分享到社交媒体平台。

以上这些页面共同构成了电子商务网站的核心组成部分，为用户提供从发现商品到完成购买的完整流程体验。根据具体业务需求和目标人群特点，电子商务网站可能还会包含其他定制化的页面类型。

3.3.2 页面交互设计

电子商务网站页面交互设计的核心目标是提升用户体验，优化用户购物流程，增强用户对网站的粘性和转化率。以下是一些关键的页面交互设计要点。

1. 导航与菜单设计

主导航栏应简洁明了，包含主要的商品分类和功能区域。下拉菜单或层级结构要清晰，便于快速定位子类别。采用面包屑导航，帮助用户理解当前位置及返回路径。

2. 搜索与筛选功能

搜索框可以支持模糊匹配、关键词高亮显示等特性。商品列表页应提供丰富的筛选条件（如价格区间、品牌、销量等），以满足不同需求。实时反馈搜索结果数量，增加用户操作信心。

3. 商品展示与详情页交互

商品卡片采用响应式设计，以适应不同屏幕尺寸。商品图片支持多角度查看、放大及切换，可使用滑动翻页或缩略图预览。商品详情页要布局合理，关键信息突出，如价格、促销活动、评价等。

4. 购物车与结算流程

添加至购物车按钮应明显且易于操作，实时更新购物车商品总数。购物车页面展示详细清单，允许增删商品、修改数量，并计算总价。结算流程应直观易懂，逐级引导用户完成收货地址选择、支付方式确认、订单审查等步骤。

5. 注册与登录体验

支持多种登录方式，包括账号密码登录、社交账号授权登录等。注册表单宜简洁，只收集必要的用户信息，避免过多打扰用户。提供密码找回功能，简化密码重置流程。

6. 交互反馈与提示

用户操作后要有明确的视觉反馈，如点击按钮后的状态变化、加载动画等。错误提示信息应准确且友好，指导用户修正输入或操作错误。

7. 个性化推荐与交互

根据用户的浏览历史、购买行为进行个性化商品推荐。提供用户收藏夹、关注店铺按钮等功能，提高用户参与度。

8. 移动优先设计

采用响应式设计，确保在不同设备上都能提供良好的用户体验。移动端触控交互要考虑周全，如手指触控区域大小、触摸滚动效果等。

9. 无障碍设计

无障碍设计主要关注辅助功能，如键盘导航、屏幕阅读器兼容性，以及足够的色彩对比度，保证残障人士也能顺畅使用网站。

通过以上这些交互设计策略，电子商务网站可以构建一个高效、便捷且愉悦的购物环境，从而吸引并留住更多的潜在客户，促进业务增长。

课后练习

一、填空题

1. 每种颜色都有＿＿＿＿、＿＿＿＿和＿＿＿＿三种基本属性。

2. ＿＿＿＿是由许多像素点按照特定排列方式组成的图像，＿＿＿＿可以无限缩放而不损失图像质量。

3. ＿＿＿＿的笔画末端有装饰性的小脚或线条，更适合长篇正文阅读；＿＿＿＿没有额外装饰的笔画，被广泛应用于网页主体文本和标题。

4. 常见的网页版式布局有＿＿＿＿、＿＿＿＿、＿＿＿＿、＿＿＿＿和左右框架式布局。

二、简答题

1. 简述原型设计的步骤。

2. 简述网页版式布局的原则。

3. 网页的页面类型都有哪些？

三、实践活动

设计一个电商网站项目的主页界面，应用网页设计原则进行布局、色彩搭配，并使用原型设计工具绘制高保真原型图。

第4章 使用 Dreamweaver 创建站点

CHAPTER 4

本章导读

Adobe Dreamweaver 是一款强大且应用广泛的网页设计与开发工具。

本章将从 Dreamweaver 的基础知识出发，介绍其发展历程、界面布局和基本操作，确保学生能熟练掌握文档创建、编辑等核心功能。然后将集中探讨站点设置的核心要领，让学生理解并掌握在 Dreamweaver 中创建和管理本地站点的关键步骤。接着将深入文件处理领域，解析不同类型的网站文件及其应用，教会学生如何科学地配置文件路径以适应项目需求，并对文件进行创建、打开、关闭、保存、恢复等操作。最后，将揭开远程服务器的神秘面纱，解释其在网站部署与维护中的角色，并详细演示如何利用 Dreamweaver 连接和管理远程服务器，实现本地站点内容与远程服务器之间的无缝同步与更新。

通过对本章的学习，学生可以掌握使用 Dreamweaver 创建站点的操作，包括从本地环境搭建到远程发布实施，全面提升网页设计与开发能力。

学习目标

➢ 了解 Dreamweaver 的发展历程、工作界面和基本功能。

➢ 了解站点的概念，掌握使用 Dreamweaver 创建和管理站点的方法。

➢ 熟悉 Dreamweaver 的文件类型，能够遵循通用规则对文件进行系统化管理，并能够对文件进行创建、打开、关闭、保存、恢复等操作。

➢ 理解远程服务器的功能作用，学会在 Dreamweaver 中设置并连接远程服务器，实现本地站点内容与远程服务器之间的上传、下载与同步更新。

4.1 Dreamweaver 基础

在学习 Dreamweaver 的基础操作之前，先来回顾一下这款强大的网页设计与开发工具的发展历程。Dreamweaver 自诞生以来，不断演进和升级，其发展历程见证了互联网技术的革新以及网页制作需求的变化。

4.1.1 Dreamweaver 的发展历程

Adobe Dreamweaver 的发展历程可以概括为以下几个阶段。

1. 初期阶段

1997 年 12 月，Dreamweaver 1.0 由 Macromedia 公司发布。这是 Dreamweaver 的初始版本，它作为一款专业的网页开发工具，提供了可视化的界面和简单的编辑功能，使得非专业的网页设计师也能够轻松创建网页。

2. 成长阶段

在随后的几年中，Macromedia 公司不断对 Dreamweaver 进行升级和改进，推出了 Dreamweaver 2.0（1998 年 12 月）和 Dreamweaver 3.0（1999 年 12 月）。这些版本在功能和性能上进行了优化，支持更多的网站开发技术和语言。

3. 成熟阶段

进入 21 世纪，随着互联网的普及和网页设计技术的发展，Dreamweaver 的功能也变得越来越强大和完善。2003 年，Macromedia 公司发布了 Dreamweaver 4.0，这是一个里程碑式的版本，它引入了很多创新的功能和特性，如实时预览、代码提示、智能标签等。这些功能使得 Dreamweaver 成为当时最受欢迎的网页开发工具之一。

4. 转型阶段

2005 年，Adobe 公司收购了 Macromedia 公司，并继续开发和改进 Dreamweaver。在这个阶段，Dreamweaver 开始向更加全面的网站开发工具转变，支持更多的网站开发技术和语言。例如，Adobe Dreamweaver CS4 引入对 AJAX 和 JavaScript 框架的支持。同时，Adobe Dreamweaver 也开始支持移动应用开发，为移动设备提供了更好的网页浏览体验。

5. 现代阶段

近年来，随着移动互联网的快速发展，Dreamweaver 也在不断更新和进化。最新的 Adobe Dreamweaver CC 版本提供了更加强大的功能和特性，如实时协作、代码片段库、自动化代码生成等。这些功能使得 Dreamweaver 成为一款现代化的网站开发工具，可以满足各种复杂的网站开发需求。

4.1.2 Dreamweaver 的工作界面

在学习 Dreamweaver 的操作之前,先来了解一下 Dreamweaver 的工作界面。

1. 开始主屏幕

安装 Dreamweaver 后,在用户首次启动应用程序时,屏幕上将显示一个快速入门菜单,该菜单会询问用户三个问题,帮助用户根据需求对 Dreamweaver 工作区进行个性化设置。基于用户对这些问题的回答,Dreamweaver 会在开发人员工作区(包含最少代码的布局)或标准工作区(具有代码可视化工具和应用程序内预览的拆分布局)中打开。选择工作区后,用户可选择喜欢的颜色主题,随即进入开始主屏幕。

Dreamweaver 会在启动时或没有打开文档时显示开始主屏幕。

Dreamweaver CC 的开始主屏幕如图 4-1 所示。各选项的功能如下:

➡ 主页:单击"主页"返回到开始屏幕。

➡ 快速开始:通过单击显示的任意文件类型在 Dreamweaver 中创建文件。

➡ 起始模板:使用 Dreamweaver 打开打包的起始页模板之一。

图 4-1 Dreamweaver CC 的开始主屏幕

用户可以在开始屏幕中查看最近处理的文件。如果您没有任何最近打开的文件,则此选项卡为空。

用户还可以通过使用此屏幕右上角的搜索图标来使用搜索功能。当键入搜索查询内容时,该应用程序将显示与搜索查询内容相匹配的最近打开的文件、Creative Cloud 资源、帮助链接和库存图像。

单击开始主屏幕中的"新建"按钮，即可开始创建新的 Dreamweaver 文件。如果系统中已有文件，则单击"打开"按钮。

2. 工作区

Adobe Dreamweaver CC 的工作区是一个高度可定制的环境，旨在帮助用户高效地设计、编码和管理网站。使用 Dreamweaver 工作区，可以查看文档和对象属性。工作区还将许多常用操作放置于工具栏中，使用户可以快速更改文档。Dreamweaver CC 的工作区如图 4-2 所示，主要包括菜单栏、文档工具栏、文档窗口、工作区切换器、面板、状态栏、工具栏和属性检查器等元素。下面介绍 Dreamweaver CC 工作区中的各个元素。

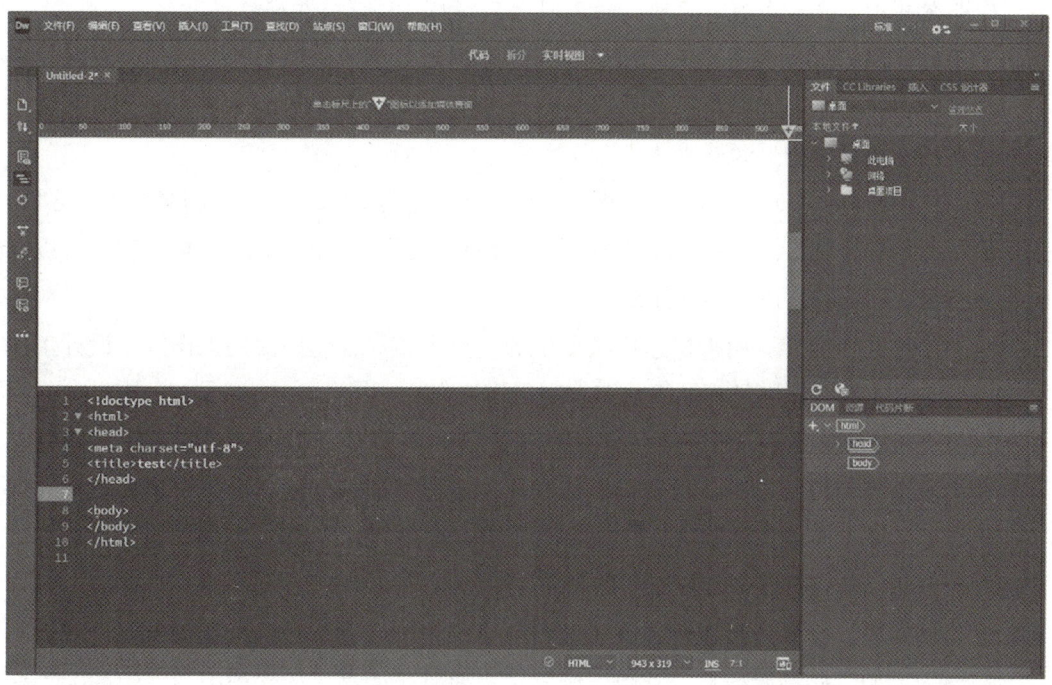

图 4-2　Dreamweaver CC 的工作区

（1）菜单栏：位于 Dreamweaver CC 窗口的顶部，包含"文件""编辑""查看""插入""工具""查找""站点""窗口""帮助"等选项。各选项的主要功能如下：

➪ 文件：用于查看当前文档或对当前文档进行操作。

➪ 编辑：包括用于基本编辑操作的标准菜单命令。

➪ 查看：可以设置文档的各种视图，还可显示与隐藏不同类型的页面元素和工具栏。

➪ 插入：提供了插入栏的扩充选项，用于将合适的对象插入当前的文档中。

➪ 工具：包括用于文档操作的工具。

➪ 查找：用于查找文档内容。

➪ 站点：用来创建与管理站点。

- 窗口：用来打开与切换所有的面板和窗口。
- 帮助：内含 Dreamweaver 帮助、技术中心和 Dreamweaver 的版本说明等内容。

（2）文档工具栏：包含的按钮可用于选择"文档"窗口的不同视图（如设计视图、代码视图、拆分视图和实时视图）。各视图的主要功能如下：

- 设计视图：用于可视化页面布局、可视化编辑和快速应用程序开发的设计环境。在此视图中，Dreamweaver 显示文档的完全可编辑的可视化表示形式，类似于在浏览器中查看页面时看到的内容。
- 代码视图：可以直接查看和编辑网页的源代码，适用于熟悉 HTML、CSS 和 JavaScript 编程的用户。
- 拆分视图：在一个窗口中同时查看同一文档的代码视图和设计视图。
- 实时视图：可以真实地呈现用户的文档在浏览器中的实际效果，使用户可以像在浏览器中一样与文档进行交互。用户还可以在实时视图中直接编辑 HTML 元素并在同一视图中即时预览更改。

（3）文档窗口：显示用户当前创建和编辑的文档，是 Dreamweaver 的主要工作区域，用于编写 HTML、CSS、JavaScript 等代码或在设计视图中可视化编辑网页内容。可以同时打开多个文档标签页进行多文件编辑。

（4）工作区切换器：用来快速切换预设的工作区布局，比如编码工作区、设计工作区或者自定义布局，以满足不同用户需求和工作流程。

（5）面板：Dreamweaver 的左侧和底部通常有一系列浮动面板，包括用于显示站点资源结构的文件面板，用于显示所选元素的属性及样式的属性检查器，用于提供插入网页元素选项的插入面板，可以进行 CSS 样式设计的 CSS Designer 面板等。每个面板都可以展开和折叠，并且可以和其他面板停靠在一起或取消停靠。

（6）状态栏：底部的状态栏可以显示当前鼠标指针所在位置的坐标信息、文档大小以及所选元素的一些基本信息。其中，标签选择器显示的是当前文档中被选定的 HTML 元素及其嵌套层次，方便开发者快速定位并修改特定元素。

（7）工具栏：工具栏垂直显示在文档窗口的左侧，在所有视图中可见。工具栏上的按钮是特定于视图的，并且仅在适用于您所使用的视图时显示。例如，如果您正在使用实时视图，则特定于代码视图的选项（如"格式化源代码"）将不可见。用户可以根据需要自定义工具栏，方法是添加菜单选项或从工具栏删除不需要的菜单选项。

（8）属性检查器：可以检查和编辑当前选定页面元素（如文本和插入对象）的最常用属性，如图 4-3 所示。属性检查器的内容根据选定的元素的不同会有所不同。例如，如果选择页面上的图像，则属性检查器将改为显示该图像的属性（如图像的文件路径、图像的宽度和高度、图像周围的边框等）。默认情况下，属性检查器位于工作区的底部边缘，但是可以将其取消停靠并使其成为工作区中的浮动面板。

第 4 章 使用 Dreamweaver 创建站点

图 4-3 属性检查器

4.1.3 Dreamweaver 的基本操作

在安装完 Adobe Dreamweaver 软件之后，就可以使用该软件了。本书以 Adobe Dreamweaver CC 版本为例进行讲解。

1. 启动 Dreamweaver

启动 Dreamweaver 的方法通常有以下几种。

（1）双击桌面快捷方式图标：找到计算机操作系统桌面上的 Adobe Dreamweaver 图标（通常在安装过程中会自动生成），双击该图标即可启动 Dreamweaver 软件。

（2）通过开始菜单启动：单击计算机操作系统桌面左下角的"开始"按钮，然后在所有程序列表中找到"Adobe"文件夹，接着在 Adobe 目录下找到并单击"Dreamweaver"，启动应用程序。

（3）通过 Adobe Creative Cloud 启动：如果您使用的是 Creative Cloud 套件，并且已将其安装在计算机上，可以通过打开 Creative Cloud 应用程序，在已安装的应用列表中找到 Dreamweaver 并单击启动。

（4）命令行启动：对于高级用户，还可以通过操作系统命令提示符或终端窗口输入相关路径和命令来启动 Dreamweaver。但这种方法不常用，一般仅在特定的脚本化操作场景下采用。

需要注意的是，在启动之前，应确保用户的系统满足 Dreamweaver 运行所需的最低配置要求，并且已经正确安装了软件。如果遇到无法启动的问题，可以检查是否有正确的授权或兼容性问题，还可以更新至最新版本。

2. 退出 Dreamweaver

退出 Dreamweaver 的方法通常有以下几种。

（1）通过菜单栏操作：在 Dreamweaver 软件窗口顶部的菜单栏中，单击"文件"菜单，然后选择"退出"选项。

（2）使用快捷键：按下键盘上的快捷键 Alt+F4（Windows 系统）或 Cmd+Q（macOS 系统），这是大多数应用程序通用的退出操作的快捷键。

（3）单击窗口右上角按钮：在 Dreamweaver 窗口的右上角，通常有一个红色的关闭按钮（一个圆圈中间带有一条斜线的图标），单击该按钮也可以关闭并退出 Dreamweaver。

值得注意的是，退出前应保存工作文件以避免丢失未保存的更改。如果用户是通过

67

Adobe Creative Cloud 启动的，退出 Dreamweaver 后 Creative Cloud 进程通常会继续运行在后台。如果需要彻底关闭所有相关进程，可以在任务管理器（Windows）或活动监视器（macOS）中进行相应操作。

4.2 站点设置

掌握了 Dreamweaver 的基础操作后，接下来进行站点设置。站点设置是组织和管理项目文件的关键步骤，它涉及创建本地文件夹，定义文件类型和版本控制，以及设置 Dreamweaver 如何与文件系统交互。良好的站点结构有助于保持项目井然有序，便于跟踪文件和资源。

4.2.1 Dreamweaver 站点概述

1. Dreamweaver 站点的概念

站点是指属于某个网站的文档的本地或远程存储位置。Adobe Dreamweaver 站点是包含用户的网站中所有文件和资源的集合。它是一个组织有序且功能完备的工作环境，旨在帮助开发者高效地管理网站项目从创建到发布的全过程。利用 Dreamweaver 站点，用户可以组织和管理所有 Web 文档，将站点上传到 Web 服务器，并可随时在保存文件后传输更新的文件来对站点进行维护。

在 Adobe Dreamweaver CC 中创建站点是一个关键的步骤，它有助于开发者组织和管理网站的所有相关文件（如 HTML、CSS、JavaScript 等），并确保文件结构清晰有序。通过定义本地工作目录以及可选的远程服务器信息，不仅简化了上传与下载文件的过程，还能够轻松实现从本地开发环境到线上部署的一键式同步。此外，创建站点有利于 Dreamweaver 自动跟踪和处理内部链接，避免因文件移动或重命名导致的断链问题，并且提供链接验证功能以保证网页间的连通性。同时，站点设置还可支持团队协作和项目管理，通过为特定站点配置预设偏好和编码规范，显著提升网页设计与开发的整体效率。因此，建立站点是构建高效 Web 开发环境不可或缺的一部分，让开发者能够更加专注地进行内容创作与代码编写，从而成功完成网站项目的规划、开发与发布。

2. Dreamweaver 站点的组件

Dreamweaver 站点包含三个部分或者说文件夹（具体取决于开发环境和正在开发的网站的类型）。

（1）本地文件夹。本地文件夹即工作目录，是开发人员在本地计算机上存储网站所有源文件和资源的实际位置，是设计者在 Dreamweaver 中进行网页设计、编码和预览的主要工作环境。此目录可以位于任何硬盘驱动器或网络共享位置，并且通常包含 HTML、

CSS、JavaScript、图像和其他媒体文件等组成网站的所有元素。Dreamweaver 将此文件夹称为"您的本地站点根目录"。

（2）远程文件夹。远程文件夹是指设计者将文件存储在运行 Web 服务器的计算机上的位置。Web 服务器通常是（但并非总是）使站点在网上公开可用的计算机。当网站开发完成后，设计者可以通过 FTP 或其他文件传输协议，将本地文件夹中的内容上传到远程文件夹，以便互联网用户可以通过浏览器访问这些内容，同时保留本地副本以便根据需要更新文件。远程服务器通常由 ISP（互联网服务提供商）或云服务提供商维护，确保站点在全球范围内全天候在线可用。

（3）测试文件夹。对于动态网页开发（如 PHP、ASP、JSP 等），Dreamweaver 允许设置一个测试服务器，其文件夹用于部署尚未上线或正在调试阶段的动态网页应用程序。这个测试环境模拟生产服务器配置，便于开发者在不干扰实际线上运行的情况下对代码进行实时测试和功能验证。在一些情况下，测试文件夹可能与远程文件夹相同，但配置不同，以便于区分不同的服务器环境（如开发、staging 和生产环境）。在设计开发网站时，如果有动态表单、PHP 内容，可为站点设置测试文件夹。

在 Dreamweaver 中建立一个完整的网站开发流程时，上述三个关键文件夹各司其职：本地文件夹用作开发工作台，远程文件夹负责最终发布内容，而测试文件夹则提供了一个安全、隔离的环境进行功能测试和预部署验证。定义 Dreamweaver 站点时，首要步骤是设置本地站点，然后根据实际需求添加远程站点和测试服务器信息，以实现从开发到发布的无缝对接。

4.2.2 创建本地站点

利用 Dreamweaver 创建本地站点的步骤如下：

步骤 1：启动 Dreamweaver，执行菜单栏中的"站点"→"新建站点"命令，弹出"站点设置对象 未命名站点 2"对话框，如图 4-4 所示。

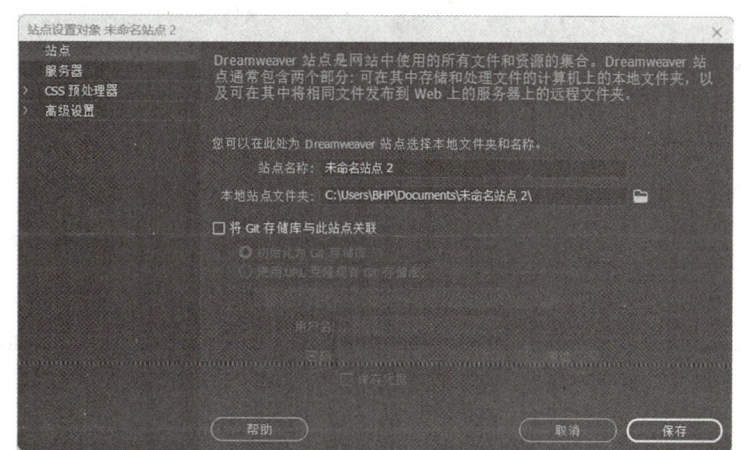

图 4-4 "站点设置对象 未命名站点 2"对话框

步骤 2：在"站点名称"文本框中输入站点的名称"test01"，如图 4-5 所示。

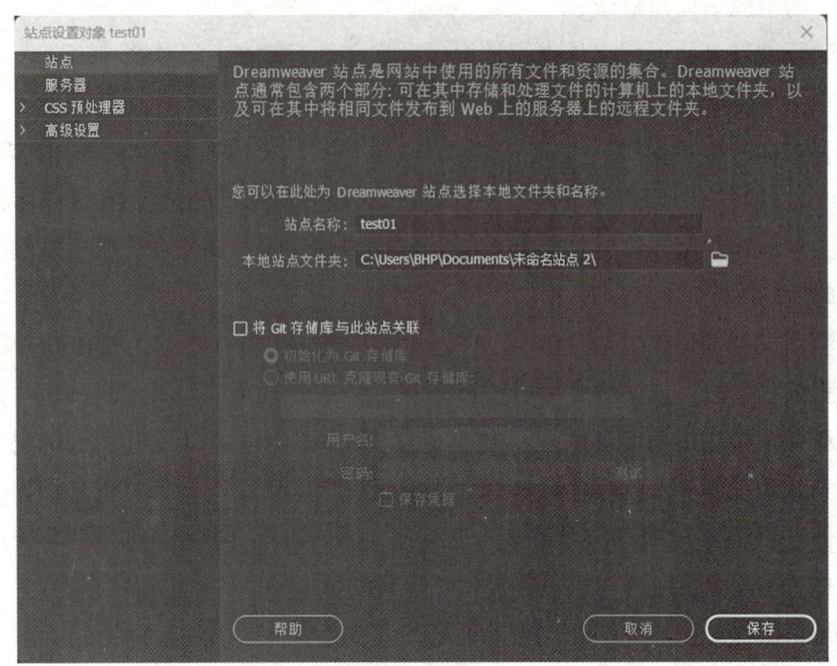

图 4-5 输入站点名称

步骤 3：单击"浏览文件夹"按钮，弹出"选择根文件夹"对话框。新建"test01"文件夹，选中后单击"选择文件夹"按钮，将选择的路径作为站点文件存储的根路径，如图 4-6 所示。

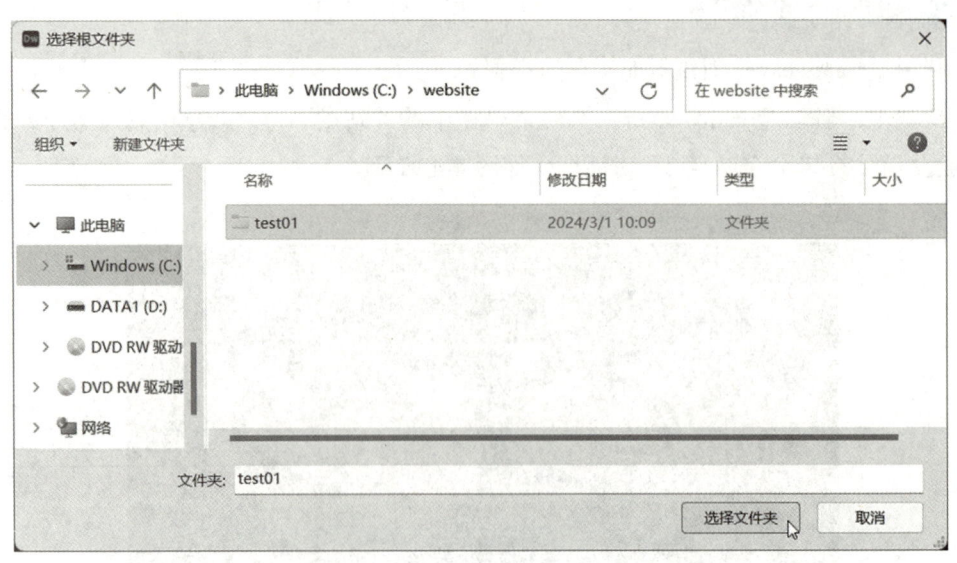

图 4-6 指定存储根路径

步骤 4：返回"站点设置对象 test01"对话框，单击"保存"按钮，如图 4-7 所示。

第 4 章 使用 Dreamweaver 创建站点

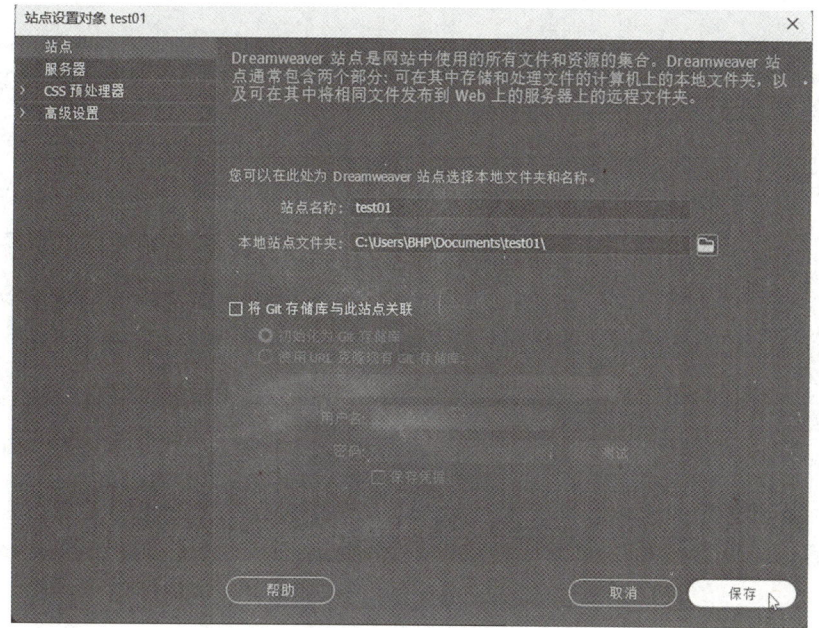

图 4-7 "站点设置对象 test01" 对话框

步骤 5：执行菜单栏中的"窗口"→"文件"命令，打开"文件"面板，即可看到已经创建好的本地站点"test01"，如图 4-8 所示。

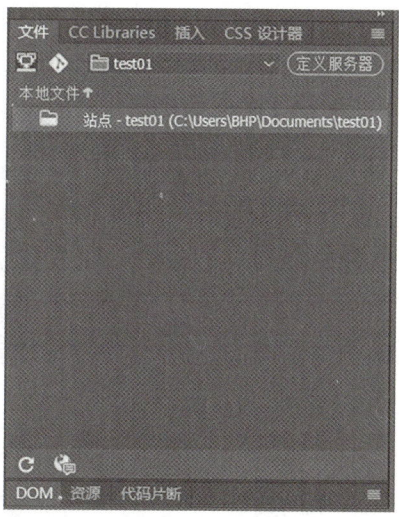

图 4-8 "文件"面板

4.2.3 管理本地站点

在 Dreamweaver 中，可以通过"管理站点"命令对站点进行新建、删除、编辑、导入及导出操作。执行菜单栏中的"站点"→"管理站点"命令，可以打开"管理站点"对话框，如图 4-9 所示。

71

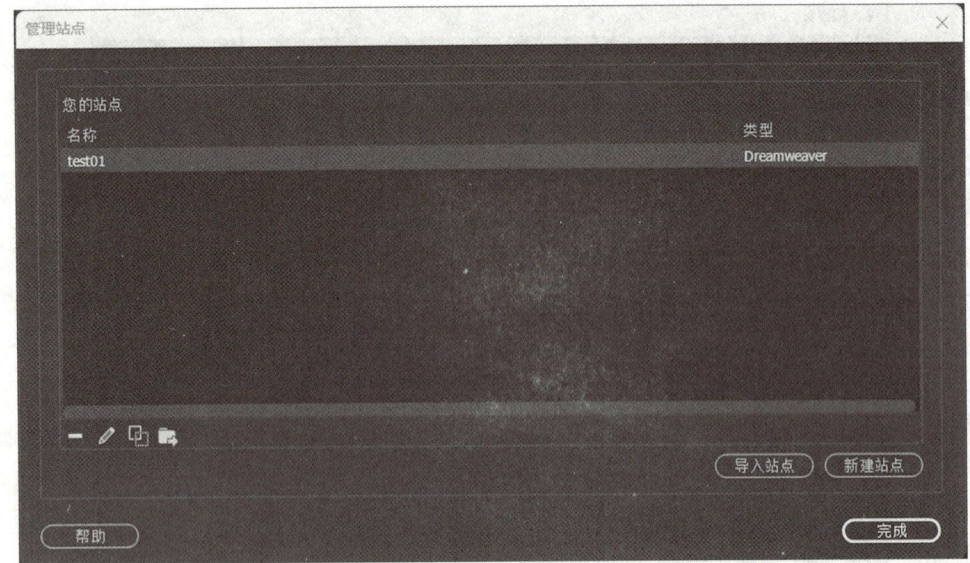

图 4-9 "管理站点"对话框

1. 新建站点

在"管理站点"对话框中,单击"新建站点"按钮可弹出"站点设置对象 未命名站点 2"对话框,然后按照上文所述创建站点的步骤,即可创建新的站点。

2. 删除站点

在"管理站点"对话框中可删除没用的站点。删除站点操作仅是在 Dreamweaver 中清除该站点信息,并不会删除站点实际文件。操作步骤如下:

步骤 1:在"管理站点"对话框中选中要删除的站点名称。

步骤 2:单击 ▬ 按钮,弹出删除确认对话框,如图 4-10 所示。单击"是"按钮,即可删除当前选中的站点。

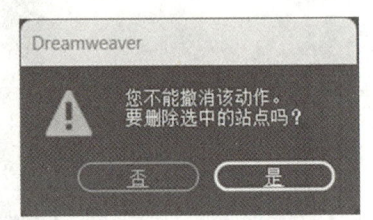

图 4-10 删除确认对话框

3. 编辑站点

在"管理站点"对话框中可重新编辑选中的站点。操作步骤如下:

步骤 1:在"管理站点"对话框中选中要编辑的站点名称,单击 ✎ 按钮,打开"站点设置对象 test01"(test01 为选中的站点名称)对话框,可以重新设置该站点信息,如图 4-11 所示。

步骤 2:修改完站点属性后,单击"保存"按钮,对所做的修改进行保存。返回到"管理站点"对话框,单击"完成"按钮,即可完成对该站点文件的编辑操作。

4. 复制站点

在"管理站点"对话框中可复制选中的站点,以创建多个结构相同的站点。操作步骤如下:

第 4 章 使用 Dreamweaver 创建站点

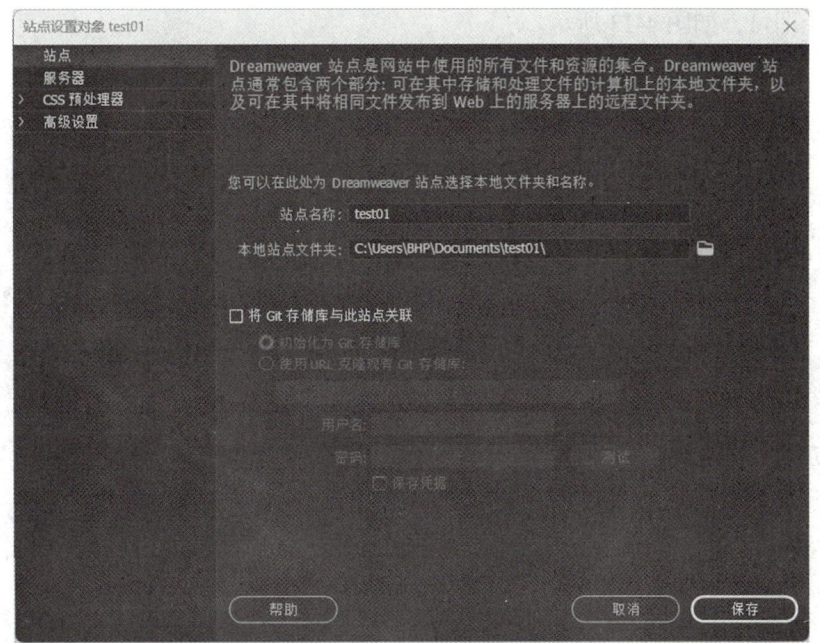

图 4-11 编辑站点

步骤 1：在"管理站点"对话框中选中要复制的站点名称，单击 按钮，复制的站点名称会在源站点名称后附加"复制"字样，同时出现在"管理站点"对话框的列表项中，如图 4-12 所示。

图 4-12 复制站点

步骤 2：默认情况下，复制的站点存储路径会和源站点路径一致。也可以修改复制站点的存储路径，只需要在"管理站点"对话框中双击该复制站点名称，自动弹出"站点设置对象 test01 复制"（test01 为源站点名称）对话框，在"本地站点文件夹"处重新设

73

置存储路径即可,如图 4-13 所示。

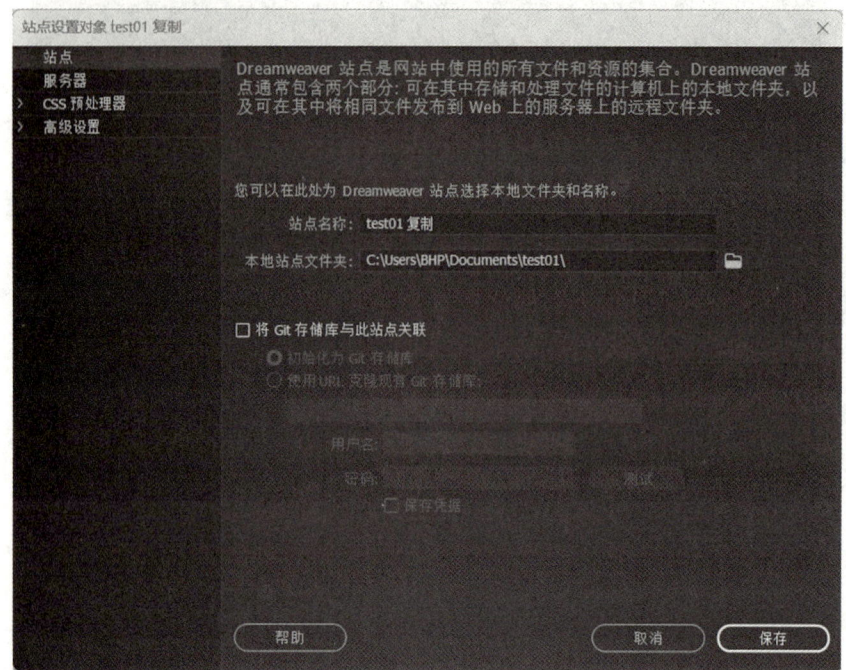

图 4-13 "站点设置对象 test01 复制"对话框

5. 导出站点

在"管理站点"对话框中,可以将当前站点配置文件导出到指定路径。操作步骤如下:

步骤 1:在"管理站点"对话框中选中要导出的站点名称,单击 按钮,弹出"导出站点"对话框,如图 4-14 所示。

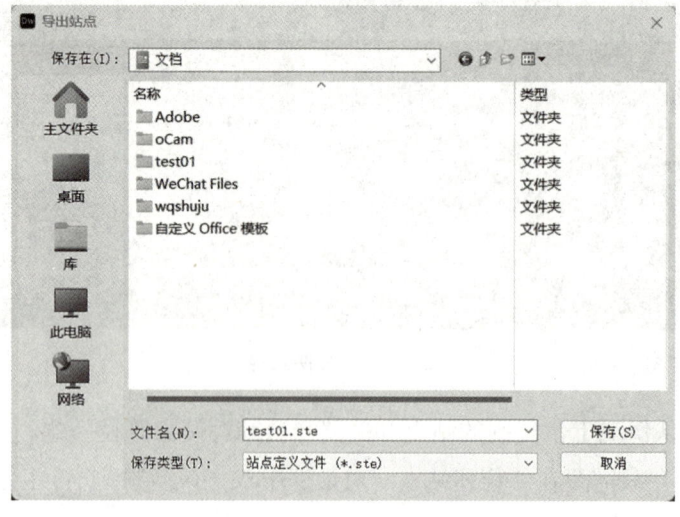

图 4-14 "导出站点"对话框

第 4 章 使用 Dreamweaver 创建站点

步骤 2：选择要导出的站点配置文件的保存路径，然后单击"打开"按钮，然后单击"保存"按钮，即可导出一份 STE 格式的文件，该文件即为站点配置文件，如图 4-15 所示。

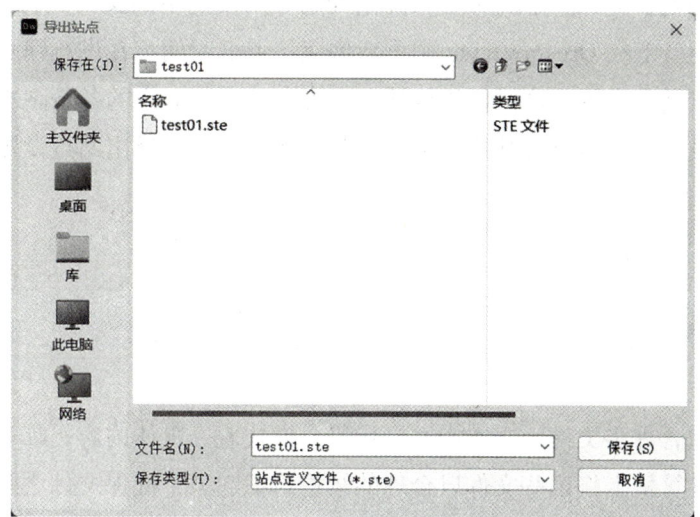

图 4-15　导出站点配置文件

按住 Ctrl 键可以同时选中多个站点，将多个站点同时导出。

6. 导入站点

在"管理站点"对话框中，可以将站点的配置文件导入 Dreamweaver 中。操作步骤如下：

步骤 1：在"管理站点"对话框中，单击"导入站点"按钮，弹出"导入站点"对话框，选中要导入的站点配置文件（*.ste），如图 4-16 所示。

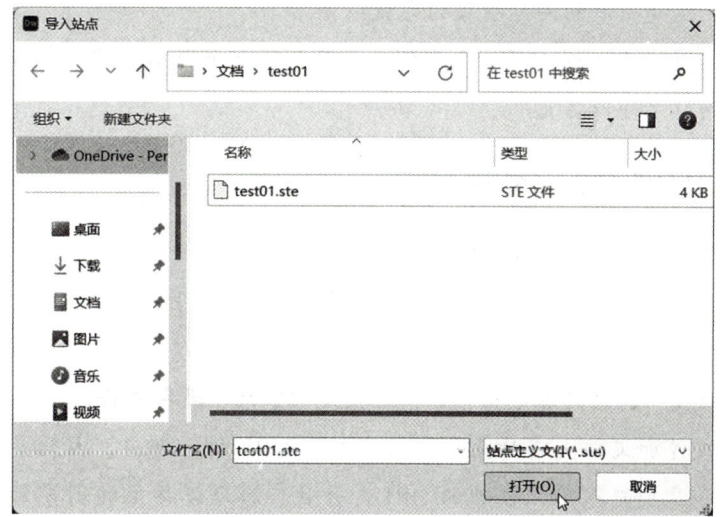

图 4-16　"导入站点"对话框

步骤 2：单击"打开"按钮，即可成功导入站点配置文件，Dreamweaver 会从配置文件中读取被导入站点的相关信息，将该站点的名称显示在"管理站点"列表项中。单击"完成"按钮，即可在"文件"面板中浏览到该站点的文件信息。

值得注意的是，导入 / 导出功能不会导入或导出站点中的文件。它仅会导入 / 导出站点设置，以便省下在 Dreamweaver 中重新创建站点的时间。在进行网页设计开发工作时，应定期导出站点设置，这样如果该站点出现意外，还有它的备份副本。如果设计师已设置了一个站点，然后要与其他几个人一起工作，可以先导出站点设置，然后在不同的计算机上导入它们。

4.3 文件处理

一个网站包含许多文件：文本内容、代码、样式表、媒体内容，等等。建立一个网站时，需要在计算机上将这些文件以合理的结构组织起来，确保文件之间交互畅通，并在最终将它们上传到服务器之前使所有内容看起来正确。

4.3.1 文件保存位置

对于本地网站，应将所有相关文件放在一个单独文件夹中，可以映射出服务器端站点文件结构。这个文件夹可以放在任何地方，但应该把它放在能轻易找到的地方，也许是在桌面上，在主页文件夹里，或者在硬盘根目录下。在选择文件保存位置时，有以下两个重要步骤。

- 选择一个位置来存储网站项目。在所选择的位置创建一个类似 web-projects 的新文件夹。这是所有的网站项目的存放位置。
- 在这个文件夹中，创建另一个文件夹来存放第一个网站，可以命名为 test-site（或直接以网站名字命名）。

4.3.2 文件和文件夹命名规则

文件和文件夹命名的一般规则如下：

- 网站中的文件和文件夹名称不应包含空格或任何下列字符：/、\、?、%、*、:、|、"、<、>。
- 尽管允许使用其他特殊字符，但最好仅使用字母、数字字符，连字符和下画线。
- 大多数文件和文件夹名称最终会成为网页 URL 的一部分，因此要保持简短而有意义。毕竟用户很难记住长的 URL，并且在移动设备上的浏览器中键入时也不方便。

第 4 章　使用 Dreamweaver 创建站点

➡ 坚持在文件和文件夹名称中使用小写字母，以避免出现找不到文件的问题。大多数 Web 服务器是基于 Linux 系统的，而 Linux 系统区分大小写。

4.3.3　文件类型

在 Dreamweaver 中可以使用多种文件类型。以下是使用 Dreamweaver 时可能会用到的常见文件类型。

1. HTML 文件

Dreamweaver 中使用的主要文件类型是 HTML 文件。HTML 文件（全称为超文本标记语言文件）包含基于标记的语言，负责在浏览器中显示网页。可以使用 .html 或 .htm 扩展名保存 HTML 文件。Dreamweaver 默认情况下使用 .html 扩展名保存文件。

在 Dreamweaver 中可创建和编辑基于 HTML5 的网页。起始版面也可用于从头构建 HTML5 页面。

2. CSS 文件

层叠样式表文件的扩展名为 .css。它们用于设置 HTML 内容的格式并控制各个页面元素的位置。

3. GIF 文件

图形交换格式文件的扩展名为 .gif。GIF 格式是用于卡通、徽标、具有透明区域的图形、动画的常用 Web 图形格式。GIF 格式最多包含 256 种颜色。

4. JPEG 文件

联合图像专家组文件（根据创建该格式的组织命名）的扩展名为 .jpg，通常是照片或色彩较鲜明的图像。JPEG 格式最适合用于数码照片或扫描的照片、使用纹理的图像、具有渐变色过渡的图像以及需要 256 种以上颜色的任何图像。

5. XML 文件

可扩展标记语言文件的扩展名为 .xml。它们包含原始形式的数据，可使用可扩展样式表语言（extensible stylesheet language, XSL）来设置这些数据的格式。

4.3.4　文件目录结构

在创建的网站项目文件夹 test-site 中，最常见的是一个主页 HTML 文件和包含图像、样式文件和脚本文件的文件夹。

index.html：这个文件一般会包含主页内容，也就是人们第一次进入网站时看到的文字和图片。可以使用文本编辑器，创建一个名为 index.html 的新文件，并将其保存在 test-site 文件夹内。

images 文件夹：这个文件夹包含网站上使用的所有图片。

styles 文件夹：这个文件夹包含用于设置内容样式的 CSS 代码（例如，设置文本和背景颜色）。

scripts 文件夹：这个文件夹包含所有用于向网站添加交互功能的 JavaScript 代码（例如，点击时加载数据的按钮）。

提示：由于 Windows 系统默认开启隐藏已知文件类型的扩展名，因而可能看不到文件扩展名。为便于区分文件类型，可以通过在 Windows 资源管理器中选择"查看"→"显示"选项，勾选"文件扩展名"复选框，从而显示所有文件的扩展名。

4.3.5 文件路径设置的通用规则

为使文件间正常交互，应为每个文件提供访问路径，便于一个文件知道另一个文件的位置。设置文件路径的一些通用规则如下：

- 若引用的目标文件与 HTML 文件同级，只需直接使用文件名，如 my-image.jpg。
- 要引用子目录中的文件，应在路径前面写上目录名，再加上一个正斜杠，如 subdirectory/my-image.jpg。
- 若引用的目标文件位于 HTML 文件的上级，需要加上两个点。举个例子，如果 index.html 在 test-site 的一个子文件夹内，而 my-image.jpg 在 test-site 内，你可以使用 ../my-image.jpg 从 index.html 引用 my-image.jpg。
- 以上方法可以随意组合，如 ../subdirectory/another-subdirectory/my-image.jpg。

4.3.6 Dreamweaver 的文件操作

1. 创建 Dreamweaver 文件

要创建 Dreamweaver 文件，可以通过以下三种方式。

- 选择菜单栏中的"文件"→"新建"选项。
- 在站点面板中右击所选站点的本地根目录，然后选择"新建"→"文档"选项。
- 直接使用快捷键 Ctrl+N（Windows 系统）或 Cmd+N（macOS 系统）。

上述操作都会打开"新建文档"对话框，如图 4-17 所示，该对话框显示了所有受支持的文档文件类型。通过"新建文档"对话框，设计者可以访问预定义的版面、模板和框架，还可以设置文档偏好设置。

Dreamweaver 为处理各种 Web 文档提供了灵活的环境。除 HTML 文档以外，设计者还可以创建和打开各种基于文本的文档，如 JavaScript、PHP 和 CSS。

Dreamweaver 为创建新文档提供了以下选项。

- 创建新的空白文档或模板。
- 创建基于 Dreamweaver 附带的其中一个预设计页面版面（包括 30 多个基于 CSS 的页面版面）的文档。

第 4 章　使用 Dreamweaver 创建站点

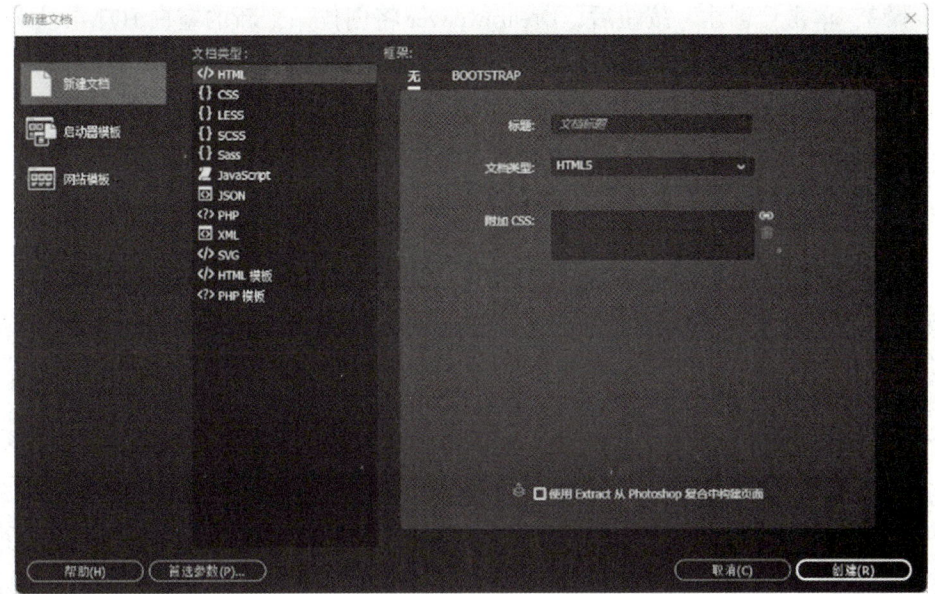

图 4-17　"新建文档"对话框

⇨ 创建基于现有模板的文档。

（1）使用空白页面创建 HTML 版面。具体步骤如下：

步骤 1：在"新建文档"对话框中，找到"新建文档"类别，并在"文档类型"列表中选择"HTML"或"HTML 模板"选项。

步骤 2：可以选择预设的布局样式，也可以选择无框架或者空白页，以便从头开始设计 HTML 版面，如图 4-18 所示。

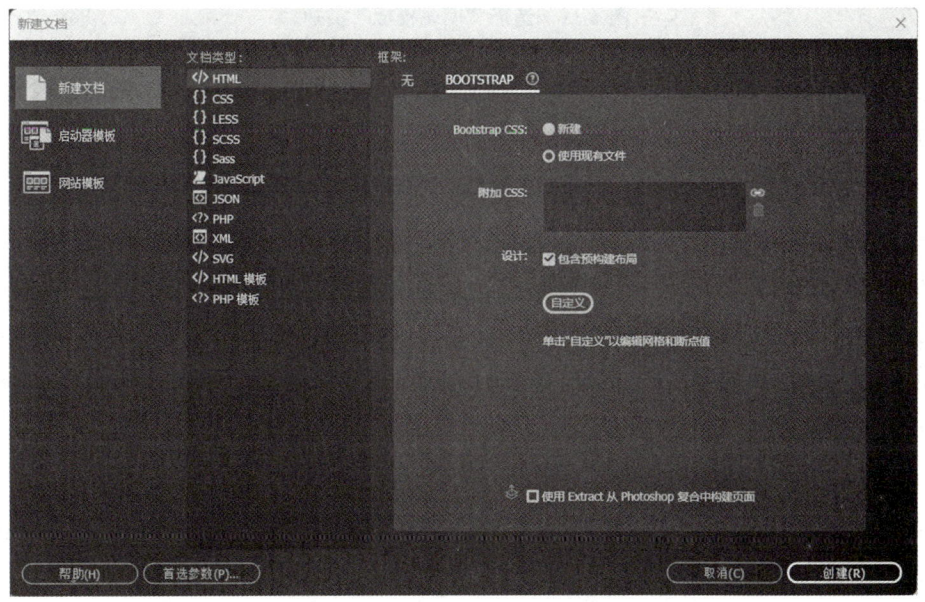

图 4-18　选择是否使用 Bootstrap 框架创建新的 HTML 页面

步骤3：单击"创建"按钮后，Dreamweaver将创建一个新的空白HTML文件，之后可在设计视图或代码视图中进行编辑。

（2）创建空模板。

创建空模板的步骤如下：

步骤1：在"新建文档"对话框中选择"网站模板"类别，如图4-19所示。

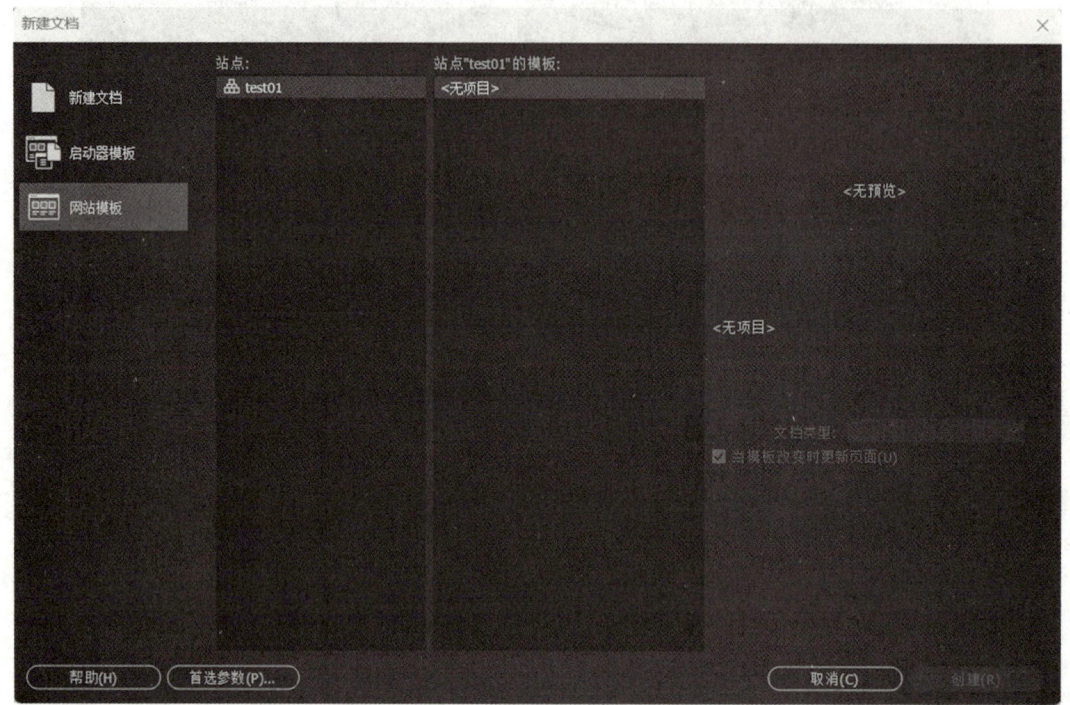

图4-19 选择"网站模板"类别

步骤2：从"文档类型"的菜单中选择文档类型。大多数情况下，所选的文档类型保留为默认选择XHTML 1.0 Transitional。

步骤3：如果希望页面在编辑模板时自动更新，则勾选"当模板改变时更新页面"选项。

步骤4：单击"创建"按钮。

步骤5：保存新文档（"文件"→"保存"）。如果还没有向模板添加可编辑区域，则会出现一个对话框，说明文档中没有可编辑的区域。单击"确定"按钮关闭该对话框。

步骤6：在"另存为"对话框中，选择一个保存模板的站点。

步骤7：在"文件名"文本框中，键入新模板的名称。不需要在模板名称后附加文件扩展名。单击"保存"按钮时，.dwt扩展名将附加到新的模板名称后，该模板保存在站点的Templates文件夹中。

需要注意的是，如果没有创建站点，则无法创建模板。

（3）创建基于模板的页面。

创建基于模板的页面的方法有以下几种。

➡ 在 Dreamweaver 中打开已有的模板文件。

➡ 使用"插入"菜单或工具栏中的相关按钮来应用模板到新的页面上。

➡ 在站点面板中，右击需要应用模板的文件夹，选择"新建"→"基于模板的新文档"选项。

选择合适的模板后，应根据提示完成页面内容的填充与编辑。

（4）创建基于 Dreamweaver 起始页模板的页面。

Dreamweaver 附带了几个专业人员开发的适用于移动应用程序的起始页模板。可以基于这些模板开始设计站点页面。在创建基于起始页模板的文档时，Dreamweaver 将创建文件副本以防止覆盖起始页模板。

创建基于 Dreamweaver 起始页模板的页面的步骤如下：

步骤 1：在"新建文档"对话框中，选择"启动器模板"类别，如图 4-20 所示。

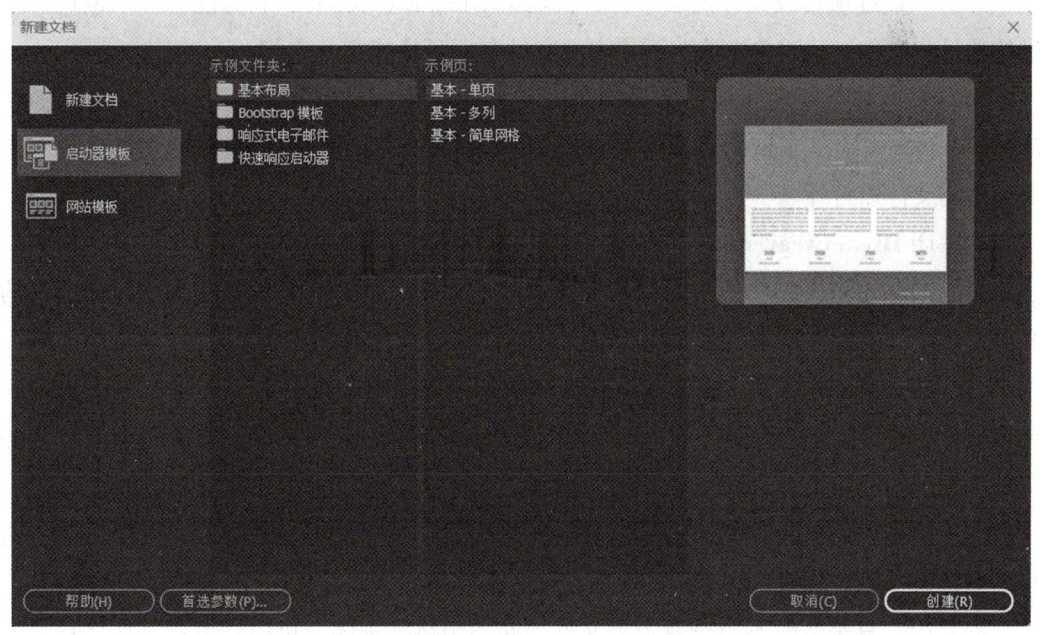

图 4-20　创建基于 Dreamweaver 起始页模板的页面

步骤 2：选择合适的模板文件，然后单击"创建"按钮。在选择模板选项时，可以查看示例页面的详细信息和面板右侧的可视化演示。

步骤 3：保存该文档（"文件"→"保存"）。

（5）针对不同的编码语言创建新的代码文件。

要创建如 CSS、JavaScript、PHP 等不同类型的代码文件，可以遵循以下步骤。

步骤 1：在"新建文档"对话框中，选择相应的文件类型。

步骤2：如对于 CSS 文件，选择"CSS"；对于 JavaScript 文件，选择"JavaScript"；对于 PHP 文件，则选择"PHP"或相应服务器脚本类型。

步骤3：单击"创建"按钮后，Dreamweaver 会自动创建对应类型的空白文件，并配置好相应的语法高亮和代码提示功能。

2. 打开 Dreamweaver 文件

打开 Dreamweaver 文件的方法主要有以下几种。

（1）通过菜单栏操作：打开 Dreamweaver 软件后，在顶部菜单栏中选择"文件"→"打开"选项，或者使用快捷键 Ctrl+O（Windows 系统）或 Cmd+O（macOS 系统）。随即在弹出的文件浏览器窗口中找到并选择想要打开的 HTML、CSS 或其他支持的文件类型，最后单击"打开"按钮。

（2）直接拖曳文件到 Dreamweaver 窗口：在文件资源管理器或 Finder 中找到需要编辑的文件，将其拖曳到 Dreamweaver 应用程序窗口内，Dreamweaver 会自动打开该文件。

（3）从最近项目或文件列表中打开：启动 Dreamweaver 时，它可能会显示最近打开过的项目和文件。只需单击这些列表中的文件名即可快速打开它们。

（4）通过站点管理面板：如果用户的文件是某个网站项目的一部分，并且已经在 Dreamweaver 中定义了该站点，可以在左侧的"站点"面板中找到对应的文件夹，双击要编辑的文件以打开。

3. 关闭 Dreamweaver 文件

关闭 Dreamweaver 中的文件并不意味着退出整个软件，而是仅关闭当前正在编辑的文件窗口。以下是几种常见的关闭 Dreamweaver 中单个文件的方法。

（1）通过菜单栏操作：在 Dreamweaver 顶部菜单栏中选择"文件"→"关闭"选项，或者使用快捷键 Ctrl+W（Windows 系统）或 Cmd+W（macOS 系统）来关闭当前打开的文件。

（2）单击关闭按钮：如果 Dreamweaver 采用的是多文件标签式界面，可以直接单击当前编辑文件所在标签页右上角的关闭按钮（通常是一个小叉号图标）来关闭该文件。

如果用户只是暂时不想查看当前文件，并不想将其关闭，可以切换到其他已经打开的文件，只需在工作区中单击另一个文件的标签即可。

在关闭文件之前应确保所有未保存的更改都已经保存，以免丢失数据。

4. 保存 Dreamweaver 文件

可以使用当前的文件名和位置来保存文件，或者使用一个不同的名称和位置来保存文件的副本。

（1）保存文件。

保存文件的操作步骤如下：

步骤 1：若要在磁盘上覆盖当前版本并保存所做的任何更改，请选择"文件"→"保存"选项。若要在其他文件夹中保存文件或使用不同的名称保存文件，则选择"文件"→"另存为"选项。

步骤 2：在出现的"另存为"对话框中，浏览到要用来保存文件的文件夹。

步骤 3：在"文件名"文本框中键入文件名。值得注意的是，给文件命名时，应避免在文件名和文件夹名中使用空格、标点符号和特殊字符，也不要以数字开头。

步骤 4：单击"保存"按钮即可保存文件。

（2）保存所有打开的文件。

若要保存所有打开的文件，则应进行下述操作。

步骤 1：选择"文件"→"保存全部"选项。如果有已打开但未保存的文档，将会为每个未保存的文档显示"另存为"对话框。

步骤 2：在出现的对话框中，浏览到要用来保存文件的文件夹。

步骤 3：在"文件名"文本框中键入文件名，然后单击"保存"按钮。

5. 恢复 Dreamweaver 文件

恢复到上次保存的 Dreamweaver 文件版本的步骤如下：

步骤 1：选择"文件"→"恢复"选项，将弹出一个对话框，询问是否要放弃所做的更改并恢复到上一次保存的版本。

步骤 2：若要恢复到上一个版本，单击"是"按钮即可；若要保留所做的更改，则单击"否"按钮。

需要注意的是，如果保存某个文件后退出了 Dreamweaver，则重新启动 Dreamweaver 后，将不能再恢复到该文件的以前版本。

4.4 连接到远程服务器

在了解了本地站点的创建和管理之后，下面将探讨如何将本地站点连接到远程服务器，以将网站发布到互联网上供全球访问者查看。

4.4.1 远程服务器的概念

远程服务器（通常叫做 Web 服务器或发布服务器）是用于发布站点文件以便人们可以在线查看的地方。这种远程服务器（如 FTP 服务器）不过是另一台计算机，就像本地计算机一样，其中包含许多文件和文件夹。

在远程服务器上为站点指定文件夹，就像在本地计算机上为本地站点指定文件夹一样。Dreamweaver 会将指定的远程文件夹当作远程站点。

4.4.2 远程服务器的连接方法

在连接到远程服务器之前，必须具有访问某个远程 Web 服务器的权限，还必须定义一个本地站点。

1. 建立远程文件夹

若要连接到发布服务器，首先应建立远程文件夹，只有远程文件夹存在，Dreamweaver 才能连接到它。如果未在 Web 服务器上指定一个文件夹作为远程文件夹，则应创建一个远程文件夹或要求 ISP 的服务器管理员为自己创建一个远程文件夹。

当首次建立远程连接时，Web 服务器上的远程文件夹通常是空的。当使用 Dreamweaver 上传本地根文件夹中的所有文件时，将使用所有 Web 文件填充远程文件夹。远程文件夹应始终与本地根文件夹具有相同的目录结构（即本地根文件夹中的文件和文件夹应始终与远程文件夹中的文件和文件夹一一对应）。如果远程文件夹的结构与本地根文件夹的结构不匹配，Dreamweaver 会将文件上传到错误位置，这样一来站点访问者可能看不到上传的文件。此外，如果文件夹和文件结构不同步，图像和链接路径会很容易断开。

2. 指定与远程服务器的连接方法

在设置远程文件夹时，还要为 Dreamweaver 选择连接方法，以将文件上传到 Web 服务器或从中下载文件。最典型的连接方法是 FTP，但 Dreamweaver 还支持本地/网络、SFTP、WebDAV 等连接方法，如图 4-21 所示。

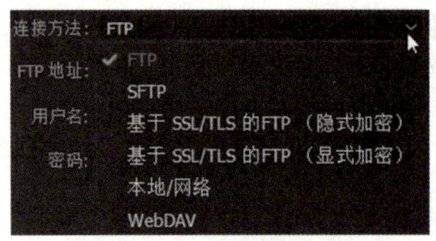

图 4-21　连接方法选项

3. 连接到远程服务器

如果使用 FTP 连接到 Web 服务器，可以使用以下方法进行设置。

（1）选择"站点"→"管理站点"选项。

（2）单击"新建"按钮以设置新站点，或选择现有的 Dreamweaver 站点并单击"编辑"图标。

（3）在"站点设置"对话框中，选择"服务器"类别并执行下列操作之一。

⇨ 单击"添加新服务器"按钮，添加一个新服务器。

⇨ 选择一个现有服务器，然后单击"编辑现有服务器"按钮。

（4）在"服务器名称"文本框中，指定新服务器的名称。可以选择所需的任何名称。

（5）从"连接方法"弹出菜单中选择"FTP"选项。

（6）在"FTP 地址"文本框中，输入要将网站文件上传到其中的 FTP 服务器的地址。FTP 地址是提供 FTP 服务的计算机系统的完整域名，如 ftp.mindspring.com。应输入完整的地址，并且不要附带其他任何文本，特别是不要在地址前面加上协议名。如果不知道 FTP 地址，可以与 Web 托管服务商联系。

（7）在"用户名"和"密码"文本框中，输入用于连接到 FTP 服务器的用户名和密码。

（8）单击"测试"按钮，测试 FTP 地址、用户名和密码。默认情况下，Dreamweaver 会保存密码。如果希望 Dreamweaver 在每次连接到远程服务器时提示输入密码，请取消选择"保存"选项。

（9）在"根目录"文本框中，输入远程服务器上用于存储公开显示的文档的目录（文件夹）。如果不确定应输入哪些内容作为根目录，可以与服务器管理员联系或将文本框保留为空白。在有些服务器上，根目录就是首次使用 FTP 连接到的目录。若要确定这一点，可以连接到服务器。如果出现在"文件"面板"远程文件"视图中的文件夹具有像 public_html、www 或用户名这样的名称，它可能就是在"根目录"文本框中输入的目录。

（10）在"Web URL"文本框中，输入网站的 URL（例如，http://www.mysite.com）。Dreamweaver 使用 Web URL 创建站点根目录相对链接，并在使用链接检查器时验证这些链接。

（11）设置"更多选项"。各选项介绍如下：

- 如果代理配置要求使用被动式 FTP，请选择"使用被动式 FTP"。被动式 FTP 使您的本地软件能够建立 FTP 连接，而不是请求远程服务器来建立它。如果不确定是否使用被动式 FTP，应询问系统管理员。
- 如果使用的是启用 IPv6 的 FTP 服务器，请选择"使用 IPv6 传输模式"。随着 Internet 协议第 6 版（IPv6）的发展，EPRT 和 EPSV 已分别替代 FTP 命令 PORT 和 PASV。因此，如果要连接到支持 IPv6 的 FTP 服务器，必须为数据连接使用被动扩展（EPSV）和主动扩展（EPRT）命令。
- 如果希望指定一个代理主机或代理端口，则选择"使用代理"。

（12）单击"保存"按钮以关闭"基本"界面。然后在"服务器"类别中，指定刚添加或编辑的服务器为远程服务器、测试服务器，或是同时为这两种服务器。

图 4-22 为设置服务器界面。

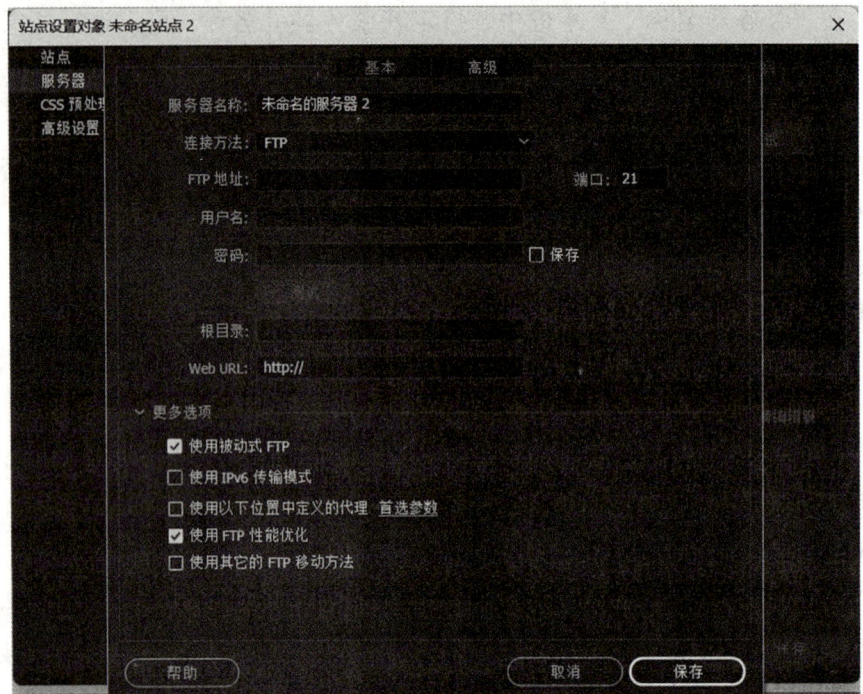

图 4-22　设置服务器界面

课后练习

一、填空题

1. Dreamweaver CC 的工作区主要包括菜单栏、文档工具栏、_____、_____、面板、状态栏、工具栏和_____等元素。

2. Dreamweaver 站点包含_____、_____和_____三个部分。

3. 使用 Dreamweaver 时可能会用到的常见文件类型主要有_____、_____、GIF 文件、JPEG 文件和 XML 文件。

二、选择题

1. 在 Dreamweaver 中，如何创建一个新的站点？（　　）
A. 使用菜单栏中的"文件"→"新建站点"命令
B. 使用菜单栏中的"站点"→"新建站点"命令
C. 使用菜单栏中的"编辑"→"新建站点"命令
D. 使用菜单栏中的"工具"→"新建站点"命令

2. 在 Dreamweaver 中，如何创建一个新的 HTML 文档？（　　）
A. 使用菜单栏中的"文件"→"新建"命令
B. 在站点面板中右击所选站点的本地根目录，然后选择"新建"→"文档"命令

C. 直接使用快捷键 Ctrl+N（Windows 系统）或 Cmd+N（macOS 系统）

D. 以上三个选项都可以

三、简答题

1. 简述启动和退出 Dreamweaver 软件的方法。

2. 简述 Dreamweaver 本地站点的创建和管理方法。

3. 简述使用 Dreamweaver 连接到远程服务器的方法。

四、实践活动

在 Dreamweaver 中新建一个本地电商网站项目，创建本地站点并对网站文件进行管理和设置。

第 5 章 使用 HTML 构建网页

本章导读

HTML 在构建电子商务网站中扮演着关键的角色，作为网页结构的基石，它不仅搭建了包括文本、图片和链接在内的基础页面框架，而且与 CSS 和 JavaScript 结合，为吸引用户的界面设计和复杂功能实现提供了必要条件。

本章旨在帮助学生掌握 HTML 的基本概念和核心知识，内容包括创建基本文档结构（包括理解和设置头部与主体部分），学会如何运用 HTML 标签处理文本内容、创建各类超链接，在网页中嵌入图片、音频、视频等多媒体资源，以及如何使用表格来整理数据和优化页面布局。

通过对本章的学习，学生可以综合所学的关键知识点，使用 HTML 创建出符合现代标准的高质量网站页面。

学习目标

➢ 理解 HTML 的基本概念和 HTML5 的元素，掌握 HTML5 的基本语法。
➢ 掌握处理文本的方法，能够定义段落、标题，梳理文本层次和使用列表。
➢ 掌握创建超链接的方法，能够创建基本链接、块级链接、图片链接、文档片段链接，并能够添加提示信息。
➢ 掌握嵌入多媒体的方法，能够插入图片、音频、视频及交互式内容。
➢ 掌握构建表格的方法，能够创建表格和定义表格属性。
➢ 掌握搭建网页结构的方法，能够使用 HTML 构建一个完整的网页。

5.1 HTML 概述

首先来学习一下 HTML 的基础知识。本节将从 HTML 的概念讲起，对 HTML 的发展历程、元素、属性以及可能涉及的一些重要术语进行介绍，并明确它们在 HTML 文档中所处的位置，随后会讲解 HTML 的基本语法和页面组织方式。

5.1.1 HTML 的概念

HTML（hypertext markup language）即超文本标记语言，是一种用来告知浏览器如何组织页面的标记语言。它是万维网（world wide web, WWW）的核心构建块之一，由 W3C 组织制定标准。HTML 可复杂、可简单，一切取决于 Web 开发者。

5.1.2 HTML 的发展历程

HTML 诞生于 1990 年，由欧洲核子研究中心（CERN）的蒂姆·伯纳斯－李（Tim Berners-Lee）发明。最初的 HTML 版本并不具有标准文档形式，但它为网页创建提供了一个基础框架。

1995 年，IETF 发布了 RFC 1866，正式定义了 HTML 2.0 规范，这是首个官方认可的标准版本，其中包含了基本的文本格式化、图像嵌入和链接功能。

1997 年，W3C 推出了 HTML 3.2 版本，它增加了对表格、样式表的基本支持以及更多的元标签，如 <font>、<center> 等。

1999 年 12 月，HTML 4.01 成为推荐标准，它在 HTML 3.2 的基础上强化了对 CSS 的支持，并提供了更完善的文档类型定义（DTD），同时也引入了一些新的元素，如 <frameset> 用于实现内联框架布局，但这一特性后来被现代 Web 开发实践所摒弃。

在 HTML 4 之后，W3C 开始推动 XML 与 HTML 的结合，形成了 XHTML（可扩展超文本标记语言）。XHTML 1.0 严格遵循 XML 语法，目的是使 HTML 代码更加结构化和标准化。XHTML 1.1 进一步提高了严格性要求，但在实际应用中并未广泛普及。

HTML5 自 2004 年开始讨论，2014 年底正式成为 W3C 推荐标准。HTML5 是 HTML 的一个重大更新，引入了许多新特性，包括新的语义标签（如 <article>、<section>、<nav> 等），取消了过时的显示效果标签（如 <font> 和 <center>）。此外，HTML5 还引入了多媒体元素（如 <video> 和 <audio>），新的表单控件（如 <date> 和 <time>），以及用于图形设计的 <canvas> 标签。它还提供了对本地离线存储的更好支持，并引入了一些 API（如文件读取、地理位置信息、网络信息等）。HTML5 重新考虑和优化了原有的表格、表单等组件,同时加强了语义化标签的使用以提高网页内容的可读性和可访问性,提供了更丰富、更强大的 Web 应用程序开发能力,更加适应现代网络环境的需求。

5.2 HTML 的元素

HTML 文档由一系列的元素组成,这些元素可以用来包围或标记不同部分的内容,使其以某种方式呈现或者工作,并为浏览器提供如何解析、显示信息的指令。元素是 HTML 文档的基本构建块,它不仅包括标签,还包括了标签之间的内容以及可能的属性。标签是 HTML 语法中用于标记或标识文档结构和内容的符号。它由一对尖括号 < 和 > 包围,中间包含一个表示特定意义的关键词。

5.2.1 元素的结构

一个完整的 HTML 元素由开始标签、内容、结束标签组成。其中,开始标签包含元素的名称,被左、右角括号所包围,开始标签标志着元素开始或开始生效的地方。内容即元素的内容,可以是文本、图片、多媒体文件等。结束标签与开始标签相似,只是其在元素名之前包含了一个斜杠,标志着该元素的结束。HTML 标签不区分大小写,不过从一致性、可读性的角度来说,最好仅使用小写字母。

例如,下句为一个 HTML 元素:

```
<p>The dog is very lovely</p>
```

其中,<p> 为开始标签,"The dog is very lovely"为段落的文本内容,</p> 为结束标签。

5.2.2 元素的嵌套

HTML 中可以把一个元素放到另一个元素之中,这称为元素的嵌套。例如,针对上一节中的语句,如果想要表明小狗非常可爱,可以将 very 一词放在 <strong> </strong> 标签对中,使这个单词被着重强调:

```
<p>The dog is <strong>very</strong> lovely</p>
```

上面的语句就构成了元素的嵌套。上述代码在执行时,会先打开 <p> 元素,然后才打开 <strong> 元素,因此必须先将 <strong> 元素关闭,然后再去关闭 <p> 元素。只有所有的元素都被正确地打开和关闭,页面效果才能以想要的方式呈现。

5.2.3 元素的类型

1. 块级元素

块级元素在页面中以块的形式展现。一个块级元素出现在它前面的内容之后的新行上。任何跟在块级元素后面的内容也会出现在新的行上。块级元素通常是页面上的结构元素。例如，一个块级元素可能代表标题、段落、列表、导航菜单或页脚。

2. 内联元素

内联元素通常出现在块级元素中并环绕文档内容的一小部分，而不是一整个段落或者一组内容。内联元素不会导致文本换行。例如，下述代码在网页中的显示效果如图 5-1 所示。

```
<em> 前天 </em><em> 昨天 </em>
<em> 今天 </em>
<p> 明天 </p><p> 后天 </p>
<p> 大后天 </p>
```

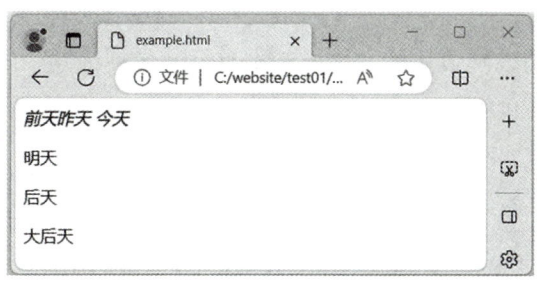

图 5-1　网页显示效果

上述代码中，em 是一个内联元素，使得行内容变成斜体强调，因而第一行、第二行代码中的三个元素都展示在了同一行。而 p 是一个块级元素，所以第三行、第四行代码中的每个 p 元素都分别另起一行展现，并且每个段落间都有一些间隔。

3. 空元素

不是所有元素都拥有开始标签、内容和结束标签。一些元素只有一个标签，通常用来在此元素所在位置插入或嵌入一些东西，这些元素被称为空元素。例如，元素 img 用来在页面中插入一张指定的图片。下述代码在网页中的显示效果如图 5-2 所示。

```
<img
    src="C:\website\test01\images\dog.png"/>
```

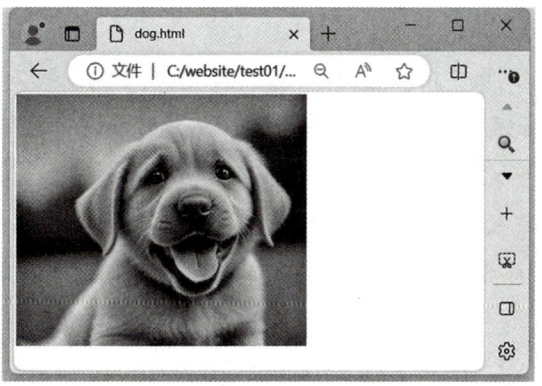

图 5-2　网页显示效果

5.2.4　元素的内容类别

HTML5 中元素的内容类别主要有主根元素、文本内容元素、语义化列表元素、多媒体元素、结构化元素及交互式表单元素等。

1. 主根元素

主根元素是一个 HTML 文档的根（顶级元素），所以它也被称为根元素。HTML 的主根元素是 <html>。在 HTML 文档结构中，<html> 元素是最外层的容器，所有其他 HTML 元素都必须嵌套在这个元素之内。它标志着文档是一个 HTML 文档，并定义了整个网页内容的范围。

2. 文本内容元素

文本内容元素是构成网页主体文本的基本单元，包括标题、段落、强调文本等。文本内容元素主要有以下几种。

- <p>：定义段落，是文本内容的基本容器。
- <h1> 至 <h6>：定义不同级别的标题。
- <a>：定义超链接，通过 href 属性指向目标 URL。
- <abbr>：定义缩写或首字母缩略词，可通过 title 属性提供完整解释。
- <address>：定义联系信息，如作者、组织地址等。
- <blockquote>：定义从别处引用的大段引文，可用 cite 属性指明来源 URL。
- <strong> 和 <em>：分别表示重要和强调的文本。
- <code> 和 <pre>：表示代码片段。

3. 语义化列表元素

语义化列表元素有助于清晰地呈现项目列表或定义列表，主要有以下几种。

- <ul>：无序列表，其子元素为 <li>。
- <ol>：有序列表，具有自动编号的特性，子元素也是 <li>。
- <dl>：定义列表，用于描述术语及其详细说明，由 <dt>（定义项）和 <dd>（定义描述）组成。

4. 多媒体元素

多媒体元素允许在网页中嵌入音频、视频和其他类型的内容，主要有以下几种。

- <audio>：嵌入音频文件，支持以多个 source 属性指定不同格式的源文件，controls 属性用于控制是否显示播放控件。
- <video>：嵌入视频文件，同样支持 source 和 controls 属性。
- <img>：插入图片资源，使用 src 指定图像源地址，alt 提供替代文本描述。

5. 结构化元素

结构化元素是 HTML5 中用来构建网页整体框架和内容分块的重要组成部分，可以帮助提高文档的语义性和可读性。结构化元素主要有以下几种。

- `<header>`：定义文档或节区块的页眉，通常包含导航链接、Logo 等信息。
- `<nav>`：用于定义页面的主要导航链接区域。
- `<section>`：定义文档中的一个独立主题区域，可以嵌套其他元素以形成逻辑上的内容分块。
- `<article>`：表示独立于文档其余部分的内容，如博客文章、论坛帖子等可独立发布和重用的部分。
- `<aside>`：定义与页面主要内容相关但可以独立存在的侧边栏或其他辅助性内容。
- `<footer>`：定义文档或节区块的页脚，通常包含版权信息、联系方式等。

6. 交互式表单元素

表单元素使用户能够输入数据并与服务器进行交互。交互式表单元素主要有以下几种。

- `<form>`：定义表单区域，包含一系列表单控件，可通过 action 和 method 指定提交处理程序和方法。
- `<input>`：多种输入类型，例如 type="text"（文本框）、type="email"（电子邮件地址）、type="submit"（提交按钮）等，每种类型都有相应的特定属性。
- `<textarea>`：多行文本输入框，通过 rows 和 cols 设置尺寸大小。
- `<select>`：下拉选择列表，内部包含一系列 `<option>` 元素。
- `<button>`：定义可点击的按钮，可以触发 JavaScript 事件或提交表单。
- `<label>`：为表单控件添加说明文字，与 `<input>` 或其他表单元素关联。

5.2.5 元素的属性

HTML 中的元素可以拥有属性，属性包含元素的额外信息，这些信息不会出现在实际的内容中。一般来说，属性必须包含：

- 一个空格，它在属性和元素名称之间。如果一个元素具有多个属性，则每个属性之间必须由空格分隔。
- 属性名称，后面跟着一个等于号。
- 一个属性值，由一对引号（""）引起来。

例如，下述代码中 class 就是 `<p>` 元素的属性，而 "editor-note" 是其属性值。

```
<p class="editor-note">The dog is very lovely</p>
```

有的属性并没有属性值，这些属性被称为布尔属性，布尔属性只能有一个值，这个值一般与属性名称相同。

例如，下述代码中 disabled 属性被分配给表单输入元素，用来禁用表单输入元素，这样用户就不能输入了。在网页页面中，被禁用的元素通常会显示出一个灰色的外观。

```
<input type="text" disabled="disabled" />
```

另外值得注意的是，通常情况下属性值既可以用单引号来包裹也可以用双引号来包裹，但应该注意单引号和双引号不能在一个属性值里面混用。如果在一个 HTML 语句中已使用一种引号，也可以在此引号中嵌套另外一种引号，如下述代码：

```
<a href="C:\website\test01\images" title=" 非常 ' 可爱的 ' 小狗！ ">示例站点链接 </a>
```

HTML5 中一些常用的属性及其说明如表 5-1 所示。

表 5-1 常用的属性及其说明

属性名	说明
lang	html 元素的属性，用来标记网页的语言。常见的属性值有 en 和 zh，en 代表英语，zh 代表中文
dir	全局属性，用来定义元素中文字的方向，属性值有 rtl 和 ltl
id	全局属性，用来定义元素的唯一 id
style	全局属性，用来定义元素的行内样式
class	全局属性，用来定义元素的类名
title	全局属性，用来定义元素的额外信息
hidden	全局属性，用来定义元素是否隐藏
draggable	全局属性，用来定义元素是否可以被拖动
contenteditable	全局属性，用来定义元素是否可以被用户编辑
contextmenu	全局属性，用来定义元素的上下文菜单
tabindex	全局属性，用来定义元素在键盘导航中的次序
data-*	全局属性，用来存储额外的数据
charset	meta 元素的属性，声明页面文档使用的字符编码类型。常用的属性值有 UTF-8 和 GB2312
start	有序列表的属性，指定列表编号的起始值，能修改有序列表元素默认的前导样式
reversed	有序列表的属性，指定列表中的条目是否倒序排列
src	img 元素的属性，用于指定图片的路径；audio 元素和 video 元素也可以设置 src 属性，用于指定音频、视频的路径
alt	img 元素的属性，用来对引入的图片进行文本描述
width	规定元素的宽度
height	规定元素的高度
href	a 元素的属性，规定该链接要跳转到的目标页面的地址
target	a 元素的属性，规定在何处打开链接文档；如果属性值为 blank 或 _blank，会打开新的标签页
controls	audio/video 元素的属性，用于显示播放控件

（续表）

属性名	说明
autoplay	audio/video 元素的属性，设置音频/视频自动播放
loop	audio/video 元素的属性，设置音频/视频可以循环播放
action	form 元素的属性，用来设置 form 表单的数据要提交到哪个地址
method	form 元素的属性，用来设置表单的提交方式，常用的方式有 GET 或 POST
rows	textarea 元素的属性，设置多行文本框的行数
cols	textarea 元素的属性，设置多行文本框的列数
list	datalist 控件的属性，可以与输入框绑定，为输入框设置备选项（不常用，了解即可）
border	边框属性，可为表格添加边框
border-collapse	CSS 样式属性，通常将表格的 border-collapse 属性设置为 collapse，让表格的边框合并，成为单线表格
colspan	表格元素的属性，实现跨列合并的效果，用来设置 td 或 th 跨列合并
rowspan	表格元素的属性，实现跨行合并的效果，用来设置 td 或 th 跨行合并
type	input 元素的属性，用来定义表单元素的类型。属性值如下： text：单行文本输入框 radio：单选按钮 checkbox：复选框 password：密码框 button：普通按钮 submit：提交按钮 reset：重置按钮 color：颜色控件 date：日期控件 time：时间控件 email：电子邮件输入控件 file：文件选择控件，需要上传本地文件时使用 number：表示数字输入控件 range：表示滑动条 search：表示搜索框 url：表示网址输入控件
value	input 元素的属性，用于为 input 元素设定值
name	input 元素的属性，规定 input 元素的名称
checked	input 元素的属性，用来设置单选按钮、多选按钮的默认选中项
placeholder	input 元素的属性，表示提示文本，用来设置输入框的提示信息
disabled	input 元素的属性，用于禁用 input 元素，表示只读
max	input 元素的属性，表示数字输入控件允许输入的最大值
min	input 元素的属性，表示数字输入控件允许输入的最小值
require	input 元素的属性，表示必填字段，约束某项内容是必填项

5.3 处理文本

结构化文本对于创建易于阅读、导航和理解的网页至关重要。HTML 的主要功能之一是给文本内容赋予结构，使得浏览器能够根据开发者设定的结构和样式来正确显示文档内容。

在电子商务网站的建设中，HTML 文本元素扮演着多方面的关键作用，它们不仅用于展示商品信息、导航和布局，还提供说明和帮助，促进用户交互，并增强视觉吸引力。

5.3.1 定义段落

在 HTML 中，段落通过 <p> 标签来定义，它用于呈现文章中的正文内容，浏览器会自动在其前后添加适当的行间距。例如，下述代码在网页中的显示效果如图 5-3 所示。

```
<p> 日照香炉生紫烟，</p>
<p> 遥看瀑布挂前川。</p>
<p> 飞流直下三千尺，</p>
<p> 疑是银河落九天。</p>
```

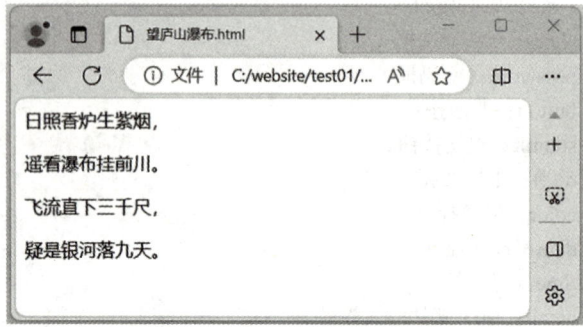

图 5-3 网页显示效果

5.3.2 定义标题

标题元素用于区分不同层级的内容，在 HTML 中，<h1> 是最重要的主标题，<h2> 至 <h6> 依次代表次级到更低级别的标题。使用正确的标题层次能够帮助用户快速浏览并理解文档结构。例如，下述代码在网页中的显示效果如图 5-4 所示。

```
<h1> 唐诗三百首 </h1>
<h2> 五言律诗 </h2>
<h3> 春望 </h3>
<h2> 七言绝句 </h2>
<h3> 望庐山瀑布 </h3>
```

在定义标题级别时，应注意以下事项。

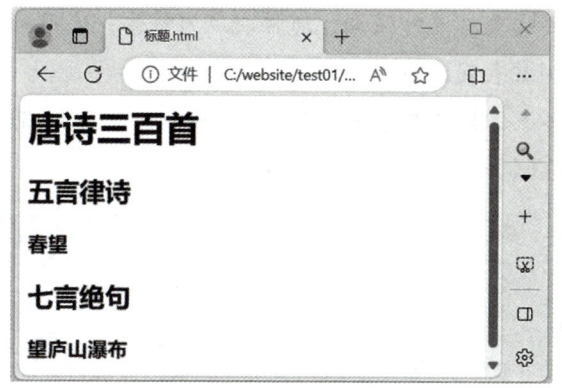

图 5-4　网页显示效果

⇨ 每个页面通常只应包含一个 <h1>，用作页面的主要标题。

⇨ 应按照从 <h1> 到 <h6> 的正确顺序使用标题，确保层次结构合理且逻辑清晰。

⇨ 尽量避免过多的标题层次，保持页面结构简洁易读。

5.3.3　梳理文本层次

1. 梳理文本层次的必要性

在 HTML5 中梳理文本层次至关重要，原因包括但不限于以下几点。

（1）语义化。通过使用合适的标签，可以更好地表达文档内容的结构和意义。这有助于搜索引擎理解网页的主题和重要性，从而提高 SEO 排名。例如，<h1> 标签用来表示页面的主标题，因为它的语义表明它是最重要的标题。

（2）提高可访问性。段落、标题、列表和其他元素的正确使用对于辅助技术设备（如屏幕阅读器）至关重要。它们依赖于这些标记来准确地传达页面的结构和内容，以便视力障碍用户能够理解和导航网页。

（3）提升用户体验。明确的文本层次结构能提升用户的阅读体验，使信息更易于消化吸收。例如，通过合理的标题层级，用户可以快速概览并跳转到感兴趣的部分。

（4）增强代码维护与扩展性。组织良好的 HTML 文档便于开发人员理解和维护，使得添加新内容或重构现有布局更加容易。清晰的层次结构也有助于 CSS 样式表的选择器设计，以实现更具针对性和一致性的样式控制。

（5）有利于响应式设计与移动优化。在创建适应不同设备和屏幕大小的设计时，良好的文本层次能够帮助设计师和开发者更轻松地进行内容重排和显示优化。

2. 梳理文本层次的方法

以下是一些用于梳理文本层次的方法。

⇨ 使用 <h1> 到 <h6> 标签来创建不同级别的标题。

⇨ 使用 <p> 标签定义段落；使用
 标签进行软回车，实现换行。

⇨ 使用 <q> 标签表示短引用；使用 <blockquote> 标签表示长引用或引述内容。

➡ 使用 <em> 标签对文本进行强调，通常表现为斜体；使用 <strong> 标签对文本进行加重强调，通常表现为粗体。

➡ 使用 <pre> 标签来保持文本原始格式，包括空格、换行和缩进等。

例如，下述代码在网页中的显示效果如图 5-5 所示。

```
<h1> 唐诗三百首 </h1>
    <h2> 五言律诗 </h2>
        <h3> 春望 </h3>
         <p> 杜甫·唐 </p>
         <p> 国破山河在，城春草木深。<br>
         <strong> 感时花溅泪，恨别鸟惊心。</strong><br>
         烽火连三月，家书抵万金。<br>
         白头搔更短，浑欲不胜簪。</p>
    <h2> 七言绝句 </h2>
        <h3> 望庐山瀑布 </h3>
         <p> 李白·唐 </p>
         <p> 日照香炉生紫烟，<br>
         遥看瀑布挂前川。<br>
         <em> 飞流直下三千尺，<br>
         疑是银河落九天。</em></p>
         <blockquote cite="https://hanyu.baidu.com/">
         香炉峰在阳光的照射下生起紫色烟霞，远远望见瀑布似白色绢绸悬挂在山前。高崖上飞腾直落的瀑布好像有几千尺，让人恍惚以为银河从天上泻落到人间。</blockquote>
```

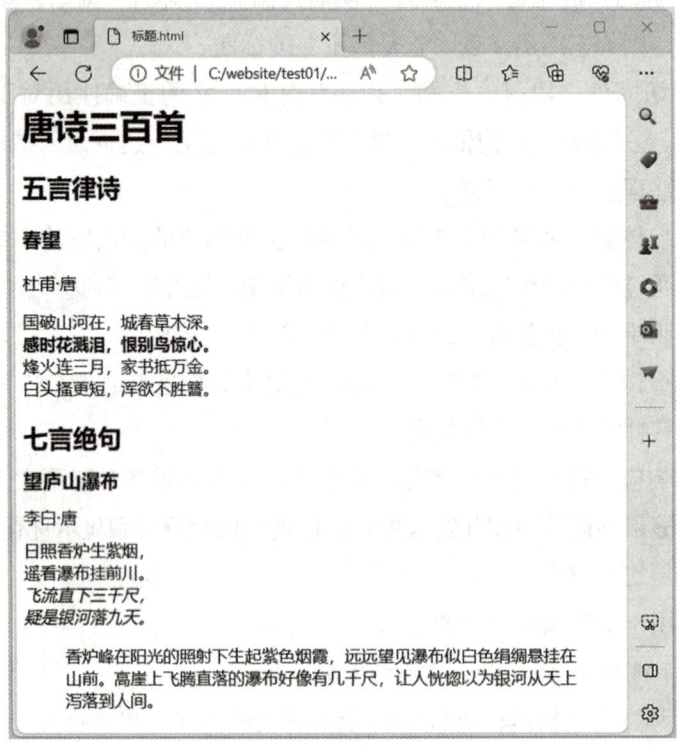

图 5-5 文本层次梳理效果

5.3.4 使用列表

在电子商务网站中，列表的使用非常广泛。它们主要用于展示商品分类或清单、导航菜单、结账流程的不同步骤、过滤和排序选项，以及推荐商品等。在 HTML 中，列表分为有序列表和无序列表两种类型。

1. 无序列表

无序列表使用 \<ul> 标签定义，列表项使用 \<li> 标签。无序列表在视觉上通常以圆点、方块或其他标记作为每个列表项的前缀。无序列表适用于那些不需要特定顺序的内容列表，如菜单、功能列表或一般性的信息点。例如，下述代码在网页中的显示效果如图 5-6 所示。

```
<ul>
    <li><p>产品概述 </p></li>
    <li><p>产品规格 </p></li>
    <li><p>用户评价 </p></li>
    <li><p>联系我们 </p></li>
</ul>
```

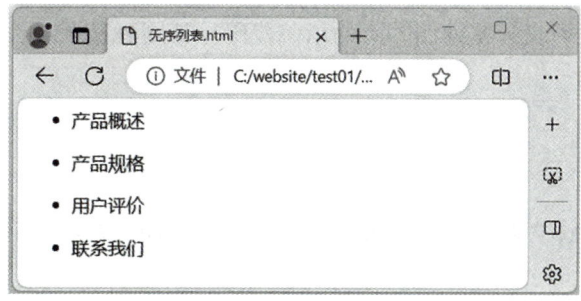

图 5-6　无序列表显示效果

2. 有序列表

有序列表使用 \<ol> 标签定义，列表项同样使用 \<li> 标签。有序列表在视觉上通常以数字或字母作为前缀，以表示列表项的顺序。有序列表适用于需要按特定顺序展示的内容，如步骤指南、排名或任何需要列出顺序的场合。例如，下述代码在网页中的显示效果如图 5-7 所示。

```
<h1>我的购物车 </h1>
  <ol>
    <li>商品 A - ¥20.00</li>
    <li>商品 B - ¥30.00</li>
    <li>商品 C - ¥15.00</li>
  </ol>
  <p>总价：¥65.00</p>
<a href="checkout.html">去结账 </a>
```

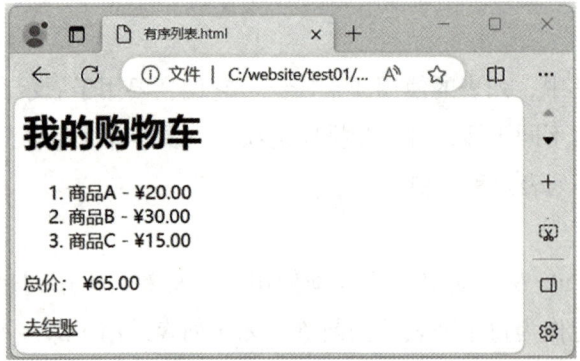

图 5-7　有序列表显示效果

3. 描述列表

HTML 中除有序列表和无序列表之外，还有一种叫作描述列表的列表类型。这种列表主要用于标记一组项目及其相关描述，比如术语和定义、问题和答案等。描述列表标签 <dl> 由一系列相关的术语（<dt> 标签）和它们的描述（<dd> 标签）组成。在电子商务网站上，描述列表通常用于展示商品属性、规格或用户评价等信息，其中每个属性名作为术语，属性值作为描述。

以下是关于描述列表标签使用方法的示例代码。其网页显示效果如图 5-8 所示。

```html
<dl>
  <dt>产品概述</dt>
  <dd>
    <p>
      这是我们的旗舰产品，具有卓越的性能和精良的设计，旨在满足您对高质量商品的需求。
    </p>
  </dd>

  <dt>产品规格</dt>
  <dd>
    <ul>
      <li>材质：优质不锈钢</li>
      <li>尺寸：15 x 20 x 30 cm</li>
      <li>重量：1.5 kg</li>
      <li>颜色：黑色 / 银色</li>
    </ul>
  </dd>

  <dt>用户评价</dt>
  <dd>
    <!-- 这里通常会嵌入一个动态生成或第三方评论系统的链接 -->
    <a href="#reviews">查看全部 42 条用户评价</a>
  </dd>
```

```html
        <dt>联系我们</dt>
        <dd>
            <p>如有任何疑问或需要更多信息,请通过以下方式联系我们:</p>
            <ul>
                <li>电话: +1 (123) 456-7890</li>
                <li>Email: support@example.com</li>
            </ul>
        </dd>
    </dl>
```

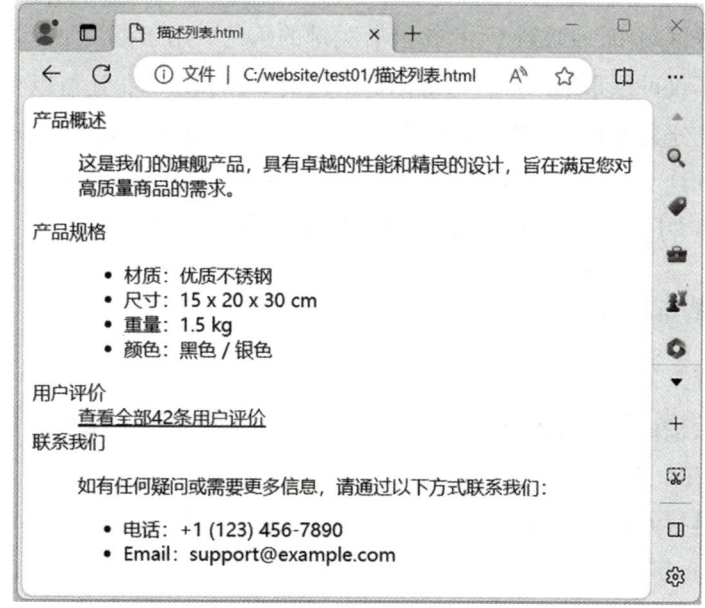

图 5-8　描述列表显示效果

4. 列表的应用

在电子商务网站中,列表的使用非常广泛,主要有以下几个方面。

(1)产品列表:电子商务网站通常会使用有序或无序列表来展示商品分类或商品清单。每个列表项通常包含一个图片和一些描述性文本,如商品名称、价格和评分。

(2)导航菜单:网站的导航栏通常是一个无序列表,其中每个列表项代表一个页面链接或子菜单。这使得用户能够轻松地在不同的页面和部分之间跳转。

(3)结账流程:在结账过程中,有序列表可以用来表示不同的步骤,如"购物车""支付方式""确认订单"。这可以帮助用户了解他们当前的位置以及还需要完成哪些步骤。

(4)过滤和排序选项:当用户想要筛选或排序商品时,无序列表可以用来展示不同的过滤和排序选项,如按价格、按品牌或按评分等。

(5)推荐商品:网站可能会使用列表来展示与用户正在查看的商品相关的推荐商品。这有助于提高用户参与度和销售转化率。

5.4 创建超链接

在网页制作中,创建有效的链接和导航结构对于提供良好的用户体验至关重要。超链接是网页中的关键元素,它允许用户通过点击文本、图像或其他内容跳转到另一个网址(URL)或资源。几乎可以为任何网络内容创建超链接,而 URL 可以指向 HTML 文件、文本文件、图像、视频和音频文件,以及可以在网络上保存的任何其他内容。

在电子商务网站中,超链接元素扮演着关键的角色,用于提供便捷的导航和丰富的交互体验。它不仅可以帮助用户轻松地浏览不同的页面和产品,还可以将他们引导到具体的产品详情、分类页面、购物车和结账页面等。此外,超链接还可用于提供帮助文档、常见问题解答和社交媒体链接等,以满足用户的各种需求。通过合理使用超链接,电子商务网站可以提升用户体验,提高用户参与度和购买意愿。

5.4.1 创建基本链接

创建基本链接有以下两个步骤。

(1)确定链接目标:首先应确定要链接到哪个页面或页面的哪个部分。这通常是通过获取相应的 URL 来实现的。

(2)创建链接元素:在 HTML 文档中,通过 <a> 元素(锚点元素)可以轻松地定义一个超链接。<a> 元素包含两个主要属性:href 和 target。

- href 属性指定链接的目标 URL,即用户点击链接后要跳转到的页面或资源的位置。它可以是一个相对路径(相对于当前页面的路径)或绝对路径(完整的 URL)。
- target 属性用于指定链接打开的方式。默认情况下,链接会在当前浏览器窗口或标签页中打开。如果将 target 属性设置为 _blank,则链接将在新的浏览器窗口或标签页中打开。

以下是一个简单的示例代码,展示如何在 HTML 中创建一个超链接。其网页显示效果如图 5-9 所示。

```
<h1> 欢迎来到我的网站! </h1>
<p> 这是一个简单的超链接示例 :</p>
<a href="https://www.example.com"> 点击这里前往 example.com</a>
```

在上面的代码中,<a> 元素的 href 属性被设置为 "https://www.example.com",表示链接的目标 URL 是 "https://www.example.com"。链接文本为"点击这里前往 example.com",用户可以点击该文本跳转到目标网页。

第 5 章 使用 HTML 构建网页

图 5-9 超链接显示效果

除基本的超链接外，还可以使用其他属性和元素来增强链接的功能和样式。例如，可以使用 title 属性提供链接的额外信息，或者使用 CSS 样式来改变链接的外观。

5.4.2 创建块级链接

块级链接是指将链接元素作为块级元素来使用，使其具有更大的视觉权重和独立性。如果想让标题元素变为链接，就把它包裹在锚点元素（<a>）内。

下面是一个示例代码，演示如何创建一个块级链接，其网页显示效果如图 5-10 所示，可以看到，它将标题"欢迎来到我的网站"创建成了链接。

```
<a href="https://www.example.com">
  <h1> 欢迎来到我的网站 </h1>
</a>
<p> 这是一个示例网站。</p>
```

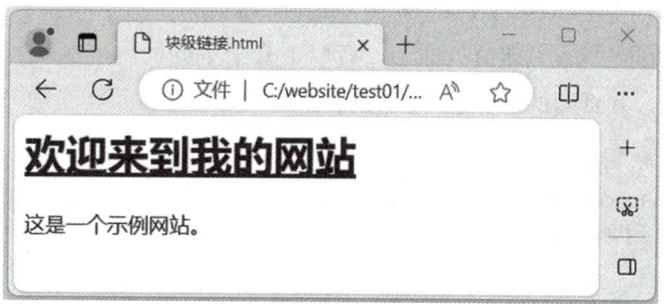

图 5-10 块级链接效果

5.4.3 创建图片链接

要创建图片链接，可以将作为链接的图片使用 <img> 元素嵌套在 <a> 元素内。

下面是一个示例代码，其网页显示效果如图 5-11 所示。

```
<a href=" https://www.example.com">
  <img src="C:\website\test01\images\dog.png" alt=" 小狗图片 " />
</a>
```

图 5-11　图片链接显示效果

可以看到,上述代码为小狗图片创建了链接,当鼠标指针悬停在图片上方时,会显示其链接网址"https://www.example.com"。

5.4.4　创建文档片段链接

超链接不仅可以指向外部文档或页面,还可以实现页面内部跳转,即链接到当前文档的特定部分(称为文档片段)。要实现这一功能,首先需要为目标元素定义一个唯一的 id 属性。

在电子商务网站中,文档片段的内部链接很常见。例如,用于导航到商品详情页面的某个特定部分,如用户评论、产品规格或联系卖家。

假设在一个电商产品的详情页面上,有以下几个不同的内容区块,每个区块都有一个唯一的 id 属性,其页面的 HTML 代码如下:

```
<!-- 产品详情页 -->
<div id="product-overview">
  <!-- 产品概述内容 ... -->
</div>

<section id="product-specs">
  <h2>产品规格</h2>
  <!-- 详细的产品规格信息 ... -->
</section>

<div id="customer-reviews">
  <h2>用户评价</h2>
  <!-- 客户对产品的评价列表 ... -->
```

```
</div>

<footer id="contact-seller">
  <h2> 联系我们 </h2>
  <!-- 联系卖家表单或其他联系方式 ... -->
</footer>
```

然后，可以在同一个页面上创建超链接来直接跳转到这些区块，代码如下：

```
<nav>
  <ul>
    <li><a href="#product-overview">产品概述 </a></li>
    <li><a href="#product-specs">产品规格 </a></li>
    <li><a href="#customer-reviews">用户评价 </a></li>
    <li><a href="#contact-seller">联系我们 </a></li>
  </ul>
</nav>
```

这样，在网页顶部的导航菜单中点击"产品规格"链接时，浏览器会自动滚动到 id 为 product-specs 的产品规格部分。同样，点击其他链接也会跳转到相应的内容区域。上述代码的网页显示效果如图 5-12 所示。

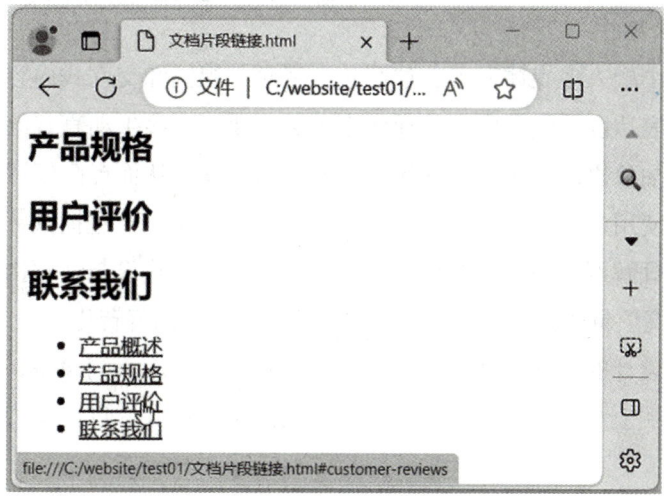

图 5-12　文档片段链接效果

5.4.5　添加提示信息

使用 title 属性可以提供与链接相关的额外信息，当用户将鼠标指针悬停在链接上时，这段信息会以提示框的形式显示出来。

下面是一个示例代码，其网页显示效果如图 5-13 所示。

```
<p> 我创建了一个
```

```
    <a  href="https://example.com"  title="点击跳转到示例网站，了解更多产品信息 ">访问示例网
站 </a>
    的超链接。</p>
```

可以看到，上述代码为"访问示例网站"几个字创建了链接，当鼠标指针悬停在这几个字上方时，会弹出"点击跳转到示例网站，了解更多产品信息"的提示信息。

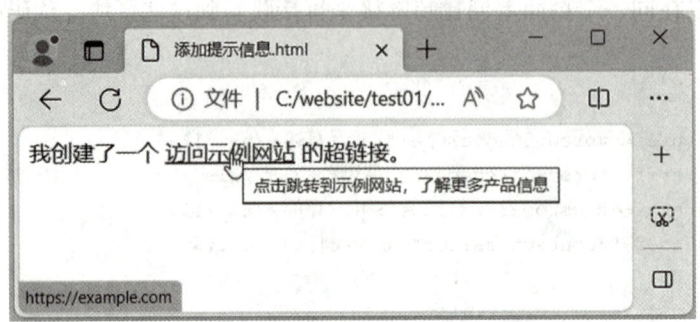

图 5-13　提示信息显示效果

5.5　嵌入多媒体

在网站设计中融入多媒体元素，如图片、音频、视频和交互式内容，对于提升用户体验、丰富信息表达以及优化内容传递效率至关重要。这些生动直观的媒体形式能吸引用户注意力，将抽象概念具象化，并鼓励用户参与互动，从而提高停留时间和页面吸引力。同时，正确使用多媒体还能间接有利于搜索引擎优化，通过提供替代文本等辅助信息帮助搜索引擎理解网页内容。此外，多媒体有助于品牌建设与情感沟通，特别是在电子商务场景下，高质量的商品展示可增强购买信心并促进销售转化。

随着响应式设计的发展，多媒体元素已经能够灵活适应不同设备，确保无论在桌面电脑还是移动终端上都能为用户提供一致且优质的浏览体验，进而有力推动网站目标实现和业务增长。

5.5.1　插入图片

在电子商务的世界中，图像不仅是展示产品的窗口，也是构建用户体验和品牌认知的桥梁。它通过提供吸引人的视觉内容，能帮助顾客更好地理解和感知商品，有效地辅助数据和信息的传递。

1. 插入位图图像

HTML5 中用于嵌入图像的元素主要有 <img>、<picture> 和 <figure>，它们各自有不同的用途和优势。

- <img> 元素：这是最基本的图像嵌入元素，用于定义图像。它只包含一个图像源，不具有根据不同条件选择不同图像的能力。
- <picture> 元素：这是一个容器元素，允许开发者根据不同的条件（如屏幕分辨率、设备类型等）来选择最合适的图像源文件。它可以包含多个 <source> 元素和一个后备的 <img> 元素，以实现响应式图像设计。
- <figure> 元素：这是一个块级容器元素，用于对图像、图表、照片、代码片段等引用内容进行标记和分组。它通常与 <figcaption> 元素一起使用，以提供对包围内容的说明或标题，有助于提高文档的可访问性和语义化。

这些元素提供了从简单到复杂的多种图像嵌入方式，使得网页设计更加灵活，也更适应不同场景的需求。

通常来说，要在网页上展示产品图片或其他相关图像，可以使用 <img> 元素。作为一个空元素，它不包含子内容且不需要闭合标签。

<img> 元素在 HTML 中有很多属性，以下是一些常用的属性。

- src：定义图像的 URL。src 属性是必须的，它指定了图像文件的地址，可以是与网站文件相对的路径，也可以是一个完整的 URL。没有 src 属性，<img> 元素将无法加载任何图像。
- alt：定义在图像无法显示时的替代文本。当图像因某些原因无法显示时，这段文本将显示给用户。
- title：定义鼠标指针悬停在图像上时的文本。
- width：定义图像的宽度。
- height：定义图像的高度。
- loading：用于控制图像的加载行为，例如，可以设置为"lazy"来实现图片的懒加载，从而提升页面的加载速度。
- referrerpolicy：用于控制图像请求的引用策略，可以帮助管理隐私设置。
- crossorigin：用于指定图像的跨域属性，对于需要访问图像像素数据的操作（如 Canvas）非常有用。

下面是一个示例代码，其正常显示的网页效果如图 5-14 所示。

```
<img src="C:\website\test01\images\sofa-image.png"
alt="一款现代风格的家居沙发"
title="现代风格家居沙发"
width="312"
height="252"
loading="lazy"
referrerpolicy="no-referrer"
crossorigin="anonymous" >
```

图 5-14 网页正常显示的效果

当页面中的图像无法加载时的网页效果如图 5-15 所示。

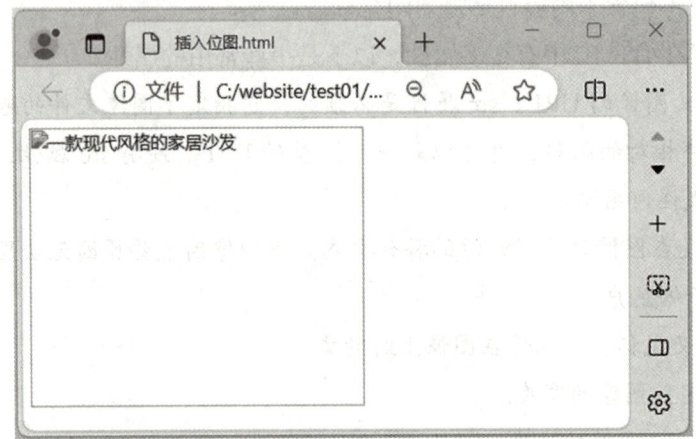

图 5-15 图片无法加载时的网页显示效果

在这个例子中，src 属性指向了名为"sofa-image.png"的图片文件，而 alt 属性提供了替代文本"一款现代风格的家居沙发"。如果由于某些原因无法加载图像，用户将看到这段替代文本。title 属性指定了鼠标指针悬停时的提示文本为"现代风格家居沙发"。width 属性设置了图片的宽度为 312 像素。height 属性设置了图片的高度为 252 像素。loading 属性规定了图片的加载方式为"lazy"，表示图片将在页面滚动到可见区域时才进行加载。设置 referrerpolicy 属性为"no-referrer"，表示不发送任何引用信息，以保护用户的隐私。设置 crossorigin 属性为"anonymous"，表示允许跨域访问，但不会发送用户凭据。

2. 插入矢量图像

SVG（scalable vector graphics）是一种基于 XML 的矢量图像格式，可以无损缩放，适用于高清显示屏。与位图图像（如 JPEG、PNG 等格式的图像）相比，SVG 图像具有更高的清晰度和可伸缩性。在 HTML5 中，<svg> 元素是 SVG 图形的容器，它提供了丰富的功能用于绘制路径、形状、文本和复杂的图形图像。除矢量图形形状外，SVG 还支持嵌入图像和文本对象,其功能集包括嵌套转换、剪切路径、Alpha 蒙版、滤镜效果和模板对象等高级特性。

下面是一个示例代码,其网页显示效果如图 5-16 所示。

```
<svg width="100" height="100">
  <path d="M 10 10 H 90 V 90 H 10 Z" fill="blue" stroke="red" stroke-width="2"/>
</svg>
```

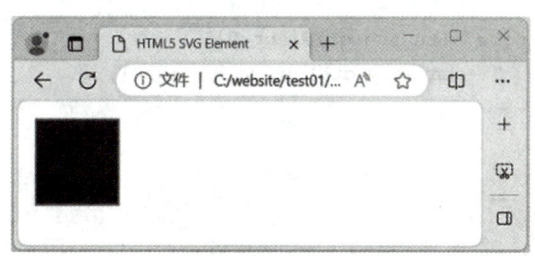

图 5-16　网页显示效果

在这个示例中,使用 <svg> 元素创建了一个 100 像素 ×100 像素的蓝色矩形,边框为红色,宽度为 2 像素。

3. 绘图技术

在 HTML5 中,<canvas> 元素是一个用于在网页上绘制 2D 图形和图像的强大工具。它为开发者提供了丰富的绘图功能,可以创建动画、游戏和图表等视觉元素。

<canvas> 元素本身不具备绘图能力,所有的绘制工作都需要通过 JavaScript 来完成。要开始绘制,首先需要获取 <canvas> 元素的上下文,这是一个提供绘图方法的对象。通过调用 getContext("2d") 可以获得一个 2D 渲染上下文,它允许绘制路径、矩形、圆形、文本以及添加图像等。接下来,可以通过设置上下文的各种属性来控制绘图效果。例如,使用 fillStyle 属性可以定义图形的颜色,而 strokeStyle 属性则用于定义描边颜色。此外,还可以设置线条宽度、字体样式等其他属性来进一步定制图形的外观。在实际开发中,<canvas> 元素的默认大小是 300 像素 ×150 像素,但可以通过设置其 width 和 height 属性来调整画布的大小。最后,为了在 canvas 上显示图形,需要使用 JavaScript 代码来进行绘制。例如,要显示一个红色的矩形,可以先通过 document.getElementById 获取 <canvas> 元素,然后使用 fillRect() 方法来填充矩形区域,或者使用 strokeRect() 方法来绘制矩形边框。

下面是一个示例代码,其网页显示效果如图 5-17 所示。

```
<canvas id="gradientCanvas" width="300" height="200"></canvas>

  <script>
    //Get the canvas element and its context
    var canvas = document.getElementById("gradientCanvas");
    var ctx = canvas.getContext("2d");
```

```
    // Create a linear gradient from top to bottom
    var gradient = ctx.createLinearGradient(0, 0, 0, canvas.height);
    gradient.addColorStop(0, "red");
    gradient.addColorStop(0.5, "yellow");
    gradient.addColorStop(1, "green");

    // Set the fill style to the gradient
    ctx.fillStyle = gradient;

    // Draw a rectangle with the gradient fill
    ctx.fillRect(0, 0, canvas.width, canvas.height);
</script>
```

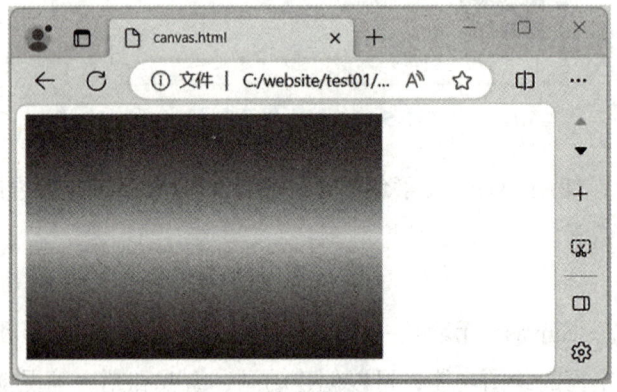

图 5-17 矩形绘制效果

上述代码使用 <canvas> 元素绘制了一个矩形，并使得该矩形具有渐变填充效果。

5.5.2 插入音频

HTML5 引入了 <audio> 元素，这使得在网页中嵌入音频内容变得更加容易和灵活。<audio> 元素支持多种音频格式，可以直接在网页中使用这些格式的音频文件，而无须任何插件或额外的媒体播放器。以下是一些 <audio> 元素支持的常见音频格式。

- MP3（MPEG Audio Layer III）：这是一种广泛使用的音频格式，几乎所有的浏览器都支持它。
- WAV：这是一种无损音频格式，通常用于专业音频编辑和录音。
- OGG：这是一种开放源代码的音频压缩格式，以其高质量的音频压缩而闻名。

<audio> 元素提供了一些属性，用于控制音频的各种行为。以下是一些常用的属性及其作用。

- src：指定音频文件的 URL。这是必需的属性，没有它，<audio> 元素将不会显示或播放任何内容。

- autoplay：指定音频是否在页面加载时自动播放。如果设置为 true，则音频将在页面加载后立即开始播放。
- controls：指定是否显示播放器控件，如播放/暂停按钮、音量控制等。如果设置为 true，则浏览器将显示默认的播放器控件。
- loop：指定音频是否循环播放。如果设置为 true，则音频将在结束时重新开始播放。
- muted：指定音频是否默认静音。如果设置为 true，则音频将在加载时静音，直到用户取消静音为止。
- preload：指定音频文件是否预加载。可以设置为 none（不预加载）、metadata（仅预加载元数据）或 auto（预加载整个音频文件）。
- crossorigin：指定是否允许跨域请求。如果设置为 anonymous 或 use-credentials，则浏览器将发送跨域请求来获取音频文件。

这些属性可以根据具体需求进行组合使用，以实现更复杂的音频播放效果。

下面是一个示例代码，其网页显示效果如图 5-18 所示。

```
<audio controls>
    <source src="product_audio.mp3" type="audio/mpeg">
    <p>您的浏览器不支持音频播放，或者当前格式不受支持。</p>
</audio>
```

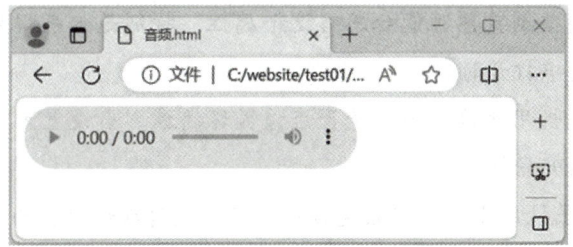

图 5-18　插入音频后的显示效果

上述代码使用 <audio> 元素嵌入一个名为 product_audio.mp3 的音频文件。通过设置 controls 属性为 true，浏览器将显示默认的播放器控件，使用户可以控制音频的播放、暂停和音量等。如果用户的浏览器不支持 <audio> 元素，则会显示"您的浏览器不支持音频播放，或者当前格式不受支持。"作为替代内容。

5.5.3　插入视频

HTML5 的 <video> 元素是专门用于在网页中嵌入视频内容的标准元素。它支持多种视频格式，包括但不限于 MP4、WebM 和 OGG 格式。使用 <video> 元素可以很容易地在网页上添加视频播放器，并且可以通过 DOM（文档对象模型）来控制视频的播放、暂停以及加载等操作。

这里补充一点，虽然 <audio> 元素主要用于嵌入音频内容，但它也可以用来播放视频文件，只是在用户体验上可能不如 <video> 元素合适。

在使用 <video> 元素时，需要注意视频格式的兼容性，因为不同的浏览器可能支持不同的视频编码格式。如果插入的视频格式不被浏览器支持，视频将无法显示。

<video> 元素支持多种属性，这些属性可以用来控制视频的各种播放行为和外观。以下是一些主要的属性。

- src：这是指定视频文件 URL 的必需属性。没有这个属性，浏览器将无法知道要加载哪个视频文件。
- poster：这个属性用于指定一张图片，当视频不可用时显示。它可以作为视频的预览图，通常在视频加载过程中显示。
- controls：这是一个布尔属性，当设置为 true 时，它会在插入的视频上显示默认的播放控件，如播放／暂停按钮、音量控制等。
- width 和 height：这两个属性用于设置视频播放器的宽度和高度。它们可以以像素或百分比的形式指定。
- preload：这个属性用于指定视频在页面加载时是否自动预加载。如果设置为"auto"，则视频会在页面打开时自动开始加载。
- autoplay：这是一个布尔属性，当设置为 true 时，视频会在加载后自动播放。需要注意的是，某些浏览器可能会忽略这个属性，特别是如果视频被设置为静音或者在后台标签页中打开时。
- loop：这个属性用于设置视频是否应该循环播放。当设置为 true 时，视频在结束时会自动重新开始播放。
- muted：这个属性用于设置视频是否应该在加载时默认切换为静音状态。这在用户不希望视频自动播放声音时很有用。

除了上述属性，还有一些其他的属性和方法可以用来进一步控制视频的播放。例如，play()、pause()、currentTime 等方法可以用来通过 JavaScript 控制视频的播放、暂停，以及将视频定位到特定的播放时间点。

下面是一个示例代码，其网页显示效果如图 5-19 所示。

```
<video controls width="340" height="260">
  <!-- 提供多个源以适应不同浏览器 -->
  <source src="my-video.mp4" type="video/mp4">
  <source src="my-video.ogg" type="video/ogg">
  <!-- 对不支持 HTML5 视频标签的浏览器显示备选信息 -->
  <p>您的浏览器不支持视频播放，或者当前格式不受支持。</p>
</video>
```

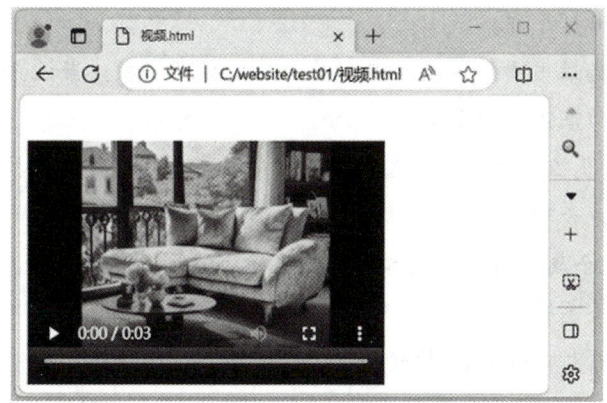

图 5-19　插入视频后的显示效果

上述代码创建了一个具有视频播放功能的网页元素，可以在不同的浏览器上播放不同格式的视频文件，并提供备选信息以适应不支持 HTML5 视频标签的浏览器。如果浏览器不支持 HTML5 视频标签或者没有找到合适的视频格式，将显示备选信息，即"您的浏览器不支持视频播放，或者当前格式不受支持。"

5.5.4　插入交互式内容

使用 HTML5 可以嵌入多种交互式内容的元素，主要有 <embed> 元素和 <object> 元素。这些元素提供了在网页中集成多媒体和其他交互式内容的灵活性，可以用于嵌入视频播放器，允许用户播放、暂停和搜索视频内容，使得网页设计更加丰富和动态，提升了用户的互动体验。

1. <embed> 元素

<embed> 元素用于将外部内容嵌入文档中的指定位置。这些内容通常由外部应用程序或其他交互式内容源提供，如浏览器插件。<embed> 元素支持多种格式，包括但不限于音频、视频、Flash 动画等。具体支持哪些格式取决于用户的浏览器和已安装的插件。

<embed> 元素支持多种属性，这些属性可以用来控制嵌入内容的显示和行为。以下是一些主要的属性。

- src：这是指定嵌入内容 URL 的必需属性。没有这个属性，浏览器将无法知道要加载哪个文件。
- type：这个属性用于指定嵌入内容的类型（MIME 类型）。它可以帮助浏览器更好地理解如何处理嵌入的内容。
- width 和 height：这两个属性用于指定嵌入内容的尺寸。它们可以以像素或百分比的形式指定。
- autoplay：这是一个布尔属性，当设置时，嵌入的内容会在加载后自动播放。需要注意的是，某些浏览器可能会忽略这个属性，特别是当内容被设置为静音或者在后台标签页中打开时。
- loop：这个属性用于设置嵌入内容是否应该循环播放。当设置为 true 时，内容在结束时会自动重新开始播放。
- muted：这个属性用于设置嵌入内容是否应该在加载时默认切换为静音。这在不希望自动播放声音时很有用。
- controls：这个属性用于在嵌入内容上显示浏览器默认的播放控件，如播放/暂停按钮、音量控制等。

由于不同浏览器对 <embed> 元素的支持程度不同，可能需要提供备选内容或使用其他嵌入工具（如 <object> 元素）来实现更好的兼容性。随着 HTML5 的发展，一些旧的格式（如 Flash）可能不再被广泛支持，因此在使用 <embed> 元素时需要考虑当前的标准和最佳实践。

2. <object> 元素

<object> 元素也是一个通用的嵌入工具，它可以嵌入多种类型的外部内容，如 Java 小程序、Flash、PDF（通过 PDF 插件显示）以及视频和图像等。

<object> 元素支持多种属性，这些属性可以用来控制嵌入内容的行为和外观。主要的属性如下：
- data：指定嵌入对象的 URL。这是 <object> 元素的必需属性，没有它浏览器无法加载对象。
- type：指定嵌入对象的 MIME 类型。这有助于浏览器确定如何处理嵌入的内容。
- width 和 height：定义嵌入对象的宽度和高度。这些属性可以确保对象在页面上的尺寸符合设计要求。
- class：用于指定一个或多个类名，这些类名可以在 CSS 中定义样式。
- contenteditable：一个布尔属性，如果设置为 true，则用户可以直接编辑该元素的内容。
- contextmenu：允许定义元素的上下文菜单。
- dir：设置元素的文本方向，如 ltr（从左到右）或 rtl（从右到左）。
- draggable：一个布尔属性，如果设置为 true，则用户可以拖动该元素。
- id：为元素提供一个唯一的标识符，用于在 JavaScript 和 CSS 中引用。
- lang：定义元素内容的语言。
- ref：为元素提供引用，通常与表单元素一起使用。
- tabindex：定义元素在键盘导航顺序中的位置。
- title：提供元素的额外信息，通常在鼠标指针悬停时显示。

通过使用这些属性，开发者可以更好地控制嵌入内容的行为和外观，从而提供更丰富的用户体验。

5.6 构建表格

在电子商务网站开发中，HTML 的表格元素是不可或缺的组成部分，它们为呈现和管理商品信息、订单详情等大量结构化数据提供了有效途径。这些表格不仅有助于用户比较产品，也确保了后台数据展示的清晰和一致性。

5.6.1 创建表格

在 HTML 中，<table> 元素用于创建表格数据，它以二维格式展示信息，由行和列组成。<table> 元素是表格的容器元素，它定义了表格的范围和外框。

表格的基本结构通常包括以下几个部分。

- 表头（thead）：包含表格的标题行，通常用于表示列的名称。
- 表体（tbody）：包含表格的数据行，是表格内容的主要部分。
- 表尾（tfoot）：可选部分，包含表格的底部信息，如总计、平均值等。
- 表头单元格（th）：位于表头中，用于定义列的名称或标题。
- 标准单元格（td）：位于表体或表尾中，用于填充具体的数据。

下面是一个示例代码，其网页显示效果如图 5-20 所示。

```
<table>
  <thead>
    <tr>
      <th> 表头 1</th>
      <th> 表头 2</th>
      <th> 表头 3</th>
    </tr>
  </thead>
  <tbody>
    <tr>
      <td> 数据 1</td>
      <td> 数据 2</td>
      <td> 数据 3</td>
    </tr>
    <tr>
      <td> 数据 4</td>
      <td> 数据 5</td>
      <td> 数据 6</td>
    </tr>
  </tbody>
  <tfoot>
    <tr>
      <td colspan="2"> 表尾信息 </td>
```

```
            </tr>
        </tfoot>
</table>
```

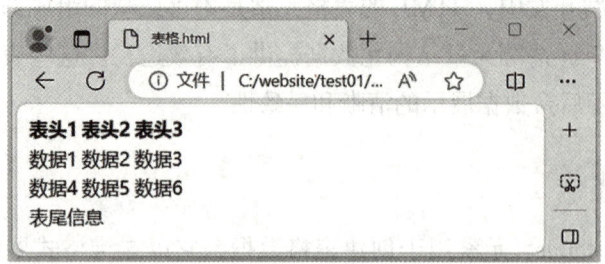

图 5-20 表格显示效果

上述代码中，<table> 元素定义了整个表格，<thead> 和 <tbody> 分别包含了表头和表体的内容，而 <tfoot> 则包含了表尾的内容。每个 <tr> 元素定义了一个表格行，而 <th> 和 <td> 元素则分别定义了表头单元格和标准单元格。

5.6.2 定义表格属性

HTML 的表格元素具有多种属性，它们可以影响表格的外观和行为。以下是一些主要的属性。

1. 基本属性

- width：设置表格的宽度。
- height：设置表格的高度。
- align：决定表格在页面上的对齐方式（左对齐、居中对齐或右对齐）。
- bgcolor：定义表格的背景颜色。
- background：指定表格的背景图像地址。

2. 行属性（<tr>）

- height：控制行的高度。
- bordercolor：设定行的边框颜色。
- bgcolor/background：设置行的背景颜色或背景图片。
- align：设置表格行内文字的水平对齐方式（左对齐、居中对齐、右对齐）。
- valign：设置表格行内文字的垂直对齐方式（顶部对齐、居中对齐、底部对齐）。

3. 单元格属性（<td>、<th>）

- width/height：定义单元格的大小。
- colspan：使单元格水平跨过多个列。
- rowspan：使单元格垂直跨过多个行。
- align/valign：分别控制单元格内文本的水平与垂直对齐方式。

4. 表格边框属性

⇨ border：设置表格边框的宽度。

⇨ bordercolor：指定表格边框的颜色。

⇨ cellspacing：调整表格内部单元格之间的距离。

⇨ cellpadding：定义表格内单元格内容与边框之间的距离。

这些属性为网页设计者提供了丰富的定制选项，允许他们精确地控制表格的布局和样式。在 HTML5 中，某些旧的属性如 bgcolor 和 align 已被 CSS 取代，以支持更灵活和语义化的页面设计，因而在使用现代网页设计技术时，推荐通过 CSS 来控制这些视觉方面的属性，而将 HTML 专注于结构化的内容表示。

下面是一个示例代码，其网页显示效果如图 5-21 所示。

```
<style>
    table {
      width: 80%;
      border-collapse: collapse;
    }
    th, td {
      border: 1px solid black;
      padding: 8px;
      text-align: left;
    }
    th {
      background-color: #f2f2f2;
    }
    .product-name {
      font-weight: bold;
    }
    .product-price {
      color: green;
    }
    .add-to-cart {
      background-color: #4CAF50;
      color: white;
      padding: 6px 12px;
      text-align: center;
      text-decoration: none;
      display: inline-block;
      cursor: pointer;
    }
  </style>
</head>
<body>
  <table>
    <caption>商品列表</caption>
```

```html
    <thead>
      <tr>
        <th>商品名称</th>
        <th>价格</th>
        <th>操作</th>
      </tr>
    </thead>
    <tbody>
      <tr>
        <td class="product-name">商品 A</td>
        <td class="product-price">¥10</td>
        <td><button class="add-to-cart">加入购物车</button></td>
      </tr>
      <tr>
        <td class="product-name">商品 B</td>
        <td class="product-price">¥20</td>
        <td><button class="add-to-cart">加入购物车</button></td>
      </tr>
      <tr>
        <td class="product-name">商品 C</td>
        <td class="product-price">¥30</td>
        <td><button class="add-to-cart">加入购物车</button></td>
      </tr>
    </tbody>
  </table>
```

图 5-21　表格属性设置效果

在上述代码中，首先用 <style> 元素定义了内联样式，以便允许开发者直接在 HTML 元素内部添加 CSS 属性和值来控制元素的外观和布局，而无须创建外部的 CSS 文件或使用类选择器。然后使用 <table> 元素创建了表格，并为表格定义了属性：width 属性设置了表格宽度为页面宽度的 80%；border-collapse 属性合并了相邻单元格的边框；border 属性设置了单元格边框的宽度和样式；padding 属性定义了单元格内文本与边框之间的距离；text-align 属性设置了单元格内文本的水平对齐方式；background-color 属性设置了表头的背景颜色；class 属性为不同的单元格添加了自定义的 CSS 类，以实现特定的样式效果；button 属性创建了一个按钮，用于将商品添加到购物车。

5.7 搭建网页结构

搭建合理的网页结构对于网站的成功运营至关重要。一个好的网页结构可以帮助搜索引擎更好地理解网站的重要页面，从而影响这些页面在搜索结果中的排名，提高网站的可见度，吸引更多的访问者。而一个清晰、逻辑性强的网页结构可以提升用户浏览网站的体验，让用户更容易找到所需的信息。此外，合理的网页结构还可以使网站内容更加条理清晰，便于管理和维护，有效地实现网站的功能。

5.7.1 定义网页结构的元素

网页的基本结构通常有以下几个部分。

- 头部区域（header）：由 <header> 元素定义。该区域通常位于网页的顶部，用于显示网站的标题或标志。它为网站提供了一个明确的开始点，并且经常包含导航元素。
- 菜单导航区域（navigation）：由 <nav> 元素定义。该区域包含链接到网站其他页面的菜单或按钮。该区域可以帮助用户在网站内部进行页面之间的跳转。
- 内容区域（content）：由 <main> 元素定义，并用 <article> 和 <section> 元素表示各种内容小节。该区域是网页的主体部分，展示了网站的主要信息和功能，如文本、图片、视频等。
- 侧边栏（sidebar/aside）：由 <aside> 元素定义。该区域通常包含一些补充内容，如相关文章链接、广告或者作者信息等。侧边栏可以提供额外的信息，而不会干扰主要内容的阅读。
- 底部区域（footer）：由 <footer> 元素定义。该区域位于网页的底部，常用于显示版权信息、联系方式和其他次要的链接或信息。

除了上述语义元素，还可以使用 <div> 元素来添加布局，或者使用 <table> 元素来创建表格布局。这些元素虽然没有特定的语义含义，但它们在 CSS 中可以灵活地控制样式和布局。

5.7.2 构建网页页面的语法

HTML5 中构建 Web 页面的基本语法如下：

```
<!doctype html>
<html lang="zh">
  <head>
    <meta charset="utf-8">
    <title> 这是一个标题 </title>
  </head>
  <body>
    <p> 这是一个段落 </p>
    <!-- 这是一条注释 -->
  </body>
</html>
```

说明：

- <!doctype html>：DOCTYPE 声明，用于指定文档的类型为 HTML5。DOCTYPE 声明位于整个 HTML 文档的顶部。
- <html>…</html>：根元素，表示整个 HTML 文档的开始和结束。lang="zh" 指定了文档的语言为中文。
- <head>…</head>：头部元素，<head> 标签内的信息是关于文档本身的信息，而不是直接展示给用户的内容。
- <meta>：<meta> 标签用于定义元数据，charset 为 <meta> 元素的属性，用于设置文档的字符集。这里将其设为 UTF-8，以确保文本能够正确显示世界上多种语言的字符。
- <title>…</title>：标题元素，定义了浏览器窗口的标题栏显示的内容。这个标题会出现在浏览器的标签页标题和搜索结果中，但不会在网页主体内容区域显示。
- <body>…</body>：主体元素，<body> 标签包裹着网页所有可见内容，包括文本、图片、链接、表格等所有用户可以在浏览器窗口中直接看到和交互的部分。
- <p>…</p>：<p> 元素是一个段落元素，它在网页中显示为一段文本内容。
- <!-- 这是一条注释 -->：注释是对文档的解释，浏览器不会对注释内容进行解析并呈现到页面上，只有查看 HTML5 文件源代码时才会看到注释。HTML 的注释用特殊的记号 <!-- 和 --> 包裹起来。

下面是一个示例代码，其网页显示效果如图 5-22 所示。

```
<!doctype html>
<html lang="zh-CN">
  <head>
    <meta charset="utf-8" />
    <meta name="viewport" content="width=device-width" />
    <title> 我的电子商务网站 </title>
    <link
      href="https://fonts.googleapis.com/css?family=Open+Sans+Condensed:300|Sonsie+One"
      rel="stylesheet" />
```

第 5 章 使用 HTML 构建网页

```html
    <link rel="stylesheet" href="style.css" />
</head>

<body>
    <!-- 这是网站的主要头部，用于所有页面 -->
    <header>
        <h1>电子商务网站</h1>
    </header>

    <nav>
        <ul>
            <li><a href="#">首页</a></li>
            <li><a href="#">产品</a></li>
            <li><a href="#">关于我们</a></li>
            <li><a href="#">联系我们</a></li>
        </ul>
        <!-- 搜索表单是另一种常见的非线性方式来浏览网站。 -->
        <form>
            <input type="search" name="q" placeholder="搜索产品" />
            <input type="submit" value="搜索" />
        </form>
    </nav>

    <!-- 这是页面的主要内容 -->
    <main>
        <!-- 它包含一篇文章 -->
        <article>
            <h2>特色产品：智能健身镜</h2>
            <p>
                这款智能健身镜是一款结合人工智能技术与健身的高科技产品。作为您的私人健身教练和健康顾问，它能根据您的需求提供个性化的锻炼计划。它配备了丰富课程库和实时指导功能，适合各类人群使用。它内置了心率监测和热量统计功能，可与智能设备同步数据，还支持语音控制和手势识别，设计时尚，适合家居环境，让您在家即可享受专业的健身体验，助您实现健康生活的目标。
            </p>

            <h3>产品 1：智能手表</h3>
            <p>
                这款智能手表具有多种功能，如健康监测、运动追踪和智能通知等。它采用优质材料制作，舒适耐用。价格优惠，是您理想的健身伴侣。
            </p>

            <h3>产品 2：无线耳机</h3>
            <p>
                这款无线耳机具有高音质、低延迟和长续航等特点。它还具备智能降噪功能，让您在嘈杂的环境中享受纯净的音乐体验。现在购买还有优惠活动哦！
            </p>
        </article>
```

```html
        <!-- aside 内容也可以嵌套在主要内容中 -->
        <aside>
          <h2>最新动态 </h2>

          <ul>
            <li><a href="#">新产品系列发布 </a></li>
            <li><a href="#">部分商品特价促销 </a></li>
            <li><a href="#">订单满50元免费配送 </a></li>
            <li><a href="#">客户评价和推荐 </a></li>
            <li><a href="#">即将举行的活动和促销 </a></li>
          </ul>
        </aside>
      </main>

      <!-- 这是网站的底部，用于所有页面 -->
      <footer>
        <p>&copy; 2030 我的电子商务网站。保留所有权利。</p>
      </footer>
    </body>
</html>
```

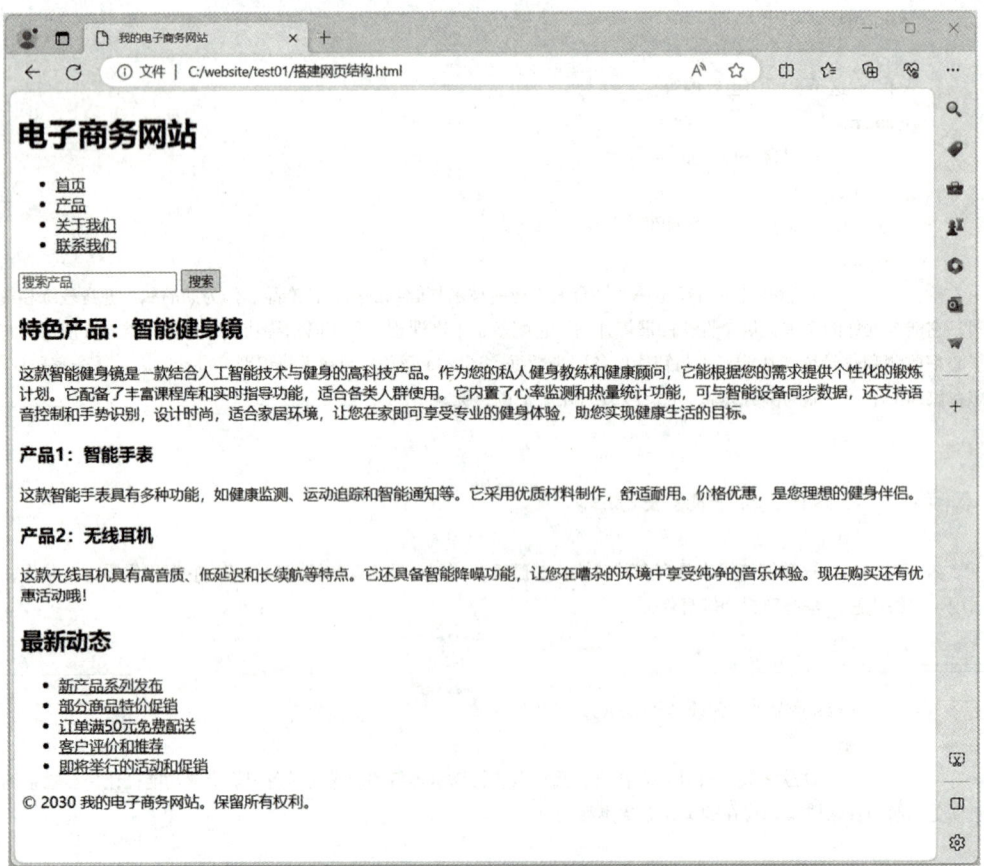

图 5-22　网页显示效果

课后练习

一、填空题

1. _____是 HTML 文档的基本构建块,它不仅包括标签,还包括了标签之间的_____以及可能的_____。

2. HTML5 中元素的内容类别主要有_____、_____、_____、_____、_____及_____等。

3. _____元素用来定义段落,_____元素用来定义超链接,_____元素用来插入图片,_____元素用于创建表格数据。

4. 网页的头部区域由_____元素定义,菜单导航区域由_____元素定义,内容区域由_____元素定义,侧边栏由_____元素定义,底部区域由_____元素定义。

二、简答题

1. 简述有序列表和无序列表的创建方法。
2. 简述使用 HTML 元素创建表格的方法。
3. 简述使用 HTML 搭建基本网页结构的方法。

三、实践活动

在前述创建的电商网站项目中,利用 HTML 编写实际的商品列表数据,添加超链接导航至产品详情页,并嵌入多媒体内容。

第 6 章

CHAPTER 6

使用 CSS 布局和美化网页

本章导读

作为网页样式与布局的核心技术手段，CSS 不仅能够赋予网页视觉吸引力和易用性，而且对于实现响应式设计、提升用户体验以及适应日益多样化的设备环境具有不可替代的作用。

在本章中，我们将全面探索 CSS 的核心概念和功能，从基本语法到选择器的使用，再到布局技术和响应式设计的应用，一步步构建对 CSS 的深入理解。通过学习盒子模型、Flexbox 和 Grid 等布局方法，学生可以掌握创建适应不同设备的灵活网页布局的能力。同时，我们还将涉及如何通过 CSS 增强网页的视觉美感，包括背景、边框、字体、文本以及多媒体元素的样式设计，以创造出具有高度个性化和品牌一致性的网页。

通过对本章的学习，学生将掌握 CSS 的核心技术和方法，从而能够打造出既美观又具有良好用户体验的网页，提升技术水平和职业竞争力。

学习目标

➢ 理解 CSS 的概念和基本语法，掌握各种 CSS 选择器及其优先级，理解样式声明与继承的原理。

➢ 了解 CSS 布局的基础知识，理解盒子模型的概念，掌握 CSS 布局技术和响应式设计方法。

➢ 能够针对背景、边框、字体、文本及多媒体元素进行样式设计与美化。

6.1 CSS 概述

CSS 是网页设计和开发的核心技术之一，它与 HTML 或 XML 等结构化文档标记语言配合使用，能够分离内容与样式，提供灵活且强大的页面设计能力。

6.1.1 CSS 的概念

CSS（cascading style sheets）即层叠样式表，是一种用于定义网页布局、外观和表现形式的标准样式语言。CSS 提供了丰富的描述性方式来控制文档中元素的视觉表现，包括字体、颜色、间距、尺寸、定位、背景图像、边框、过渡动画以及更多的复杂效果。通过使用 CSS，开发者可以将内容（HTML 文档）与表现形式分离开来，便于维护和重用设计。

6.1.2 CSS 的发展历程

CSS 的发展历程可以概括成以下几个阶段。

第一阶段：起源与概念提出

1994 年，挪威程序员哈肯·维姆·莱（Håkon Wium Lie）在访问了蒂姆·伯纳斯－李的欧洲核子研究中心后，提出了样式表的概念，并于同年 10 月发表了关于"Cascading HTMLStyle Sheets"的论文。

第二阶段：CSS1

1996 年 12 月，W3C（万维网联盟）发布了第一个正式的 CSS 规范草案——CSS1。这个版本定义了基础的样式规则和属性，如字体、颜色、背景、布局等，允许开发者控制 HTML 文档的外观表现。

第三阶段：CSS2

随着 Web 技术的快速发展，W3C 在 1998 年 5 月发布了 CSS2 规范，它增加了许多新特性，包括绝对定位、相对定位、生成内容、多列布局以及对打印样式的支持等。

第四阶段：CSS2.1

由于 CSS2 中的一些功能在浏览器中的实现不一致，W3C 开始修订规范，最终于 2004 年开始推荐 CSS2.1 规范，该规范更注重实际兼容性和实施一致性。CSS2.1 成为接下来很长一段时间内浏览器遵循和支持的基础标准。

第五阶段：CSS3

CSS3 并非一个单一的整体规范，而是由多个模块组成，这些模块分别在不同的时间点被提议、制定和标准化。CSS3 引入了大量新的高级特性，如选择器增强、动画与过渡效果、弹性盒布局、网格布局、阴影效果、多背景图像、圆角边框、自定义字体等。

第六阶段：现代 CSS

进入 21 世纪的第二个十年，CSS 继续发展和完善，包括 CSS Grid Layout Module、CSS Flexbox Module、CSS Custom Properties、CSS Variables、CSS Shapes、CSS Houdini（底层 API 集合，旨在为开发者提供更多的 CSS 扩展能力）等现代化功能逐渐被浏览器支持并广泛应用。

自 CSS 诞生以来，其历经多个版本的发展，不断引入创新功能，从最初的简单样式修饰到如今支持复杂的响应式布局和动画交互，为现代 Web 应用程序提供了强大且丰富的样式解决方案。随着新技术的不断涌现，CSS 也在持续演进以适应日益复杂的 Web 应用需求。

6.1.3 CSS 的功能

CSS 是一种强大的工具，它在网页设计和开发中发挥着至关重要的作用，主要功能如下：

（1）样式设计。CSS 最直接的功能是设计网页的外观和风格。它允许开发者对文字、颜色、间距、布局、边框、阴影等元素进行精确控制，以实现美观、统一的页面效果。

（2）页面布局。CSS 提供了多种布局模型，如块级元素和行内元素、定位（static、relative、absolute、fixed 和 sticky）、Flexbox 和 Grid 等，这使得开发者可以轻松地创建复杂的页面布局。

（3）响应式设计。随着移动设备的普及，响应式网页设计变得越来越重要。CSS 通过媒体查询和流式布局等技术，使网页能够适应不同尺寸的屏幕，提供良好的用户体验。

（4）动画和过渡效果。CSS 提供了动画和过渡功能，允许开发者创建平滑的视觉效果，增强用户体验。

（5）字体和排版。CSS 可以用来设置字体类型、大小、间距、行高、对齐方式等，从而实现精美的文字排版。

（6）可访问性。通过使用 CSS，开发者可以确保网页内容在视觉上正确地呈现，即使在某些用户禁用样式或使用辅助技术（如屏幕阅读器）时也是如此。

（7）组件化和模块化。通过将样式与 HTML 分离，CSS 使得代码更加模块化和可重用。这样，开发者可以创建可复用的 CSS 组件，提高开发效率。

（8）与其他技术的集成。CSS 可以与 JavaScript 等脚本语言集成，以实现更复杂的功能和交互效果。

（9）浏览器兼容性。虽然大多数现代浏览器都支持 CSS，但为了确保在不同浏览器中具有一致的表现，开发者需要处理浏览器之间的兼容性问题。

（10）性能优化。通过选择器优化、避免重排和重绘等方法，CSS可以优化网页的性能。

6.1.4　CSS的工作原理

当浏览器加载和显示网页时，它遵循一个简化处理流程来结合文档的内容（HTML）与样式信息（CSS），尽管不同浏览器的具体实现可能有所差异，但基本过程包括以下步骤。

步骤1：加载HTML。当用户访问一个网页时，浏览器首先发送请求获取HTML文档。就像阅读一本书的开头章节一样，浏览器开始读取和解析从服务器接收到的HTML文本内容。

步骤2：构建DOM树。阅读完HTML后，浏览器将其转换为一种内部数据结构，称为文档对象模型（document object model, DOM）。想象一下这是一幅由节点构成的树状图，每个节点代表页面上的一个元素，如标题、段落、图像等。DOM树可以帮助浏览器理解各个元素之间的关系以及它们在文档层次结构中的位置。

步骤3：下载资源。浏览器发现HTML中引用的所有外部资源，包括CSS文件、图片、JavaScript文件等，并开始异步下载这些资源。CSS文件是影响页面样式的非常关键的部分。

步骤4：解析与构建CSSOM。当CSS文件到达时，浏览器将其解析成另一个树状结构——CSSOM，即CSS对象模型（CSS object model），它描述了样式规则及其应用方式。浏览器将每条CSS规则按照选择器类型分类存储，比如.class选择器、#id选择器、元素选择器等，并计算出每个规则的具体权重。

步骤5：创建渲染树。DOM树与CSSOM树结合，生成渲染树。渲染树只包含需要显示在屏幕上的可见元素及它们对应的样式信息。在这个阶段，浏览器确定每个DOM节点最终呈现时的样式属性。

步骤6：布局（或称回流/重排）。现在有了渲染树，浏览器可以开始计算每个节点在页面上的确切尺寸和位置，这就是"布局"阶段。浏览器根据元素的大小、位置以及其他相关样式（如浮动、定位等）来安排所有节点的空间分布。

步骤7：绘画（或称重绘）。在布局完成后，浏览器按照从后到前的顺序（背景层到前景层）逐个绘制节点，将渲染树的内容实际呈现在屏幕上。这个过程涉及填充颜色、描绘边框、展示文字和其他可视内容。

步骤8：合成与渲染（有时还包括光栅化）。对于复杂的页面，尤其是含有动画或3D变换效果的元素，可能还会涉及分层、合成和光栅化步骤。部分元素会被单独分配到不同的图层，然后各个图层分别进行绘制，最后通过合成线程将各层合并并输出到屏幕上。

通过以上流程，浏览器将 HTML 和 CSS 有效地结合起来，将原本的文本和样式指令转化为可在屏幕上看到的丰富、交互式的 Web 页面。

6.2 CSS 语法基础

在了解了 CSS 的基本概念和发展历程之后，接下来学习 CSS 语法的基础知识。掌握 CSS 语法是构建网页布局和应用样式的关键。

6.2.1 CSS 的语法结构

1. 选择器和声明块

在 CSS 中，样式规则由选择器和声明块构成。

选择器（selectors）用于指定要应用样式的 HTML 元素或类别的部分，它可以是一个元素名、一个类名、一个 ID 名或其他更复杂的选择器组合。

声明块（declarations）是由一对大括号 {} 包围的用以表示所有匹配该选择器的元素应具有的样式的信息集合。每个声明块内部包含一系列属性（property）与值（value）的声明，每个声明之间用分号（;）隔开。

在 CSS 代码中，用"/*"和"*/"来包裹注释的内容。完整的 CSS 规则结构如下：

```css
selector {                          /* 选择器 */
  property1: value1;                /* 属性与值的声明 */
  property2: value2;
  …    /* 更多声明 */
}
```

例如：

```css
/* 选择所有段落并设置其样式 */
p {
  color: #333;                      /* 设置文本颜色 */
  font-family: Arial, sans-serif;   /* 设置字体系列 */
  line-height: 1.5;                 /* 设置行高 */
}
```

2. 属性与值

属性是指 CSS 中能够改变 HTML 元素外观或行为的特定方面，如颜色、字体大小、边距等。每个属性都有其特定的名称，如 color、font-size、margin 等。

CSS 中的主要属性类别及其用途如表 6-1 所示。

表 6-1　CSS 中的主要属性类别及其用途

属性类别	属性名称	用途
字体与文本相关属性	font-family	设置元素字体系列
	font-size	控制文本大小
	font-style	定义字体风格（如斜体或正常）
	font-weight	设置字体粗细
	line-height	规定行间距
	text-align	对齐元素内的文本
	text-decoration	添加下画线、删除线等装饰效果
	text-transform	控制文本大小写转换
背景相关属性	background-color	设置背景颜色
	background-image	添加背景图像
	background-repeat	控制背景图像是否重复
	background-position	定位背景图像在元素中的位置
	background-size	指定背景图像尺寸
	background-attachment	确定背景图像相对于视口的滚动行为
边框与轮廓相关属性	border	简写属性，同时设置边框宽度、样式和颜色
	border-width	单独设置边框宽度
	border-style	单独设置边框样式
	border-color	单独设置边框颜色
	border-radius	创建圆角边框
	outline	为元素创建一个轮廓，通常用于高亮当前焦点元素
区块与盒模型相关属性	width	设置元素的宽度
	height	设置元素的高度
	padding	内边距，内容区域与边框之间的空间
	margin	外边距，元素与其他元素之间的距离
	display	控制元素如何显示
	box-sizing	决定盒子模型的计算方式
定位与布局属性	position	设置元素定位类型
	top, right, bottom, left	基于父元素或最近非静态定位祖先元素定位元素
	z-index	控制元素的堆叠顺序
	float	浮动元素，影响其在文档流中的位置
	Flexbox 和 Grid 相关属性	用于更复杂灵活的布局设计

(续表)

属性类别	属性名称	用途
其他常见属性	color	设置文本颜色
	cursor	改变鼠标指针样式
	opacity	设置元素不透明度
	visibility	控制元素是否可见
	list-style	设置列表项目的标记样式
	transition/animation	定义过渡动画效果

值是对相应属性的具体设定，每个属性后跟冒号"："，冒号后定义该属性的值。值可以是预设的关键词（如 red、center），也可以是带有具体度量单位的数值（如 14 px、2 em），还可以是其他类型的数据，如颜色代码、URL 等。

CSS 属性值的类型及描述如表 6-2 所示。

表 6-2　CSS 属性值的类型及描述

值的类型	详细类别	描述
数字值	整数	如 1、-5，用于不需要小数点的属性设置
	实数（浮点数）	如 1.5、-2.0，常用于透明度这种需要精确度的属性
长度单位	像素（px）	固定长度单位，屏幕分辨率相关的绝对单位
	百分比（%）	相对单位，基于父元素尺寸计算
	相对单位（em/rem）	em 基于父元素字体大小，rem 基于根元素字体大小
	视口宽度 / 高度（vw/vh）	基于视口百分比的相对单位
	绝对长度单位	包括厘米（cm）、毫米（mm）、英寸（in）、点（pt）和派卡（pc）
颜色值	预定义颜色名称	如 red、blue 等
	RGB 颜色值	如 rgb(255, 0, 0)，用红、绿、蓝三通道数值表示
	RGBA 颜色值	如 rgba(255, 0, 0, 0.5)，包含透明度 Alpha 通道
	十六进制颜色值	如 #FF0000，紧凑的色彩编码形式
	HSL 颜色值	如 hsl(0, 100%, 50%)，括号中的三个值分别对应色调、饱和度、亮度
	HSLA 颜色值	如 hsla(0, 100%, 50%, 0.5)，带 Alpha 通道的 HSL 色彩模式
角度单位	度（deg）	旋转属性的标准单位，如 transform: rotate(45deg)
	弧度（rad）	另一种角度单位，数学上常用，但 CSS 中较少见
	转（turn）	完整旋转一圈为 1 turn，用于旋转属性
URL 引用	URL()	用于引用外部资源，如背景图片：url('image.jpg')

(续表)

值的类型	详细类别	描述
百分比值	各种尺寸属性	可应用于宽度、高度、外边距、内边距等属性,相对于父元素的百分比
关键词或枚举值	预定义关键词	如 auto、initial、inherit、none、normal 等,具体含义由对应属性决定
计时单位	秒(s)	用于动画持续时间、过渡延迟与过渡时间等
频率单位	Hz/kHz	在 Web 开发中较少使用,理论上可用于频率相关的属性
字符串值	文本内容	某些属性中接受字符串文本,如 content: "Hello World"
选择器	伪类	如 :hover, :active,用于根据元素状态添加样式
	伪元素	如 :before, :after,用于在 DOM 中创建虚拟节点并添加样式

6.2.2 选择器类型及优先级

CSS 中的选择器类型用于定位 HTML 文档中的元素,以便对它们应用特定的样式。

1. 基本选择器

基本选择器是基础的 CSS 选择器类型,用于匹配 HTML 文档中的元素。主要包括以下几种:

(1)元素选择器:直接使用 HTML 标签名来指定样式,如 p 会匹配所有的段落元素。例如:

```
p {
  color: red;
}
```

(2)类选择器:以点号(.)开头,后面跟类名,用来匹配所有具有该类名的元素。例如:

```
.myClass {
  font-size: 20px;
}
```

(3)ID 选择器:以井号(#)开头,后面跟 ID 名,仅匹配具有该 ID 属性的唯一元素。例如:

```
#header {
  background-color: blue;
}
```

2. 复合选择器

复合选择器是由两个或多个基本选择器通过特定方式组合而成的选择器,用于更精确地定位和应用样式。常见的复合选择器包括：

（1）后代选择器：用空格分隔两个选择器，表示第一个选择器后代中满足第二个选择器条件的元素。例如：

```
div.container p { color: green; }  /* 匹配所有在 class 为 "container" 的 div 内的段落 */
```

（2）子元素选择器：用大于号（>）分隔两个选择器，表示第一个选择器的直接子元素中满足第二个选择器条件的元素。例如：

```
ul > li { list-style-type: none; }  /* 匹配所有作为 ul 直接子元素的 li */
```

（3）相邻兄弟选择器：用加号（+）分隔两个选择器，表示紧跟在一个元素之后且满足第二个选择器条件的同级元素。例如：

```
h2 + p { margin-top: 0; }  /* 匹配紧接在 h2 后面的同级 p 元素 */
```

（4）一般兄弟选择器：用波浪线（~）分隔两个选择器，表示紧跟在一个元素之后的所有满足第二个选择器条件的同级元素。例如：

```
input[type="checkbox"]:checked ~ .content { display: block; }  /* 当复选框被选中时，显示其后的所有 class 为 "content" 的同级元素 */
```

3. 组合选择器

组合选择器指的是将一个以上的基本选择器或复合选择器并列在一起，用逗号","分隔，以便同时对多个选择器定义相同的样式规则。这些选择器之间是独立的关系，即每个选择器都会分别应用所定义的样式。例如：

```
h1, h2, .title { color: purple; }  /* 这里定义了三个组合选择器，它们都将文本颜色设置为紫色 */
```

上述样式将会应用于所有的 `<h1>`、`<h2>` 元素以及所有拥有 title 类别的元素上。组合选择器的作用在于批量处理相似样式的元素，提高代码的简洁性和可维护性。

4. 属性选择器

属性选择器是 CSS 中一种特殊的选择器类型，它允许根据 HTML 元素的属性名称、属性值或者属性值的一部分来定位和选择元素。以下是一些常见的属性选择器：

（1）存在属性选择器（[attr]）：该选择器匹配所有具有指定属性（无论其值为何）的元素。例如：

```
[target] {
  color: red;
}
```

（2）具体属性值选择器（[attr="value"]）：匹配特定属性值的元素。例如：

```
a[href="#top"] {
  color: blue;
}
```

(3) 以指定字符串开头的选择器（[attr^="value"]）：匹配属性值以特定字符串开头的元素。例如：

```
input[type^="text"] {
  border-color: gray;
}
```

(4) 以指定字符串结尾的选择器（[attr$="value"]）：匹配属性值以特定字符串结尾的元素。例如：

```
img[src$=".jpg"] {
  width: 100%;
}
```

(5) 包含指定字符串的选择器（[attr*="value"]）：匹配属性值中包含特定字符串的元素。例如：

```
a[href*="example.com"] {
  text-decoration: underline;
}
```

(6) 属性值为某个词列表之一的选择器（[attr~="value"]）：匹配属性值为一个用空格分隔的词列表，并且其中一个词与给定值完全匹配的元素。例如：

```
[class~="active"] {
  font-weight: bold;
}
```

(7) 属性值匹配正则表达式的选择器（[attr|=value]）：用于匹配属性值等于给定值或以给定值后跟连字符（-）开始的元素。例如：

```
[lang|=en] {
  font-family: sans-serif;
}
```

5. 伪类和伪元素选择器

(1) 伪类选择器：用于表示元素的一种特殊状态或位置关系，如 :hover、:active、:focus 等。例如：

```
a:hover { text-decoration: underline; } /* 当鼠标指针悬停在链接上时，添加下画线 */
```

(2) 伪元素选择器：用于选择元素内部的一个抽象部分，如 :before、:after 以及新的 CSS3 伪元素选择器如 :first-line、:first-letter、:nth-child() 等。例如：

```
p::before { content: "— "; } /* 在每个段落前插入破折号和一个空格 */
```

6. 选择器的优先级

不同类型的选择器具有不同的优先级，当多个选择器应用于同一元素时，优先级高

的选择器定义的样式会覆盖优先级低的选择器。从高到低的优先级排序如下:

- 内联样式:内联样式(在 HTML 元素中使用 style 属性定义)具有最高的优先级。
- ID 选择器:ID 选择器的优先级高于类选择器和标签选择器。例如,#myId 的优先级高于 .myClass 和 p。
- 类选择器和属性选择器:类选择器的优先级高于标签选择器。例如,.myClass 的优先级高于 p。
- 继承的样式:如果一个属性是从父元素继承来的,那么这个属性的优先级低于在子元素中直接设置的样式。
- !important 规则:使用 !important 声明的样式具有最高优先级,可以覆盖其他任何样式声明。例如:color: red !important;。

6.2.3 样式声明与继承

1. 样式声明的方式

CSS 样式可以通过以下几种方式进行声明。

(1)内联样式。内联样式又称为行内样式,直接写在 HTML 元素的 style 属性中,仅对该特定元素生效。例如:

```
<p style="color: red; font-size: 16px;">这是内联样式的文本 </p>
```

(2)内部样式表。内部样式表又称嵌入样式,位于 HTML 文档的 <head> 元素内部,使用 <style> 标签定义。这种方式可以应用于整个页面的所有适用元素。例如:

```
<head>
  <style>
    p {
      color: blue;
      font-size: 14px;
    }
  </style>
</head>
```

(3)外部样式表。外部样式表是 CSS 中用于组织和管理网页样式的一种方式,它允许将 CSS 代码存储在一个单独的 .css 文件中,并在多个 HTML 文档中引用该文件以应用相同的样式。外部样式表有两种主要的应用方式:链接式和导入式。

①链接式:在 HTML 文档的 <head> 部分使用 <link> 标签来链接外部样式表文件。这种方式是最常见且推荐的方法,因为它不会阻止页面的并行加载。例如:

```
<head>
  <link rel="stylesheet" type="text/css" href="styles.css">
</head>
```

上述代码中，href 属性指定了外部样式表的位置，浏览器会根据这个链接去加载并应用相应的 CSS 规则到当前 HTML 文档的所有元素上。

②导入式：导入式是指在内部样式表中使用 @import 规则。不过，这种方法通常不被推荐，因为它会导致阻塞——浏览器在执行 @import 语句之前不会渲染任何内容。例如：

```
/* 内部样式表位于 HTML 文档 <head> 内的 <style> 标签内 */
<style>
  @import url("styles.css");
</style>
```

@import 语句同样可以指定一个外部样式表文件的 URL，但由于性能问题和可能的兼容性问题，建议优先使用链接式方法引入外部样式表。

2. CSS 样式继承机制

CSS 样式继承是 CSS 的一个重要特性，它允许某些样式属性从父元素自动应用到子元素。这意味着，如果在父元素上定义了一个可继承的属性，那么它的所有子元素都会自动应用这个属性，除非子元素自己的样式覆盖了这个属性。

并非所有的 CSS 属性都是可继承的。常见的可继承的 CSS 属性有 font-family、font-size、font-weight、font-style、line-height、color、text-align、text-indent、text-transform、white-space、word-spacing、letter-spacing、visibility。而 display、margin、padding、border 等属性则不可继承。因此，在使用 CSS 样式继承时，需要注意哪些属性是可继承的，哪些属性是不可继承的。

6.3 CSS 布局

CSS 布局是构建网页视觉结构和组织内容的基础，它允许开发人员通过定位、尺寸管理以及盒模型等核心概念来控制元素在页面上的位置和展示方式。从浮动布局到弹性盒布局再到响应式网格布局，CSS 为创建适应不同屏幕大小和设备类型的动态界面提供了强大的工具。

6.3.1 CSS 布局基础

1. 框

在 CSS 中，每个元素的内容都被封装在一个抽象的布局容器中，这个容器被定义为"框"（box），每个 HTML 元素在渲染时会被浏览器赋予一个或多个 CSS 框，这些框决定了元素如何占据空间并在页面上显示。

全面理解并掌握这些框模型的概念及其工作原理，是设计师和开发者能够运用CSS构建复杂布局结构、精确调整各元素间相互对齐关系的基础所在。

2. 显示类型

显示类型是指元素在文档布局模型中的行为方式和格式化规则。它决定了元素是占据整行、与其他元素共享一行，还是根本不显示在页面上，以及其他更复杂的布局模式。在CSS中，display属性被用来控制元素如何生成框以及这些框如何影响其周围内容的布局。

常见的display属性值及其对应的显示类型如下：

- block：块级显示类型。这种类型的元素会独占一行，高度、宽度、内边距和外边距都可以自定义，并且默认情况下从新行开始并在其后换行。
- inline：内联显示类型。这类元素不会独占一行，而是与文本和其他内联元素并排显示，它们的高度、宽度通常由内容决定，不能直接设置固定高度和宽度。
- inline-block：内联块级显示类型。这种元素既具有块级元素的一些特性（如可以设置宽高），又像内联元素一样可以在一行内显示多个元素，但每个元素之间不会有换行。
- none：不显示类型。指定此值时，元素将不再产生任何框，也不会占用布局空间。
- flex：弹性盒模型显示类型。创建一个弹性容器，其子元素可以按照弹性布局规则进行调整，包括方向、对齐、顺序等。
- grid：网格布局显示类型。用于创建二维网格布局系统，子元素可基于行和列灵活定位。

还有其他如table、table-row、table-cell、list-item等针对表格、列表项等特定场景的显示类型。每一个不同的显示类型都对应着一种独特的布局行为，使得开发者能够精细地控制网页的布局结构。

3. 块级框和内联框

在HTML中，元素根据它们默认的显示行为被分为块级元素和内联元素，其中，块级元素生成的框被称为块级框，内联元素生成的框则被称为内联框。

（1）块级框。块级框的主要特点如下：

- 新行开始：块级元素在页面上总是从新的一行开始，并且在其后面的内容也会换行。
- 宽度与高度：块级元素可以设置固定的宽度和高度，也可以自动填充其父容器的可用宽度（如果不设定宽度的话，默认为100%）。
- 内边距与外边距：块级元素允许设置顶部、底部、左侧和右侧的所有内边距和外边距，这些间距会影响元素与其他内容的空间间隔。

- 容纳其他内容：块级元素可以包含其他块级元素以及内联或内联块级元素。
- 垂直对齐方式：默认情况下，块级元素会根据常规文档流进行垂直堆叠排列。
- 默认尺寸：如果没有明确指定尺寸，块级元素通常会尽可能扩展以填满其所在容器的整个宽度，而高度则由其内容决定。
- 样式控制：可以通过 CSS 对块级元素进行更复杂的布局控制，如浮动、定位、显示模式转换等。

块级元素在网页布局中占据着核心地位，它们构建了网页的基本结构和布局框架。

（2）内联框。内联框的主要特点如下：

- 水平排列：内联元素在文档流中是水平排列的，它们不会从新的一行开始，而是与相邻的内联元素在同一行上连续显示。
- 宽度与高度：内联元素的宽度和高度通常由内容决定，并且不能直接设置固定的宽度和高度（可以间接通过内边距、外边距或者 max-width、min-width 等属性影响其尺寸）。
- 内边距与外边距：内联元素可以设置左右内边距和外边距，但垂直方向上的内边距和外边距在常规文档流中默认不会产生换行效果，除非使用了特定 CSS 样式，如 display：inline-block 或 vertical-align 属性。
- 容纳内容限制：内联元素一般只能容纳文本或者其他内联级的内容，不能包含块级元素。不过，通过将内联元素转换为 inline-block 可以使其像块级元素一样包含其他块级或内联元素。
- 对齐方式：内联元素可以通过 vertical-align 属性控制其在当前行框中的垂直对齐方式。
- 行框中的位置：每个内联框都在一个行框内，行框的高度是由它内部最高的内联元素或 line-height 属性决定的。
- 不折行：内联元素默认情况下会在一行内尽可能地填充空间，直到容器边界或遇到强制换行符时才会换行。

内联框主要用于文本和一些小型、不可分割的图形元素的布局，它们在构建网页内容细节以及实现文本级别的样式控制方面起着关键作用。

6.3.2 盒子模型

CSS 盒子模型（box model）是网页布局的基础概念，它定义了 HTML 元素在浏览器中如何被渲染和布局的规则，它将每个 HTML 元素都看作是一个矩形的盒子。

盒子模型可以分为标准盒子模型（也称 W3C 标准盒子模型或 Content-box 模型）和 IE 盒模型（也称怪异盒子模型或 Border-box 模型）。默认情况下，浏览器使用标准盒子模型。

1. 标准盒子模型的结构

标准盒子模型主要有内容区域、内边距、边框、外边距四个组成部分，如图 6-1 所示。

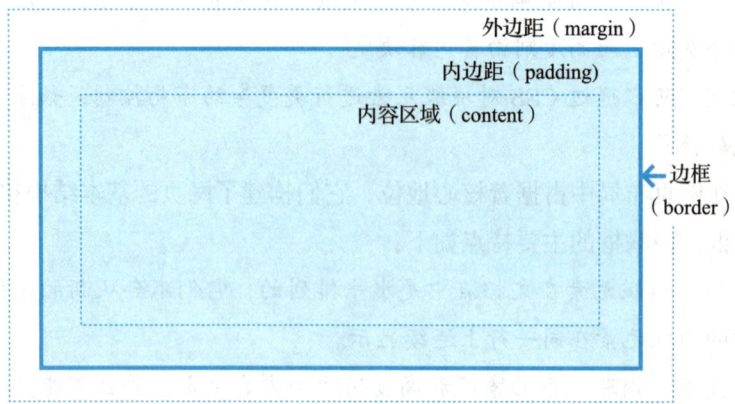

图 6-1　标准盒子模型的结构

（1）内容区域（content）：内容区域是指元素本身的实际内容，可以是文本、图片或任何其他可呈现的内容。

在 CSS 中，通常通过 width 和 height 属性来指定内容区域的宽度和高度，来对元素内部实际内容区域大小进行控制。

其中，width 属性规定了一个元素的总宽度，这个宽度通常指定了元素内容区的宽度。可以接受以下类型的值：

- 长度单位，如像素（px）、百分比（%）、相对单位（em/rem）、视口单位（vw/vh）等。
- auto，默认值，表示浏览器根据内容自动计算宽度。

例如：

```
div {
    width: 300px;  /* 设置宽度为 300 像素 */
}
```

或者

```
section {
    width: 75%;     /* 设置宽度为其父元素宽度的 75% */
}
```

height 属性定义了一个元素的总高度，这个高度同样指定了元素内容区的高度。同样可以接受长度单位或百分比，以及 auto 作为值。例如：

```
div {
    height: 200px;  /* 设置高度为 200 像素 */
}
```

或者

```
section {
  height: auto;    /* 元素高度根据内容自适应 */
}
```

要注意的是，在 CSS 布局中，不是所有元素都可以直接指定 width 和 height 属性，尤其是对于内联元素，它们的宽度和高度通常由其内容决定。若要对内联元素设置固定尺寸，需要先将其转换为块级元素或内联块级元素，如使用 display: inline-block 或 display: block。

另外，当涉及响应式设计时，百分比宽度和高度尤其有用，它们可以根据容器大小动态调整元素尺寸。

（2）内边距（padding）：内边距位于内容区域和边框之间，它提供了额外的空间来分隔内容与边框。

内边距可以通过 padding-top、padding-right、padding-bottom 和 padding-left 单独设定，也可以使用简写属性 padding 一次性指定所有方向的内边距。

其中，padding-top、padding-right、padding-bottom 和 padding-left 属性分别对应上、右、下、左四个方向的内边距。这些属性可以接受长度（如 px、em）或百分比（%）作为值，用于指定内边距的大小。例如：

```
.example {
  padding-top: 10px;
  padding-right: 20px;
  padding-bottom: 30px;
  padding-left: 40px;
}
```

上述代码将元素的上内边距设置为 10 像素，右内边距设置为 20 像素，下内边距设置为 30 像素，左内边距设置为 40 像素。

除单独设定每个方向的内边距外，还可以使用简写属性 padding 一次性指定所有方向的内边距。padding 属性可以接受一至四个值，分别代表上、右、下、左的内边距。以下是 padding 属性的详细说明。

- 单值语法：当只指定一个值时，该值会统一应用到全部四个边的内边距上。
- 双值语法：指定两个值时，第一个值会应用于上下两边的内边距，第二个值应用于左右两边。
- 三值语法：如果给出三个值，那么第一个值应用于上边，第二个值应用于左右两边，第三个值应用于下边。
- 四值语法：四个值则分别对应上、右、下、左的内边距。

例如：

```
.example {
  padding: 10px 20px 30px 40px;
}
```

上述代码同样会将元素的上内边距设置为 10 像素，右内边距设置为 20 像素，下内边距设置为 30 像素，左内边距设置为 40 像素。

（3）边框（border）：边框包裹在内边距外部，用于给元素添加可视化的界限。

边框有宽度、样式和颜色三个属性，分别通过 border-width、border-style 和 border-color 进行设置，它们分别对应边框的宽度、样式和颜色，也可以通过组合属性 border 来一次性定义整个边框。

其中，border-width 属性用于设置元素的边框宽度。它可以接受长度（如 px、em）或百分比（%）作为值，用于指定边框的粗细程度。例如：

```
.example {
  border-width: 2px;
}
```

上述代码将元素的边框宽度设置为 2 像素。

border-style 属性用于设置元素的边框样式。常见的边框样式有实线（solid）、虚线（dashed）、点线（dotted）等。例如：

```
.example {
  border-style: dashed;
}
```

上述代码将元素的边框样式设置为虚线。

border-color 属性用于设置元素的边框颜色。它可以是一个颜色名称、十六进制颜色值（如 #FF0000）或 RGBA 颜色值（rgba(255, 0, 0, 1)）。例如：

```
.example {
  border-color: red;
}
```

上述代码将元素的边框颜色设置为红色。

除单独设定每个方向的边框属性外，还可以使用组合属性 border 一次性定义整个边框。border 属性可以接受一至四个值，分别代表上、右、下、左的边框宽度、样式和颜色。以下是 border 属性的详细说明。

- 单值语法：当只指定一个值时，该值会统一应用到全部四个边的边框上。
- 双值语法：指定两个值时，第一个值会应用于上下两边的边框，第二个值应用于左右两边。
- 三值语法：如果给出三个值，那么第一个值应用于上边，第二个值应用于左右两边，第三个值应用于下边。

➡ 四值语法：四个值则分别对应上、右、下、左的边框宽度、样式和颜色。

例如：

```
.example {
  border: 2px solid red;
}
```

上述代码将元素的上、右、下、左的边框宽度都设置为 2 像素，样式都设置为实线，颜色都设置为红色。

（4）外边距（margin）：外边距位于边框之外，它是元素和其他元素之间的空白区域。同样，外边距可以通过 margin-top、margin-right、margin-bottom 和 margin-left 单独控制，也可用 margin 简写属性设置。

其中，margin-top、margin-right、margin-bottom 和 margin-left 是 CSS 中用于设置元素外边距的四个属性，它们分别对应上、右、下、左四个方向的外边距。这些属性可以接受长度（如 px、em）或百分比（%）作为值，用于指定外边距的大小。例如：

```
.example {
  margin-top: 10px;
  margin-right: 20px;
  margin-bottom: 30px;
  margin-left: 40px;
}
```

上述代码将元素的上外边距设置为 10 像素，右外边距设置为 20 像素，下外边距设置为 30 像素，左外边距设置为 40 像素。

除单独设定每个方向的外边距外，还可以使用简写属性 margin 一次性指定所有方向的外边距。margin 属性可以接受一至四个值，分别代表上、右、下、左的外边距。以下是 margin 属性的详细说明。

➡ 单值语法：当只指定一个值时，该值会统一应用到全部四个边的外边距上。

➡ 双值语法：指定两个值时，第一个值会应用于上下两边的外边距，第二个值会应用于左右两边。

➡ 三值语法：如果给出三个值，那么第一个值应用于上边，第二个值应用于左右两边，第三个值应用于下边。

➡ 四值语法：四个值则分别对应上、右、下、左的外边距。

例如：

```
.example {
  margin: 10px 20px 30px 40px;
}
```

上述代码也会将元素的上外边距设置为 10 像素，右外边距设置为 20 像素，下外边距设置为 30 像素，左外边距设置为 40 像素。

2. 元素布局和尺寸计算

（1）标准盒子模型计算公式。

在标准盒子模型中，元素的总宽度和总高度的计算公式如下：

总宽度 = 内容区域宽度 + 左内边距 + 右内边距 + 左边框宽度 + 右边框宽度

总高度 = 内容区域高度 + 上内边距 + 下内边距 + 上边框宽度 + 下边框宽度

（2）IE 盒子模型计算公式。

IE 盒子模型是早期 Internet Explorer 浏览器采用的一种非标准处理方式，但在后来的 CSS3 规范中被重新引入，并且可以通过 box-sizing 属性显式启用。在 IE 盒子模型中，元素的 width 和 height 属性同时包括了内容区域、内边距和边框的宽度（高度），也就是说，这些值直接指定了元素占据的总空间（不包括外边距）。因而，在 IE 盒子模型中元素的总宽度和总高度的计算公式如下：

总宽度 = width 属性指定的宽度（已包含内边距和边框）

总高度 = height 属性指定的高度（已包含内边距和边框）

（3）选择计算公式。

通过修改 box-sizing 属性，开发者可以选择不同的盒子模型计算公式。代码如下：

```
/* 设置为标准盒子模型（默认值）*/
* {
  box-sizing: content-box;
}

/* 设置为 IE 盒子模型 */
* {
  box-sizing: border-box;
}
```

当设置为 border-box 时，调整元素的宽度和高度会直接影响整个元素的总尺寸，这有助于简化布局计算，尤其是在响应式设计场景中。

3. 盒子模型的实际应用及布局影响

CSS 盒子模型在实际应用中对布局有着显著的影响，主要体现在元素的尺寸和定位、页面的布局流程以及视觉效果的统一性上。

（1）元素尺寸和定位：盒子模型通过定义内容的宽高以及内外边距和边框的大小，使得开发者能够精确控制每个元素在页面中所占的空间。这对于实现精确的布局排列至关重要，因为它决定了元素之间以及元素与容器间的相互关系。

（2）页面布局流程：在页面布局过程中，浏览器会根据标准盒子模型将所有元素表示为一个个矩形盒子，并按照一定的规则（如块级元素会独占一行，而内联元素则可以并排显示）进行排列。这种布局方式影响了页面的整体结构和视觉呈现。

（3）统一视觉效果：理解盒子模型对于保证跨浏览器的一致性非常关键。由于不同浏览器可能对盒模型的解析存在差异，掌握这一概念能够帮助开发者预见并修正潜在的显示问题，确保在不同环境下都能获得一致的布局效果。

CSS 盒子模型是构建网页布局的基础，掌握盒子模型及其应用对于前端开发者来说是基本且必要的技能。

6.3.3　CSS 布局技术

CSS 布局技术包括标准流布局、浮动布局、定位布局等，下面分别进行介绍。

1. 标准流布局

标准流布局是 CSS 中最基本的布局方式，它决定了元素在文档流中的排列顺序和位置。在标准流中，块级元素（如 <div>、<p> 等）默认从上到下堆叠，并且占据整个浏览器宽度；内联元素（如 <span>、<a> 等）则在同一行内从左到右排列，直到一行排满后换行。

该布局技术的特点如下：

- 块级元素：每个元素独占一行，宽度由内容决定或者通过设置 width 属性指定，高度由内容决定或通过 height 属性指定。
- 内联元素：多个元素可以在同一行显示，宽度和高度由内容决定。

例如：

```
<!DOCTYPE html>
<html lang="en">
<head>
    <style>
        .container {
            width: 100%;
        }
        .box {
            border: 1px solid black;
            margin-bottom: 10px;
        }
        .block {
            height: 50px;
            background-color: lightblue;
        }
        .inline {
            display: inline-block;
            width: 100px;
            height: 50px;
            background-color: pink;
        }
    </style>
</head>
<body>
    <div class="container">
        <div class="block box">Block-level Element</div>
        <span class="inline box">Inline-block Element</span>
```

```
            <span class="inline box">Another Inline-block Element</span>
        </div>
    </body>
</html>
```

上述代码的网页显示效果如图 6-2 所示。

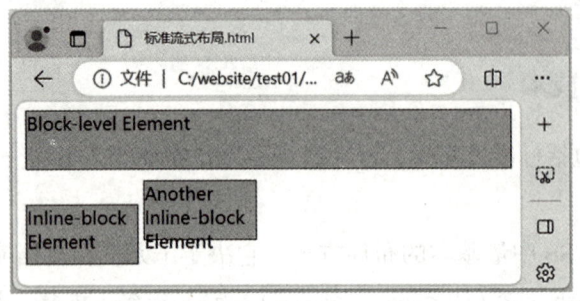

图 6-2　标准流布局网页显示效果

2. 浮动布局

浮动布局是通过 CSS 的 float 属性实现的，它可以使元素脱离正常文档流，漂浮到其父容器的左侧或右侧。这种技术常用于创建多列布局，但可能会导致其他非浮动元素的行为变得复杂。

该布局技术的特点如下：

- 使用 float: left; 或 float: right; 可使元素向左或向右浮动，后面的元素会围绕浮动元素流动。
- 清除浮动是为了处理浮动带来的布局问题。例如，使用 clear: both; 可防止元素出现在已浮动元素的旁边。

例如：

```
<!DOCTYPE html>
<html lang="en">
<head>
    <style>
        .container {
            width: 100%;
        }
        .column {
            float: left;
            width: 33.33%;
            padding: 10px;
            box-sizing: border-box;
            border: 1px solid black;
        }
    </style>
</head>
```

```
<body>
    <div class="container">
        <div class="column">Column 1</div>
        <div class="column">Column 2</div>
        <div class="column">Column 3</div>
    </div>
    <!-- 清除浮动 -->
    <div style="clear:both;"></div>
</body>
</html>
```

上述代码的网页显示效果如图 6-3 所示。

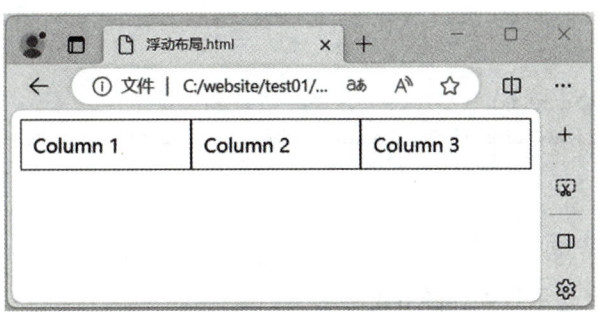

图 6-3　浮动布局网页显示效果

3. 定位布局

定位布局利用 position 属性控制元素的位置，包括 static（静态）、relative（相对定位）、absolute（绝对定位）、fixed（固定定位）四种模式。

该布局技术的特点如下：

- position: relative 元素相对于自身原来的位置进行偏移，但仍然保持在文档流中占用空间。
- position: absolute 元素根据最近一个具有非 static 定位的祖先元素进行定位，不再影响文档流。
- position: fixed 元素相对于视口定位，不受滚动影响，在页面滚动时始终位于固定位置。
- 使用 top、right、bottom、left 属性来指定定位后的元素的具体位置。

例如：

```
<!DOCTYPE html>
<html lang="en">
<head>
    <style>
        .container {
            position: relative;
```

```
            width: 100%;
            height: 200px;
            border: 1px solid black;
        }
        .absolute-element {
            position: absolute;
            top: 50px;
            right: 50px;
            width: 100px;
            height: 100px;
            background-color: red;
        }
    </style>
</head>
<body>
    <div class="container">
        <div class="absolute-element">Absolute Positioned Element</div>
    </div>
</body>
</html>
```

上述代码的网页显示效果如图 6-4 所示。

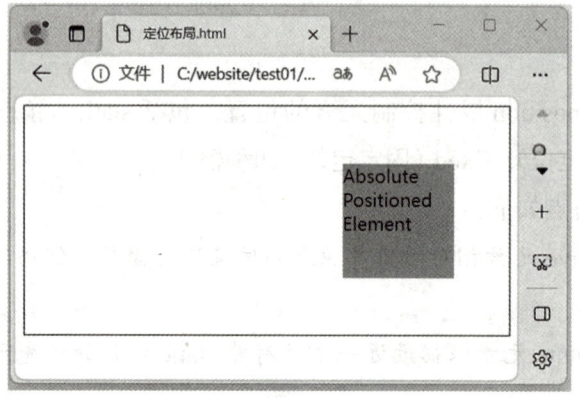

图 6-4　定位布局网页显示效果

4. Flexbox 弹性盒布局

Flexbox 弹性盒布局是一种现代布局模型，特别适合于一维（横向或纵向）布局需求。通过将父容器设置为 display: flex，可以使其子元素按照灵活的方式分布、对齐和调整尺寸。

该布局技术的特点如下：

➡ 父容器称为"flex 容器"，其子元素称为"flex 项目"。

➡ 可以通过 flex-direction（主轴方向）、justify-content（主轴上的对齐方式）、align-items（交叉轴上的对齐方式）等属性控制子元素布局。

⇨ 子元素可以通过 flex-grow、flex-shrink、flex-basis 定义它们在可分配空间内的扩展和收缩行为。

例如：

```
<!DOCTYPE html>
<html lang="en">
<head>
    <style>
        .container {
            display: flex;
            justify-content: space-around;
            align-items: center;
            border: 1px solid black;
            height: 200px;
        }
        .flex-item {
            width: 100px;
            height: 100px;
            background-color: lightgreen;
            margin: 10px;
        }
    </style>
</head>
<body>
    <div class="container">
        <div class="flex-item">Flex Item 1</div>
        <div class="flex-item">Flex Item 2</div>
        <div class="flex-item">Flex Item 3</div>
    </div>
</body>
</html>
```

上述代码的网页显示效果如图 6-5 所示。

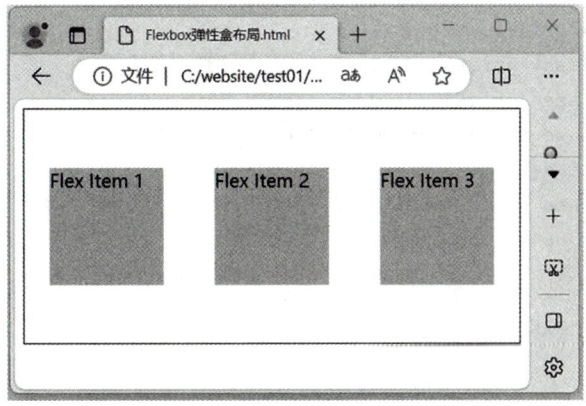

图 6-5　Flexbox 弹性盒布局网页显示效果

5. Grid 网格布局

Grid 网格布局是 CSS3 引入的一种二维布局系统，允许开发人员通过定义行（row）和列（column）来创建复杂的网页布局结构。

该布局技术的特点如下：

- 父容器通过设置 display: grid; 变为网格容器，然后定义行和列的大小以及间距。
- 子元素可以通过 grid-column-start/grid-column-end 和 grid-row-start/grid-row-end 等属性来定位在网格中的位置。
- 网格容器还可以通过 grid-template-columns 和 grid-template-rows 定义自定义的网格布局模板，以及通过 grid-gap 定义行列之间的间距。

例如：

```
<!DOCTYPE html>
<html lang="en">
<head>
    <style>
        .grid-container {
            display: grid;
            grid-template-columns: repeat(3, 1fr);
            grid-gap: 10px;
            border: 1px solid black;
            padding: 10px;
        }
        .grid-item {
            background-color: lightpink;
            padding: 20px;
            font-size: 1.5em;
            text-align: center;
        }
    </style>
</head>
<body>
    <div class="grid-container">
        <div class="grid-item">Grid Item 1</div>
        <div class="grid-item">Grid Item 2</div>
        <div class="grid-item">Grid Item 3</div>
        <div class="grid-item">Grid Item 4</div>
        <div class="grid-item">Grid Item 5</div>
        <div class="grid-item">Grid Item 6</div>
    </div>
</body>
</html>
```

上述代码的网页显示效果如图 6-6 所示。

第 6 章 使用 CSS 布局和美化网页

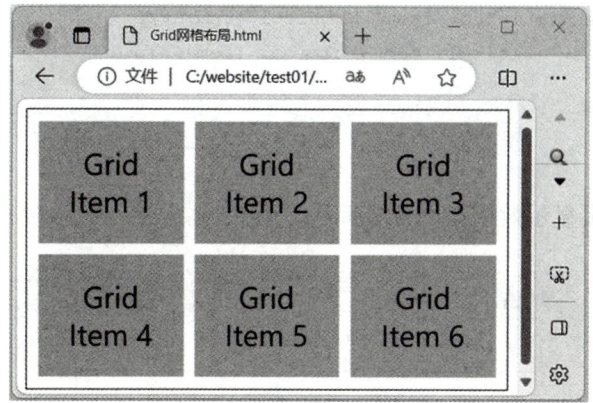

图 6-6　Grid 网格布局网页显示效果

6. 多列布局

多列布局主要用于将内容分隔成多个垂直列，类似于报纸或杂志的版面设计。该布局技术的特点如下：

➡ 通过 column-count 或 column-width 属性可以将文本或内容分成多列显示。

➡ column-gap 属性用来设置列与列之间的间距。

➡ 还有其他相关的属性，如 column-rule 可以设置各列之间的分割线样式。

例如：

```
<!DOCTYPE html>
<html lang="en">
<head>
    <style>
        .multicol-container {
            column-count: 3;
            column-gap: 20px;
            border: 1px solid black;
            padding: 10px;
        }
        .multicol-item {
            break-inside: avoid;
            padding: 20px;
            background-color: lightyellow;
        }
    </style>
</head>
<body>
    <div class="multicol-container">
        <p class="multicol-item">Multicol Item 1</p>
        <p class="multicol-item">Multicol Item 2</p>
        <p class="multicol-item">Multicol Item 3</p>
        <p class="multicol-item">Multicol Item 4</p>
```

149

```
        <p class="multicol-item">Multicol Item 5</p>
        <p class="multicol-item">Multicol Item 6</p>
    </div>
</body>
</html>
```

上述代码的网页显示效果如图 6-7 所示。

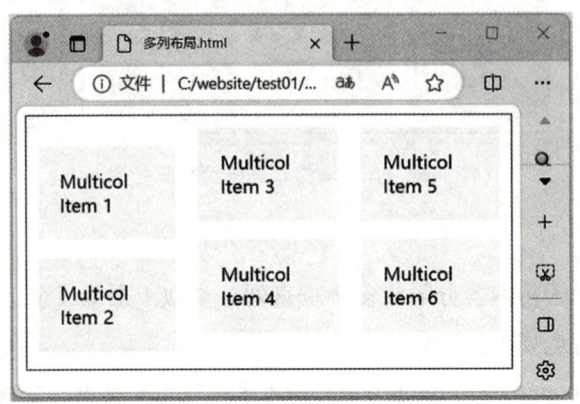

图 6-7　多列布局网页显示效果

上述这些布局技术可以根据实际需求组合使用，以达到最佳的网页布局效果。随着 CSS 的发展，现代 Web 开发更多地倾向于使用 Flexbox 和 Grid 布局，因为它们提供了更加灵活和强大的布局解决方案。

6.3.4　响应式设计

响应式设计是一种网页开发和设计方法，旨在确保网站在不同设备（如台式机、笔记本电脑、平板电脑和手机）上都能提供良好的视觉体验和易用性。它通过灵活的布局、图片以及组件调整来适应多种屏幕尺寸。

1. 媒体查询

媒体查询是 CSS3 中的一项功能，允许开发者根据设备的特性（如视口宽度、设备像素比、分辨率等）应用不同的样式规则。这使得设计师可以根据特定条件动态地改变页面布局或元素的样式。例如：

```
/* 当视口宽度小于或等于 600px 时 */
@media screen and (max-width: 600px) {
    body {
        background-color: lightblue;
    }
    nav {
        display: none;
    }
}
```

上述代码中，当浏览器窗口宽度减少到 600px 或更小时，背景颜色会变为浅蓝色，并且导航栏将隐藏。

2. 自适应布局策略

自适应布局是一种让页面内容随着视窗大小变化而自动调整自身尺寸和位置的方法。常见的实现手段包括使用百分比单位定义宽度，流式网格系统，以及结合媒体查询实现不同断点下的布局切换。例如：

```
<!-- HTML -->
<div class="container">
    <div class="column">Column</div>
    <div class="column">Column</div>
    <div class="column">Column</div>
</div>

<!-- CSS -->
.container {
    display: flex;
    flex-wrap: wrap;
}

.column {
    flex-basis: calc(33.33% - 1rem); /* 使用计算属性保证每列占据大致相同的空间 */
    padding: 1rem;
}

/* 当视口宽度小于等于 600px 时，每个列占据全部宽度 */
@media screen and (max-width: 600px) {
    .column {
        flex-basis: 100%;
    }
}
```

上述代码中：

HTML 代码部分创建了一个包含三个子元素（.column）的容器（.container），这些子元素将作为并排排列的列出现。

CSS 部分的 .container 设置为 display: flex，意味着它是一个弹性容器，其内部的子元素将以弹性布局的方式排列。而 flex-wrap: wrap 允许子元素在必要时换行，确保当空间不足时，新的列会出现在下一行。.column 类设置每列的基础宽度为视口宽度的约 33.33%（减去 1rem 的内边距），并且设置了统一的内边距。

媒体查询部分的代码则针对屏幕宽度小于等于 600px 的情况，使用了媒体查询。当浏览器窗口或设备视口宽度低于这个阈值时，.column 类的样式会发生变化，每个列将会占据整个父容器宽度（即 100%），从而形成堆叠式布局以适应小屏幕设备。

3. 移动优先与桌面优先的设计方法

移动优先是指从最小屏幕尺寸（通常是手机）开始设计，逐步增加适用于更大屏幕的功能和样式。这种方法强调简洁性和性能，首先优化小屏幕用户体验，然后向上扩展至桌面端。

桌面优先是指首先针对大屏幕（桌面电脑）进行设计，然后通过媒体查询和样式重写来处理小屏幕适配问题。虽然这种方法在过去较为普遍，但现在越来越多的项目转向移动优先设计。

4. 视口单位及响应式组件设计

视口单位是基于视口尺寸的长度单位，如 vw（viewport width）、vh（viewport height），它们分别代表视口宽度和高度的百分比。例如：

```css
.hero-section {
    height: 80vh;          /* 设置为视口高度的80% */
}

.text-size-responsive {
    font-size: 2vw;        /* 字体大小随视口宽度变化，占视口宽度的2% */
}
```

上述代码中，.hero-section 的高度会随着视口高度的变化而变化，而 .text-size-responsive 的字体大小则会根据视口宽度进行相应调整，从而实现响应式的组件设计。

6.4 CSS 样式设计

CSS 不仅能够帮助构建结构化的网页布局，还能赋予网页丰富的视觉效果，使其更加吸引人且易于使用。接下来学习如何通过各种 CSS 样式来提升网页的视觉效果和用户体验。

6.4.1 背景样式设计

在 CSS 中，我们可以对元素的背景进行多样化的定制，包括背景的颜色、图像、重复、定位、尺寸控制、剪裁和渐变等。

1. 背景颜色

通过 background-color 属性设置元素的背景颜色。例如：

```css
/* 设置背景颜色为红色 */
.example {
  background-color: red;
}
```

2. 背景图像

使用 background-image 属性添加背景图片。例如：

```css
/* 设置背景图像 */
.example {
  background-image: url('image.jpg');
}
```

3. 背景重复

通过 background-repeat 属性决定背景图像是否重复以及如何重复。默认值是 repeat（在水平和垂直方向上重复）。例如：

```css
/* 只在水平方向重复背景图 */
.example {
  background-image: url('image.jpg');
  background-repeat: repeat-x;
}
```

4. 背景定位

background-position 属性用于指定背景图像的起始位置。可以使用关键词（如 top、center、bottom 等）、百分比或像素值。例如：

```css
/* 将背景图像居中对齐 */
.example {
  background-image: url('image.jpg');
  background-repeat: no-repeat;
  background-position: center;
}
```

5. 背景尺寸控制

background-size 属性可以调整背景图像的大小。例如，可以用关键词（如 contain 或 cover），或者具体的长度值来设定。例如：

```css
/* 背景图像适应容器尺寸并保持比例，可能会裁剪部分图像 */
.example {
  background-image: url('image.jpg');
  background-repeat: no-repeat;
  background-position: center;
  background-size: cover;
}

/* 背景图像完全填充容器，不保持原图比例 */
.example {
  background-size: 100% 100%;
}
```

6. 背景剪裁

background-clip 属性定义了背景绘制区域的边界。通常情况下，背景延伸到边框外缘，但可以通过 background-clip 将其限制在内容区、内边距区或边框区内。例如：

```
/* 背景仅限于内容区域 */
.example {
  background-image: url('image.jpg');
  background-clip: content-box;
}
```

7. 背景渐变

（1）线性渐变：使用 linear-gradient() 函数创建从一种颜色平滑过渡到另一种颜色的渐变背景。例如：

```
/* 创建从左到右、从红色过渡到蓝色的线性渐变 */
.example {
  background-image: linear-gradient(to right, red, blue);
}

/* 垂直渐变 */
.example {
  background-image: linear-gradient(to bottom, red, blue);
}
```

（2）径向渐变：使用 radial-gradient() 函数创建圆形或椭圆形的渐变背景。例如：

```
/* 创建一个以中心点向外扩散的径向渐变，由红色过渡到蓝色 */
.example {
  background-image: radial-gradient(circle at center, red, blue);
}
```

6.4.2 边框样式设计

在 CSS 中，我们可以对元素的边框进行多种样式的定制，包括边框宽度、样式、颜色、圆角以及阴影等。

1. 边框宽度

使用 border-width 属性设置边框的宽度，可以为每个边单独设定，也可以统一设定。例如：

```
/* 统一设置所有边框宽度为 1 像素 */
.example {
  border-width: 1px;
}

/* 分别设置上、右、下、左四个边框的宽度 */
```

```css
.example {
  border-top-width: 2px;
  border-right-width: 3px;
  border-bottom-width: 2px;
  border-left-width: 3px;
}
```

2. 边框样式

通过 border-style 属性定义边框的样式，可选值有 solid（实线）、dashed（虚线）、dotted（点状线）等。例如：

```css
/* 设置所有边框为实线样式 */
.example {
  border-style: solid;
}

/* 分别设置不同边框样式 */
.example {
  border-top-style: dotted;
  border-right-style: dashed;
  border-bottom-style: solid;
  border-left-style: double;
}
```

3. 边框颜色

使用 border-color 属性来指定边框的颜色，同样支持每条边分别设置。例如：

```css
/* 统一设置所有边框颜色为红色 */
.example {
  border-color: red;
}

/* 分别设置四条边的边框颜色 */
.example {
  border-top-color: blue;
  border-right-color: green;
  border-bottom-color: yellow;
  border-left-color: red;
}
```

为了简化代码，还可以将上述三个属性合并写入一个简写属性 border。例如：

```css
/* 设置边框宽度为 1px、样式为实线、颜色为黑色 */
.example {
  border: 1px solid black;
}
```

4. 圆角边框

border-radius 属性用于创建圆角边框。它可以接受单个或多个长度值，以决定各角落圆角的半径大小。例如：

```css
/* 创建全圆角矩形 */
.example {
    border-radius: 50%; /* 半径等于盒子高度或宽度的一半，取决于较小的那个尺寸 */
}

/* 分别设置四个角的圆角半径 */
.example {
    border-radius: 10px 20px 30px 40px; /* top-left, top-right, bottom-right, bottom-left */
}

/* 对于方形盒子，可以仅设置一个值作用于所有角 */
.example {
    border-radius: 10px;
}
```

5. 边框阴影

通过 box-shadow 属性可以为元素添加投影效果，可以控制阴影的水平偏移、垂直偏移、模糊半径、扩散半径和颜色。例如：

```css
/* 添加一个基本的黑色阴影 */
.example {
    box-shadow: 2px 2px 5px rgba(0, 0, 0, 0.5); /* 水平偏移 垂直偏移 模糊半径 扩散半径 颜色（透明度）*/
}

/* 多重阴影效果 */
.example {
    box-shadow:
        2px 2px 5px rgba(0, 0, 0, 0.5),      /* 第一层阴影 */
        -2px -2px 8px rgba(0, 0, 0, 0.3);    /* 第二层阴影 */
}
```

6.4.3 字体样式设计

在 CSS 中，我们可以对文本内容进行多样化的字体样式设计，包括但不限于字体系列、大小、加粗、斜体等。

1. 字体系列

通过 font-family 属性设置元素的字体。可以指定一种或多种字体，浏览器会优先使用第一个可用的字体。例如：

```css
/* 设置字体为 Arial，如果用户系统未安装 Arial，则使用 sans-serif 作为备选 */
.example {
  font-family: Arial, sans-serif;
}
```

2. 字体大小

使用 font-size 属性控制文本的大小，支持绝对单位（如 px、pt）、相对单位（如 em、rem）以及百分比值。例如：

```css
/* 设置字体大小为 16 像素 */
.example {
  font-size: 16px;
}

/* 设置字体大小为父元素字体大小的 2 倍 */
.example {
  font-size: 2em;
}
```

3. 字体加粗

利用 font-weight 属性来改变文本的粗细程度，可接受数值（100～900，其中 400 等同于 normal，700 等同于 bold）或关键词（normal/bold/bolder/lighter）。例如：

```css
/* 将文本设为粗体 */
.example {
  font-weight: bold;
}

/* 或者用数值来表示粗细程度 */
.example {
  font-weight: 700;
}
```

4. 斜体

通过 font-style 属性将文本倾斜，可选值有 italic（斜体）、normal（正常）和 oblique（倾斜）。例如：

```css
/* 设置文本为斜体 */
.example {
  font-style: italic;
}
```

此外，还可以使用简写属性 font 一次性定义字体的所有相关样式。例如：

```css
/* 使用简写属性设置字体样式 */
.example {
  font: italic normal bold 18px/30px Arial, sans-serif;
}
```

在这个例子中,font 属性依次设置了字体样式(italic)、字体变体(normal)、字重(bold)、字体大小(18 px)和行高(30 px),最后是字体系列(Arial、sans-serif)。

6.4.4 文本样式设计

在 CSS 中,对文本内容进行深度定制和艺术化呈现是文本样式设计的核心内容。通过灵活运用文本样式属性,开发者能够细致入微地控制页面上文本内容的表现形式和视觉层次,从而提升用户阅读体验和整体界面美感。

1. 文本方向设置

文本方向属性 direction 用于设置文本的排列方向,特别是在多语言环境中尤为重要。其属性值可以是 ltr(从左到右)或 rtl(从右到左)。例如:

```css
/* 设置文本从左到右排列 */
.example {
  direction: ltr;
}

/* 设置文本从右到左排列 */
.example-rtl {
  direction: rtl;
}
```

2. 行高设置

行高属性(line-height)用于控制元素中每一行内文本基线之间的垂直距离。例如:

```css
/* 设置行高为 20 像素 */
.example {
  line-height: 20px;
}

/* 或者使用相对单位,例如相对于字体大小的 150% */
.example {
  font-size: 16px;
  line-height: 1.5; /* 相当于 16px * 1.5 = 24px */
}
```

3. 字母间距设置

字母间距属性(letter-spacing)用于调整文本中字符之间的水平空白空间。例如:

```css
/* 设置字母间距为 2 像素 */
.example {
  letter-spacing: 2px;
}

/* 减小字母间距为负值 */
```

```
.example-tight {
  letter-spacing: -1px;
}
```

4. 单词间距设置

单词间距属性（word-spacing）与字母间距属性类似，但它作用于单词之间而非字母之间。例如：

```
/* 增加单词间距到 5 像素 */
.example {
  word-spacing: 5px;
}

/* 减少单词间距为负值 */
.example-tight {
  word-spacing: -2px;
}
```

5. 文本修饰

文本修饰是指对文本进行下画线、删除线或上画线等视觉效果的处理，主要涉及的 CSS 属性包括 text-decoration-line、text-decoration-style 和 text-decoration-color，其简写形式为 text-decoration。

（1）text-decoration-line 属性：设置文本修饰线的类型，属性值包括 none（无修饰）、underline（下画线）、overline（上画线）和 line-through（删除线）。例如：

```
/* 添加下画线 */
.example-underline {
  text-decoration-line: underline;
}

/* 添加删除线 */
.example-strikethrough {
  text-decoration-line: line-through;
}

/* 添加上画线 */
.example-overline {
  text-decoration-line: overline;
}
```

（2）text-decoration-style 属性：定义文本修饰线的样式，可选值有 solid（实线）、double（双线）、dotted（点状线）、dashed（虚线）等。例如：

```
/* 使用双线下画线 */
.example-double-underline {
```

```
    text-decoration-line: underline;
    text-decoration-style: double;
}
```

（3）text-decoration-color 属性：指定文本修饰线的颜色。例如：

```
/* 设置下画线为红色 */
.example-red-underline {
    text-decoration-line: underline;
    text-decoration-color: red;
}
```

（4）text-decoration 属性：这是上述三个属性的简写形式，可以同时设置文本修饰线的类型、样式和颜色。例如：

```
/* 添加红色、虚线样式的下画线 */
.example {
    text-decoration: underline dashed red;
}
```

在实际应用中，这些属性常用于链接、强调文本或其他需要特殊标记的文本元素。

6. 文本对齐

在 CSS 中，文本和元素的对齐方式是一个关键的设计属性，包括水平对齐（左右）和垂直对齐（上下）。以下是对齐方式的主要属性及代码示例。

（1）水平对齐。

①内联元素对齐：使用 text-align 属性可以设置块级元素内部的内联内容（如文本、图片等）的水平对齐方式。例如：

```
/* 设置容器内的文本居中对齐 */
.container {
    text-align: center; /* 可选值有 left、right、center、justify */
}
```

②Flexbox 布局中的对齐：对于 Flex 布局中的子元素，可以使用 justify-content 属性控制它们在主轴（默认为水平方向）上的对齐方式。例如：

```
/* Flex 容器内的项目沿主轴居中对齐 */
.flex-container {
    display: flex;
    justify-content: center;
    /* 可选值有 flex-start、flex-end、center、space-between、space-around、space-evenly */
}
```

③Grid 布局中的对齐：对于 Grid 布局中的子元素，可以使用 justify-items 或 justify-content 属性进行对齐。例如：

```
/* Grid 容器内的项目沿行轴（默认为水平方向）居中对齐 */
.grid-container {
  display: grid;
  justify-items: center;        /* 对每个网格项单独应用 */
  /* 或者 */
  justify-content: center;      /* 对整个行应用 */
}
```

（2）垂直对齐。

①内联元素的垂直对齐：通常需要通过 vertical-align 属性来实现，这一属性特别适用于内联元素和表格单元格中内容的垂直对齐。但请注意，它主要适用于具有内联特性的元素。例如：

```
/* 内联元素相对于其所在行基线的垂直对齐 */
.inline-element {
    vertical-align: middle;   /* 可选值有 baseline、top、middle、bottom、text-top、text-bottom */
}

/* 在一个内联上下文中，比如父元素是设置了"display: inline-block"的 */
.parent {
  display: inline-block;
  height: 100px;
}

.child {
  display: inline-block;
  vertical-align: middle;
}
```

② Flexbox 布局中的垂直对齐：使用 align-items 属性控制 Flex 容器内子元素在交叉轴（默认为垂直方向）上的对齐方式。例如：

```
/* Flex 容器内的项目沿交叉轴（垂直方向）居中对齐 */
.flex-container {
  display: flex;
  flex-direction: column;  /* 更改为垂直方向布局 */
  align-items: center;  /* 可选值有 flex-start、flex-end、center、baseline、stretch */
}
```

③ Grid 布局中的垂直对齐：使用 align-items 或 align-content 属性进行对齐。例如：

```
/* Grid 容器内的项目沿列轴（垂直方向）居中对齐 */
.grid-container {
  display: grid;
  align-items: center;  /* 对每一列的网格项应用 */
  /* 或者针对多行时，用 align-content 对行之间的空白空间进行分布 */
```

```
    align-content: center; /* 可选值有 stretch, flex-start, flex-end, center, space-
between, space-around */
}
```

7. 转换效果

转换效果在 CSS 中主要通过 transform 属性来实现，允许开发者对元素进行旋转、缩放、移动（平移）和倾斜等 2D 或 3D 变换操作。

（1）平移（translate）。2D 平移是指将元素沿 x 轴和/或 y 轴移动指定的距离。例如：

```
/* 沿 x 轴向右移动 50 像素 */
.example {
    transform: translateX(50px);
}

/* 同时沿 x 轴向右移动 30 像素，沿 y 轴向下移动 40 像素 */
.example {
    transform: translate(30px, 40px);
}
```

（2）旋转（rotate）。2D 旋转是指使元素围绕其中心点按给定的角度旋转。例如：

```
/* 绕元素中心顺时针旋转 45° */
.example {
    transform: rotate(45deg);
}

/* 如果需要更改旋转中心点，可以使用 transform-origin 属性 */
.example {
    transform: rotate(45deg);
    transform-origin: top left; /* 设置旋转原点为左上角 */
}
```

（3）缩放（scale）。2D 缩放是指调整元素在水平和垂直方向上的尺寸比例。例如：

```
/* 在 x 轴和 y 轴上同时放大 1.5 倍 */
.example {
    transform: scale(1.5);
}

/* 分别设置 x 轴和 y 轴的缩放比例 */
.example {
    transform: scale(2, 1); /* 在 x 轴上放大 2 倍，在 y 轴上保持不变 */
}
```

（4）倾斜（skew）。2D 倾斜是指沿着两个坐标轴分别倾斜元素。例如：

```
/* 沿 x 轴倾斜 30°，在 y 轴上不倾斜 */
.example {
```

```
  transform: skewX(30deg);
}

/* 分别在 x 轴和 y 轴上倾斜 */
.example {
  transform: skew(20deg, 30deg); /* 在 x 轴上倾斜 20°，在 y 轴上倾斜 30° */
}
```

（5）3D 转换。除上述 2D 转换外，CSS 还支持 3D 转换，如 3D 旋转（rotate3d）、3D 平移（translate3d）、3D 缩放（scale3d）、3D 倾斜（skew3d）。例如：

```
/* 对元素进行 3D 旋转，绕 z 轴旋转 45° */
.example {
  transform: rotate3d(0, 0, 1, 45deg);
  perspective: 1000px; /* 添加透视效果 */
}
```

需要注意的是，在使用 3D 转换时，通常需要配合 perspective 属性为元素添加透视效果，并可能需要设置 backface-visibility 以控制元素翻转时背面的可见性。同时，为了确保浏览器兼容性，可以考虑使用前缀，如 -webkit-、-moz- 等。

8. 溢出内容处理

在 CSS 中，当元素的内容超出了其自身的大小时，可以通过 overflow 属性来处理溢出内容。overflow 属性可以接受以下值。

- visible（默认）：内容不会被修剪，会超出元素框。
- hidden：内容会被修剪，并且其余内容是不可见的。
- scroll：内容会被修剪，但是浏览器会提供滚动条以便查看其余内容。
- auto：如果内容被修剪，则浏览器会提供滚动条以便查看其余内容；如果没有被修剪，则不显示滚动条。

例如：

```
/* 当内容超出 div 时，添加滚动条 */
.scrollable-content {
  width: 300px;
  height: 200px;
  border: 1px solid #ccc;
  overflow: auto;          /* 如果内容超出则显示滚动条 */
}

/* 内容超出时不显示，直接隐藏 */
.hidden-content {
  width: 300px;
  height: 200px;
  border: 1px solid #ccc;
```

```
        overflow: hidden;          /* 内容超出部分将被隐藏 */
}
```

另外，还有两个与之相关的属性：

➡ overflow-x：专门用于控制水平方向上的内容溢出。

➡ overflow-y：专门用于控制垂直方向上的内容溢出。

例如：

```
/* 只在水平方向上添加滚动条 */
.horizontal-scroll {
    width: 300px;
    height: 200px;
    border: 1px solid #ccc;
    overflow-x: auto;          /* 水平方向上内容超出时显示滚动条 */
    overflow-y: hidden;        /* 垂直方向上内容超出时隐藏 */
}
```

以上代码示例展示了如何通过 overflow 属性对元素内容溢出的情况进行处理。在实际应用中，根据页面布局和需求选择合适的溢出处理方式。

6.4.5 多媒体样式设计

多媒体样式设计是指通过 CSS 来控制网页中的图像、视频和音频等多媒体元素的显示效果。在多媒体样式设计中，可以使用 CSS 的各种属性来实现对图像的尺寸调整、边框和圆角效果的添加、背景裁剪与填充以及响应式布局等功能。

1. 图像样式设计

对于图像样式设计，可以通过以下方式进行。

（1）尺寸调整：使用 CSS 的 width 和 height 属性可以控制图像的大小。例如，设置图片宽度为 200 px，高度自动适应保持比例，可以使用以下代码：

```
img {
    width: 200px;
    height: auto;
}
```

（2）边框与圆角效果的添加：通过 border 属性可以添加边框，并使用 border-radius 属性实现圆角效果。例如，添加 1 像素黑色边框并设置圆角为 10 像素，可以使用以下代码：

```
img {
    border: 1px solid black;
    border-radius: 10px;
}
```

（3）背景裁剪与填充：利用 object-fit 属性可以控制图片在容器中的适应方式。例如，让图片按容器大小等比例缩放且完全覆盖容器，可以使用以下代码：

```
img {
  object-fit: cover;
}
```

（4）响应式图像：结合 HTML5 的 srcset 和 sizes 属性以及媒体查询，可以根据设备窗口大小加载不同分辨率的图片资源。例如，使用以下 HTML 代码实现响应式图像：

```
<img srcset="small-image.jpg 320w, medium-image.jpg 768w, large-image.jpg 1024w" sizes="(max-width: 600px) 100vw, (max-width: 1024px) 50vw, 33vw" alt="Responsive Image">
```

2. 视频样式设计

视频样式设计涉及对 <video> 元素的外观、播放控制及交互体验的定制。

（1）基本样式：设置视频元素的尺寸、边框、内边距等样式。例如，设置视频宽度为 100%，最大宽度为 800px，居中显示，并添加 1 像素的灰色边框，可以使用以下代码：

```
video {
  width: 100%;
  max-width: 800px;
  margin: 0 auto;
  display: block;
  border: 1px solid #ccc;
}
```

（2）自定义控制栏：虽然大多数浏览器提供的原生视频控制栏不支持直接的样式修改，但可以借助 JavaScript 库如 Plyr 或 Video.js 实现自定义控制界面。

（3）全屏模式：允许用户将视频切换到全屏模式，通常由浏览器内置支持或通过 JavaScript API 触发。

3. 音频样式设计

音频样式设计类似于视频样式设计，主要是针对 <audio> 元素的视觉表现和交互功能的定制。

（1）基本样式：设定音频元素的基本外观属性。例如，设置音频宽度为 100%，最大宽度为 400px，底部内边距为 1em，并使用边框盒模型，可以使用以下代码：

```
audio {
  width: 100%;
  max-width: 400px;
  padding-bottom: 1em;
  box-sizing: border-box;
}
```

（2）自定义控制栏：和视频一样，若要自定义音频播放控制界面，也需要借助第三方 JavaScript 库，如 Howler.js 或 Wavesurfer.js 等工具。

下列代码为一个运用 CSS 进行样式设计的综合示例。

```html
<!DOCTYPE html>
<html lang="en">
<head>
  <meta charset="UTF-8">
  <meta name="viewport" content="width=device-width, initial-scale=1.0">
  <title>电子商务网站 - 示例</title>
<style>
  /* 全局样式 */
  body {
    font-family: Arial, sans-serif;  /* 设置页面首选字体为Arial, 备选字体为无衬线字体 */
    font-size: 16px;                 /* 设置全局字体大小为 16 像素 */
    color: #333;                     /* 设置全局文本颜色为深灰色 */
    background-color: #f7f7f7;       /* 设置背景色为浅灰色 */
    margin: 0;                       /* 清除 body 元素的外边距 */
    padding: 20px;                   /* 给 body 元素添加 20 像素的内边距 */
  }
  /* 主标题样式 */
  h1 {
    font-size: 32px;                 /* 设置 h1 标题的字体大小为 32 像素 */
    color: #007BFF;                  /* 设置标题颜色为深蓝色 */
    text-align: center;              /* 让标题居中显示 */
    margin-bottom: 30px;             /* 在标题下方增加 30 像素的间距 */
    letter-spacing: 2px;             /* 设置字母间距为 2 像素 */
    text-shadow: 2px 2px 2px rgba(0, 0, 0, 0.1);  /* 为标题文字添加阴影效果 */
  }
  /* 超链接样式 */
  a {
    color: #007BFF;                  /* 默认超链接颜色设为深蓝色 */
    text-decoration: none;           /* 取消下画线 */
    transition: all 0.3s ease;       /* 添加平滑过渡效果 */
    cursor: pointer;                 /* 更改鼠标指针为手形，表示可点击 */
  }
  /* 鼠标指针悬停或聚焦时的超链接样式 */
  a:hover,
  a:focus {
    color: #0056b3;                  /* 鼠标指针悬停和聚焦时的颜色变为较深的蓝色 */
    outline: none;                   /* 移除焦点轮廓 */
    text-decoration: underline;      /* 添加下画线 */
  }
  /* 已访问过的超链接样式 */
  a:visited {
    color: #808080;                  /* 已访问过的超链接的颜色设为灰色 */
  }
  /* 导航栏样式 */
```

```css
.navbar {
    display: flex;                              /* 使用 Flex 布局 */
    justify-content: space-between;             /* 子元素在主轴方向上均匀分布 */
    align-items: center;                        /* 子元素在交叉轴居中对齐 */
    background-color: #007BFF;                  /* 导航栏背景色设置为深蓝色 */
    padding: 10px 20px;                         /* 内边距 */
    box-shadow: 0 2px 4px rgba(0, 0, 0, 0.1);   /* 盒子阴影效果 */
}
.navbar a {
    color: white;                               /* 导航栏内链接颜色设为白色 */
    margin-right: 15px;                         /* 链接之间的右侧间距 */
}
/* 商品列表样式 */
.product-list {
    max-width: 900px;                           /* 列表最大宽度为 900px */
    margin: 0 auto;                             /* 水平居中显示 */
}
.product-item {
    display: flex;                              /* 使用 Flex 布局 */
    align-items: center;                        /* 子元素在交叉轴居中对齐 */
    border: 1px solid #ccc;                     /* 边框为 1 像素实线, 颜色为浅灰 */
    padding: 15px;                              /* 内边距 */
    margin-bottom: 20px;                        /* 下方外边距 */
    background-color: #fff;                     /* 背景颜色为白色 */
    box-shadow: 0 1px 3px rgba(0, 0, 0, 0.1);   /* 盒子阴影效果 */
    transition: transform 0.3s ease;            /* 添加转换效果（例如鼠标指针悬停时的动画）*/
}
.product-item:hover {
    transform: translateY(-2px);                /* 鼠标指针悬停在 .product-item 元素上时，该元素向上移动 2 像素 */
    box-shadow: 0 3px 6px rgba(0, 0, 0, 0.1);   /* 加强鼠标指针悬停时的盒子阴影效果 */
}
.product-image {
    width: 150px;                               /* 图片宽度为 150px */
    height: 150px;                              /* 图片高度为 150px */
    object-fit: cover;                          /* 图片保持比例并填充容器 */
    margin-right: 20px;                         /* 图片与右侧内容的间距 */
}
.product-title {
    font-weight: bold;                          /* 标题加粗 */
    line-height: 1.5;                           /* 行高为 1.5 倍 */
}
.product-price {
    color: #6c757d;                             /* 价格颜色为淡灰色 */
}
/* 商品详情页样式 */
.product-details {
```

```
      display: grid;                          /* 使用网格布局 */
      grid-template-columns: repeat(auto-fit, minmax(300px, 1fr));  /* 自动适应列宽，最小为 300px */
      grid-gap: 20px;                         /* 网格间间距为 20px */
      padding: 30px 0;                        /* 上下内边距为 30px，左右内边距为 0 */
    }
    .product-description {
      font-size: 18px;                        /* 描述文本字号为 18px */
      line-height: 1.6;                       /* 行高为 1.6 倍 */
    }
    /* 购物车按钮样式 */
    .cart-button {
      background-color: #007BFF;              /* 背景颜色为深蓝色 */
      color: white;                           /* 文本颜色为白色 */
      border: none;                           /* 去除边框 */
      padding: 10px 20px;                     /* 内边距 */
      border-radius: 5px;                     /* 圆角为 5 像素 */
      cursor: pointer;                        /* 更改鼠标指针为手形 */
      transition: background-color 0.3s ease; /* 添加背景颜色平滑过渡效果 */
    }
    .cart-button:hover {
      background-color: #0056b3;              /* 鼠标指针悬停时背景颜色变暗 */
    }
    /* 响应式设计 - 当屏幕宽度小于或等于 768px 时 */
    @media (max-width: 768px) {
      .product-item {
        flex-direction: column;               /* 将商品项目改为垂直堆叠 */
      }
      .product-image {
        margin-bottom: 15px;                  /* 图片下方增加 15 像素的间距 */
      }
    }
  </style>
</head>
<body>
  <header class="navbar">
    <a href="#">首页 </a>
    <a href="#">商品分类 </a>
    <a href="#">购物车 </a>
    <a href="#">我的账户 </a>
  </header>
  <h1>最新商品推荐 </h1>
  <div class="product-list">
    <div class="product-item">
      <img class="product-image" src="C:\website\test01\images\sofa-image.png" alt=" 产品图片 ">
      <div>
        <h2 class="product-title">商品标题 1</h2>
```

```
            <p class="product-price">$99.99</p>
            <p>描述：这是一个精美的商品...</p>
            <button class="cart-button">加入购物车</button>
        </div>
    </div>
    <!-- 更多商品项... -->
</div>
<!-- 商品详情、用户评价、相关产品等其他页面内容 -->
</body>
</html>
```

上述代码在不同的屏幕宽度下的显示效果分别如图 6-8 和图 6-9 所示。

图 6-8　屏幕宽度大于 768px 时的显示效果

图 6-9　屏幕宽度小于 768px 时的显示效果

课后练习

一、填空题

1. 在 CSS 中，样式规则由_____和_____构成。
2. CSS 样式可以通过_____、_____、_____三种方式进行声明。
3. 标准盒子模型主要有_____、_____、_____、_____四个组成部分。

二、简答题

1. 简述 CSS 的工作原理。
2. 简述选择器的类型及优先级。
3. CSS 布局技术有哪些？

三、实践活动

继续完善电商网站项目的样式设计，通过 CSS 实现网格布局、响应式设计及自定义主题风格，并优化不同屏幕尺寸下的视觉效果。

第 7 章

使用 JavaScript 开发用户端动态脚本

本章导读

JavaScript 是一种在浏览器中运行的编程语言，对于构建动态和交互式的网站至关重要。自其诞生以来，JavaScript 已经从一个基础的脚本语言发展成为一门多功能的编程语言，被广泛应用于前后端开发。

本章将从 JavaScript 的基本概念出发，涵盖语法、数据类型、变量、函数、数组和流程控制等基础知识，然后学习如何使用 JavaScript 操作 DOM 来实现页面元素的动态更新，理解事件处理机制以响应用户交互，探索对象和原型链的继承机制，以及掌握异步编程的相关概念和实践，包括网络请求和用户界面交互设计技巧。

通过对本章的学习，学生将能够牢固掌握 JavaScript 的核心概念和关键技术，进而具备开发功能丰富、交互流畅的动态网页的能力，向着成为一名技艺精湛的网页开发者迈进坚实一步。

学习目标

➤ 了解 JavaScript 的基本概念、发展历程和组成，学会在 HTML 中引用 JavaScript。

➤ 理解并应用 JavaScript 基础语法（规则、数据类型、变量/常量、运算符、函数、数组、流程控制）。

➤ 能够进行 DOM 结构操作与节点管理，理解事件模型（类型、流、处理程序、委托）。

➤ 掌握对象和原型链继承机制，了解异步编程原理及 XMLHttpRequest/Fetch API 的使用。

➤ 掌握拖曳功能、弹窗设计和通知系统等用户界面交互。

➤ 学习并掌握 jQuery 框架的基础用法，包括选择器、DOM 操作方法和事件处理机制。

7.1 JavaScript 概述

JavaScript 是在 Web 开发中占据主导地位的脚本语言,它极大地增强了网页的互动性和动态性。

7.1.1 JavaScript 的概念

JavaScript(简称 JS)是一种广泛应用于 Web 开发领域的、具有动态类型的、解释型的、弱类型的脚本语言,其设计目的是赋予网页动态交互的能力,让网页能够根据用户的输入和操作实时地更新内容与样式,从而增强用户体验。

JavaScript 可以嵌入 HTML 文档中直接运行在客户端(浏览器),但随着技术的发展,其应用范围已经远远超越了浏览器环境。例如,Node.js 平台允许 JavaScript 在服务器端运行,执行后端逻辑和构建网络服务。

JavaScript 是基于 ECMAScript 标准规范的实现,该规范定义了语法、类型系统、基本对象和核心 API 等基础部分。ECMAScript 标准每年都会进行迭代更新,以适应不断变化的技术需求。例如,ES6(ECMAScript 2015)引入了许多现代化编程特性,如类、模块、箭头函数、解构赋值等。

JavaScript 具有以下主要特点。

- 动态类型:变量的数据类型可以在运行时自动确定或改变。
- 事件驱动:通过事件处理机制响应用户交互和其他触发条件。
- 基于原型的对象系统:不同于传统的面向类的语言,JavaScript 采用基于原型继承的方式创建和扩展对象。
- DOM 操作能力:可以动态地访问、修改和创建网页的内容、结构及样式,利用 Document Object Model(DOM)接口与 HTML/CSS 紧密集成。
- 异步编程模型:支持非阻塞的异步 I/O 操作,如 AJAX 请求,使得开发者能编写高性能的 Web 应用。
- 跨平台性:随着 Node.js 和各种框架的出现,JavaScript 现在可以在多种平台和设备上运行,包括桌面应用、移动应用、游戏开发、物联网(IoT)等。

JavaScript 作为一种通用且功能强大的编程语言,在 Web 前端开发领域占据主导地位,并在全栈开发以及更广泛的软件生态系统中扮演着关键角色。

7.1.2　JavaScript 的发展历程

JavaScript 由网景公司（Netscape）的布兰登·艾奇（Brendan Eich）在 1995 年开发，当时它被命名为 LiveScript，不久后为了借 Java 语言的流行趋势而改名为 JavaScript。

1996 年，欧洲计算机制造商协会（ECMA）开始标准化 JavaScript，并于同年发布 ECMAScript 标准的第一版（ES1），确立了 JavaScript 的核心语法和基础对象模型。

随着微软 Internet Explorer 和其他浏览器厂商的竞争加剧，各浏览器对 JavaScript 的支持产生了分歧，导致 Web 开发者面临严重的兼容性问题。

同时，ECMAScript 标准继续演进，分别发布了 ES3（1999 年）、ES4（草案阶段，未正式发布）和 ES5（2009 年）。其中，ES5 引入了许多关键特性，如严格模式、数组方法扩展等。

2009 年，瑞安·达尔（Ryan Dahl）创建了 Node.js，这是一个让 JavaScript 能够在服务器端运行的平台，JavaScript 从此不仅局限于客户端编程，也开始应用于全栈开发领域。

2015 年，ECMAScript 6（简称 ES6 或 ES2015）发布，标志着 JavaScript 进入了一个全新的发展阶段。ES6 带来了大量的新特性和改进，包括类、模块、箭头函数、解构赋值、Promise 等，极大提高了代码可读性和开发效率。

此后，ECMAScript 每年都会更新一个版本，如 ES7（ES2016）、ES8（ES2017）等，持续引入更多现代化编程功能，例如 async/await、对象扩展运算符、异步迭代器等。

在框架和库方面，React、Angular、Vue.js 等前端框架逐渐兴起并广泛应用，推动了前端工程化的进步，也使得 JavaScript 在构建复杂 Web 应用中的地位更加稳固。

如今，JavaScript 已经成为全球最广泛使用的编程语言之一，在 Web 开发、移动应用、桌面应用、游戏开发、物联网、服务器端编程等多个领域都有广泛的应用。

7.1.3　JavaScript 的组成

JavaScript 主要由 ECMAScript、BOM 和 DOM 三部分组成。

1. ECMAScript

ECMAScript（ES）是一种由 ECMA 国际标准化的脚本语言规范，它是 JavaScript 的核心部分。它定义了该语言的基本语法、数据类型、关键词、运算符以及一系列内置对象和函数等编程特性。所有现代浏览器都支持 ECMAScript 标准的一个或多个版本，使得开发者能够编写能够在多种环境中运行的代码。

2. BOM

BOM（browser object model）即浏览器对象模型，不是 ECMAScript 规范的一部分，而是浏览器提供的一系列 API 和全局对象，它们用于描述与浏览器自身交互的对象结构。顶层的对象是 window 对象，它代表浏览器窗口，并且包含了其他与浏览器环境相关的属性和方法，比如窗口大小控制、导航历史控制、定时器管理以及用户屏幕信息访问等功能。虽然 BOM 没有官方标准，但主要浏览器在实现上存在共识。

3. DOM

DOM（document object model）即文档对象模型，是 W3C 制定的标准接口，它提供了与 HTML、XML 文档以及其他类似结构化文档进行动态交互的能力。DOM 将整个网页表示为一个树状结构，其中每个元素、文本节点、属性等都是可操作的对象。通过 DOM API，JavaScript 可以查询、修改、添加或删除文档中的任意内容，从而实现网页动态更新的效果。

综上，ECMAScript 是定义 JavaScript 语言特性的核心标准。BOM 扩展了 JavaScript 的功能，使其能够与浏览器环境本身进行互动。DOM 则是用来处理网页内容及结构的标准接口，使 JavaScript 能够动态改变页面内容和样式。

7.1.4 JavaScript 的引用

在 HTML 文档中，JavaScript 可以通过以下两种方式进行引用。

1. 内联方式

该种方式是指在 HTML 文件中直接嵌入 JavaScript 代码，即使用 <script> 标签包裹 JavaScript 代码，放置于 <head> 或 <body> 部分，浏览器会按照从上到下的顺序执行它们。这种方式适用于小型脚本或者特定于某个页面的脚本。例如：

```html
<!DOCTYPE html>
<html>
<head>
  <title>My Web Page</title>
</head>
<body>
  <h1>Hello, World!</h1>
  <script>
    // 这里是内联 JavaScript 代码
    alert('Welcome to my web page!');
  </script>
</body>
</html>
```

2. 外部引用

该种方式是指将 JavaScript 代码写在一个单独的 .js 文件中，然后在 HTML 文件中通过 <script> 元素的 src 属性引用这个文件。这是管理大型脚本或在多个页面之间共享脚本的常用方法。

假设有一个名为 main.js 的外部 JavaScript 文件，内容如下：

```
//main.js 文件内容
alert('Welcome to my web page!');
```

则在 HTML 文件中引用 main.js 的代码如下：

```
<!DOCTYPE html>
<html>
<head>
  <title>My Web Page</title>
</head>
<body>
  <h1>Hello, World!</h1>
  <!-- 引用外部 JavaScript 文件 -->
  <script src="main.js"></script>
</body>
</html>
```

在实际项目中，为了提高性能和可维护性，通常建议将 JavaScript 代码分离到独立的文件中并通过外部引用的方式加载到 HTML 页面中。同时，随着构建工具的普及，对 JavaScript 资源的管理和引用也变得更加复杂和高效。

7.2 JavaScript 语法基础

JavaScript 语法是构建 JavaScript 程序的基本组成部分，包括数据类型、变量和常量、运算符、函数、数组和流程控制语句等。下面先来学习一下 JavaScript 的基本语法规则。

7.2.1 基本语法规则

1. 语句规则

JavaScript 是一种基于文本的编程语言，它使用一系列字符来定义程序的结构和功能。程序是由一系列的语句组成的，每个语句以分号（;）结束。在 JavaScript 中，单行注释使用双斜线"//"引导，多行注释则使用"/*"和"*/"包裹注释内容。注释可以帮助开发者理解代码的功能和逻辑。

2. 标识符

标识符是用来识别变量、函数、对象等的唯一名称。在 JavaScript 中，标识符可以由字母、数字、下画线（_）和美元符号（$）组成，但不能以数字开头。标识符的命名应该具有描述性，以便于理解其用途和含义。

3. 大小写敏感

JavaScript 是一种区分大小写的语言，这意味着 myVariable 和 MyVariable 是两个不同的标识符。

4. 关键词

关键词是编程语言中预先定义好的单词，它们在语言中有特定的含义和功能，因此不能用作变量名或标识符。在 JavaScript 代码中，关键词一律使用小写字母。JavaScript 中的关键词如表 7-1 所示。

表 7-1 JavaScript 中的关键词

类别	关键词	功能描述
控制语句	break	用于跳出循环或 switch 语句
	continue	用于跳过当前循环迭代并继续下一次迭代
	do	用于定义 do...while 循环
	for	用于定义 for 循环
	if	用于条件判断
	switch	用于多路分支选择
	throw	用于抛出异常
	try	用于定义一个代码块，该代码块中的代码可能会抛出异常
	catch	用于捕获 try 代码块中抛出的异常
	finally	用于定义在 try 代码块之后无论是否发生异常都将执行的代码
	while	用于定义 while 循环
函数和对象	function	用于声明一个函数
	return	用于指定函数返回的值
	this	在函数内部引用当前对象
	new	用于创建一个用户定义的对象类型的实例或具有构造函数的内置对象的实例
	delete	用于删除对象的属性
	instanceof	用于测试构造函数的 prototype 属性是否存在于对象的原型链中
	typeof	用于获取一个变量或值的类型
变量声明	var	用于函数作用域内声明变量（ES5）
	let	用于块级作用域内声明变量（ES6）
	const	用于声明一个不可重新赋值的变量（ES6）
其他	void	用于计算一个表达式并返回 undefined
	with	用于设置代码的作用域（不推荐使用）
	default	用于 switch 语句中的默认分支
	else	用于 if 语句的可选部分，当 if 条件为假时执行
	null	表示一个空或不存在的引用
	true	布尔类型的真值
	false	布尔类型的假值

7.2.2 数据类型

数据类型是编程语言中用于分类变量和函数的一种机制，它定义了数据的性质、占用的存储空间大小以及可以进行的操作，是构成所有程序的基础。JavaScript 的基本数据类型主要有以下几种。

（1）Number：表示数值，可以是整数或浮点数，还包括特殊值 Infinity、-Infinity 和 NaN（Not-a-Number）。例如：

```
let age = 30;
let pi = 3.14;
```

（2）String：表示文本字符串。字符串可以用单引号（'）或双引号（"）包围。例如：

```
let name = "John Doe";
```

（3）Boolean：表示逻辑值，只有两个可能的值：true 和 false。例如：

```
let isStudent = true;
```

（4）Null：表示一个空或者无指向的对象引用，仅有一个值：null。例如：

```
let emptyRef = null;
```

（5）Undefined：表示未定义的值，当声明了变量但没有初始化时，其值就是 undefined；或者是访问对象不存在的属性时也会返回 undefined。例如：

```
let undefinedValue;  //声明但未初始化，值为 undefined
```

（6）Symbol：表示独一无二的标识符，每个 Symbol 都是唯一的，不能被复制。该数据类型主要用于解决命名冲突问题。例如：

```
let uniqueId = Symbol('id');
```

（7）BigInt：用于表示大于 Number.MAX_SAFE_INTEGER 的大整数。使用 n 后缀来创建 BigInt。例如：

```
let bigIntNum = 12345678901234567890123456789012345678890n;
```

（8）Object：对象类型，包括如 Array、Function、Date 等各种内置对象以及用户自定义对象。对象由键值对组成，键通常是字符串，值可以是任意类型（包括其他对象）。例如：

```
let person = {
  name: "Alice",
  age: 25,
  occupation: "Engineer"
};
```

（9）Array：数组，一种特殊的对象，用来存储有序的数据集合，可以通过索引访问其中的元素。数组元素可以是任何数据类型。例如：

```
let numbers = [1, 2, 3, 4, 5];
```

（10）Function：函数，也是一种对象，它们可以被赋值给变量、作为参数传递，并且可以有属性和方法。例如：

```
function greet(name) {
  return "Hello, " + name;
}
```

7.2.3 变量和常量

在 JavaScript 中，变量和常量是用于存储数据的两种主要方式。

1. 变量

变量是在程序执行过程中可以改变的值。在 JavaScript 中，使用 var、let 或 const 关键词来声明变量。从 ES6 开始，推荐使用 let 和 const 而不是传统的 var，因为它们具有更严格的变量作用域规则。例如：

```
// 使用 var 声明一个变量
var myVar = "Hello";

// 使用 let 声明一个变量
let anotherVar = 42;

// 使用 const 声明一个变量（其值不可更改）
const pi = 3.14159;
```

var 的作用域是函数作用域或者全局作用域，而 let 和 const 则具有块级作用域（即大括号 {} 内部）。var 和 let 声明的变量可以被多次赋值，而 const 声明的变量一旦被赋值后就不能再改变其值（但如果是对象或数组类型的 const，虽然不能直接修改其引用地址，但可以修改其内部属性或数组元素）。

2. 常量

常量是指在程序执行过程中不能改变的值。JavaScript 中的常量通常通过 const 关键字来声明。例如：

```
// 声明一个常量
const PI = 3.14159;
```

常量的值在声明之后就无法更改，任何尝试修改常量值的行为（尤其是在处理诸如字符串、数字、布尔值等基本数据类型时）都将导致程序抛出错误。常量的名称通常采用全大写，并用下画线分隔单词（如 CONSTANT_NAME），以表明其不可变的性质。在编写代码时,为了提高代码的可读性和可维护性,应当尽可能使用常量来代替那些确定不会变化的值。

7.2.4 运算符

JavaScript 中的运算符用于执行各种操作,包括算术运算符、比较运算符、逻辑运算符等。表 7-2 中是一些常见的 JavaScript 运算符及其功能说明。

表 7-2 JavaScript 运算符及其功能说明

分类	运算符	功能说明
算术运算符	+	加法或字符串连接
	-	减法
	*	乘法
	/	除法
	%	取模(余数)
	++	前置自增或后置自增。前置自增时,运算符位于变量前,运算时先加 1,再使用新值;后置自增时,运算符位于变量后,运算时先使用当前值,再加 1
	--	前置自减或后置自减。前置自减时,运算符位于变量之前,运算时先减 1,再使用新值;后置自减时,运算符位于变量之后,运算时先使用当前值,再减 1
比较运算符	==	等于(不严格)
	!=	不等于(不严格)
	===	等于(严格,类型也相同)
	!==	不等于(严格,类型也不同)
	>	大于
	<	小于
比较运算符	>=	大于或等于
	<=	小于或等于
逻辑运算符	&&	逻辑与,两个操作数都为真时返回真,否则返回假
	||	逻辑或,如果至少有一个操作数为真,则返回真;否则返回假
	!	逻辑非,对一个布尔值取反,即真变为假,假变为真
赋值运算符	=	简单赋值,将右侧的值赋给左侧的变量
	+=	加法赋值,将左侧变量与右侧值相加后的结果赋给左侧变量
	-=	减法赋值,将左侧变量减去右侧值后的结果赋给左侧变量
	*=	乘法赋值,将左侧变量与右侧值相乘后的结果赋给左侧变量
	/=	除法赋值,将左侧变量除以右侧值后的结果赋给左侧变量
	%=	取模赋值,将左侧变量与右侧值相除后的余数赋给左侧变量

（续表）

分类	运算符	功能说明
位运算符	&	按位与，对两个数的二进制表示进行按位与操作
	|	按位或，对两个数的二进制表示进行按位或操作
	^	按位异或，对两个数的二进制表示进行按位异或操作
	~	按位非，对一个数的二进制表示进行按位取反操作
	<<	左移，将一个数的二进制表示向左移动指定位数
	>>	右移，将一个数的二进制表示向右移动指定位数
	>>>	无符号右移，将一个数的二进制表示向右移动指定位数，忽略符号位
其他运算符	typeof	获取一个值的类型
	instanceof	检查一个对象是否是某个构造函数的实例
	in	检查一个对象是否拥有某个属性
	delete	删除对象的属性
	new	创建一个新的对象实例
	[]	访问数组的元素或对象的属性
	.	访问对象的属性或方法

7.2.5 函数

在 JavaScript 中，函数是可重用代码块，用于封装逻辑和执行特定任务。

1. 函数声明

函数声明是 JavaScript 中定义函数的一种方式，它使用关键词 function 来声明一个函数。函数声明的语法如下：

```
function functionName(parameter1, parameter2, ...) {
    // 函数体
}
```

其中，functionName 是函数的名称，parameter1、parameter2 等是函数的参数。函数体是包含在花括号中的代码块，用于实现函数的功能。

例如，下面的代码定义了一个名为 add 的函数，该函数接收两个参数 a 和 b，并返回它们的和：

```
function add(a, b) {
    return a + b;
}
```

要调用这个函数，可以使用函数名并传递相应的参数，代码如下：

```
const result = add(1, 2);  // result 的值为 3
```

2. 函数表达式

函数表达式是 JavaScript 中创建函数的另一种形式，它允许将函数赋值给变量或作为其他表达式的一部分。与函数声明不同，函数表达式可以在执行代码的过程中动态创建。函数表达式的一般语法如下：

```
const functionName = function(parameter1, parameter2, ...) {
  // 函数体
};
```

或者使用箭头函数的语法：

```
const functionName = (parameter1, parameter2, ...) => {
  // 函数体
};
```

在这两种语法中，functionName 是一个变量名，它将引用创建的函数。括号内的 parameter1、parameter2 等是函数的参数。

例如，下面的代码创建了一个名为 multiply 的函数，并将其赋值给一个变量：

```
const multiply = function(a, b) {
  return a * b;
};
```

或者使用箭头函数的形式：

```
const multiply = (a, b) => {
  return a * b;
};
```

调用函数表达式创建的函数的方式与函数声明相同，直接使用变量名和传递相应的参数即可，代码如下：

```
const result = multiply(3, 4);  // result 的值为 12
```

3. 参数

JavaScript 函数的参数是传递给函数的值。在函数定义时声明的参数称为形式参数，简称形参，形参是函数签名的一部分，用于在函数体内部引用传递给函数的值。当函数被调用时，传递给函数的实际值称为实际参数，简称实参，实参可以是字面量、变量、表达式或其他函数的返回值。可以为函数参数设置默认值，这样如果在调用函数时没有传递相应的实参，或者传递了 undefined 类型的值，则使用默认值。默认参数应该在函数签名中从右到左依次设置。

当函数被调用时，可以传递一个或多个值（称为实参），这些值被赋值给函数定义中的相应形参。参数是在函数声明或函数表达式中通过括号内列出变量来定义的。

4. 作用域

作用域是 JavaScript 中变量和函数的可访问范围，它决定了代码中哪些部分可以访问特定的变量或函数。

在 JavaScript 中，作用域的概念至关重要，因为它影响着变量的可见性和生命周期。具体来说，作用域可以分为以下几种。

- 全局作用域：全局作用域中的变量和函数可以在脚本的任何位置被访问。通常在脚本的顶层声明的变量和函数属于全局作用域。
- 局部作用域：局部作用域通常是指在函数内部声明的变量，这些变量只能在其被声明的函数内部访问。当函数执行完毕后，局部变量会被销毁。
- 块级作用域：由 {} 包裹的代码块可以形成一个新的作用域。使用 let 和 const 关键词声明的变量具有块级作用域，而使用 var 关键词声明的变量则没有。

5. 闭包

闭包是一种特殊的函数，它能够捕捉到其创建时的上下文环境，即使在外部函数执行完毕后，这些变量仍然可以被内部函数访问。闭包的形成通常发生在一个函数返回另一个函数的情况下，返回的这个函数保留了对外部函数作用域中变量的引用。这样，即使外部函数已经执行完毕，闭包中的变量仍然不会被垃圾回收机制回收，因为闭包仍然保持对这些变量的引用。

闭包可以用来封装变量，使得这些变量不能被外部环境直接访问，从而保护了变量的安全性。另外，闭包允许访问并操作其创建时所在作用域的变量，即使该作用域已经不存在。

需要注意的是，由于闭包会使得变量一直保存在内存中，如果滥用闭包，可能会导致内存消耗过大，甚至引起内存泄漏的问题。因此，在使用闭包时应当谨慎，避免不必要的性能损耗。

7.2.6 数组

在 JavaScript 中，数组是一种特殊的数据类型，用于存储一系列有序的值。数组中的每个元素可以通过其索引进行访问，索引是从 0 开始的整数。JavaScript 数组可以包含任意类型的元素，甚至不同类型的元素也可以混合在同一个数组中。

1. 创建数组

（1）构造函数法：使用 Array() 函数构造函数创建数组。例如：

```
let arr1 = new Array();                              // 创建一个空数组
let arr2 = new Array(3);                             // 创建长度为 3 的空数组，元素未初始化
let arr3 = new Array('apple', 'banana', 'cherry');   // 通过传入元素创建数组
```

（2）字面量法：直接表达值的方法，通常被推荐使用，因为它提供了一种简洁且易

于理解的方式来创建数组。例如：

```
let arr4 = [];                              //创建一个空数组
let arr5 = ['apple', 'banana', 'cherry'];   //创建并初始化元素的数组
```

2. 访问和修改数组元素

（1）访问：通过索引访问数组元素。例如：

```
let fruits = ['apple', 'banana', 'cherry'];
console.log(fruits[0]);           //输出：apple
```

（2）修改：给已存在的索引位置赋值以更新元素。例如：

```
fruits[0] = 'grape';
console.log(fruits);              //输出：['grape', 'banana', 'cherry']
```

3. 添加和删除元素

（1）添加元素。

① push()：将元素添加到数组末尾。例如：

```
fruits.push('kiwi');              //在 fruits 数组末尾添加 kiwi
```

② unshift()：在数组开头添加元素。例如：

```
fruits.unshift('orange');         //在 fruits 数组开头添加 orange
```

③ splice()：插入或替换指定位置的元素。例如：

```
fruits.splice(1, 0, 'pineapple'); //在索引 1 的位置插入 pineapple
```

（2）删除元素。

① pop()：移除并返回数组的最后一个元素。例如：

```
let lastFruit = fruits.pop();     //移除并获取 fruits 数组的最后一个元素
```

② shift()：移除并返回数组的第一个元素。例如：

```
let firstFruit = fruits.shift();  //移除并获取 fruits 数组的第一个元素
```

③ splice()：用于删除指定范围内的元素。例如：

```
fruits.splice(index, deleteCount); //删除从 index 开始的 deleteCount 个元素
```

4. 遍历数组

（1）for 循环遍历。例如：

```
for (let i = 0; i < fruits.length; i++) {
  console.log(fruits[i]);
}                 //遍历数组并将每个元素打印出来
```

（2）forEach() 方法遍历。例如：

```
fruits.forEach((fruit, index) => {
  console.log('Index ${index}: ${fruit}');
});         // 对数组中的每个元素及其索引进行操作，并打印结果
```

（3）for…of 循环遍历。例如：

```
for (let fruit of fruits) {
  console.log(fruit);
}           // 遍历数组并将每个元素打印出来
```

5. 其他重要特性与方法

.length 属性：获取数组元素的数量。

.indexOf() 方法：查找并返回指定元素的第一个出现位置，若不存在则返回 −1。

.slice() 方法：返回一个新的数组，该数组是由原数组的一部分或全部复制而来的。

.sort() 方法：对数组元素进行排序。

.concat() 方法：合并两个或多个数组，并返回新数组，原数组不变。

数组还有很多其他的方法和属性，如 .join()、.reverse()、.includes() 等，它们提供了丰富多样的操作手段，使得数组成为 JavaScript 中极其灵活且强大的数据结构。

7.2.7 流程控制语句

JavaScript 的流程控制语句用于控制代码的执行顺序和逻辑。下面介绍 JavaScript 中主要的流程控制语句及其用法。

1. 条件语句

（1）if…else 语句：根据条件执行不同的代码块。用法如下：

```
if (condition) {
  // 当条件为真时执行的代码块
} else {
  // 当条件为假时执行的代码块
}
```

示例：

```
let temperature = 25;
if (temperature > 30) {
  console.log('It is hot outside.');
} else {
  console.log('The weather is moderate.');
}
```

（2）if…else if…else 语句：多重条件选择，执行满足条件的代码块。用法如下：

```
if (condition1) {
  //当条件 1 为真时执行的代码块
} else if (condition2) {
  //当条件 1 为假且条件 2 为真时执行的代码块
} else if (condition3) {
  //可以有多个 else if 分支
} else {
  //所有条件都为假时执行的代码块
}
```

示例:

```
let grade = 'B+';
if (grade === 'A') {
  console.log('Excellent!');
} else if (grade === 'B' || grade === 'B+') {
  console.log('Good job!');
} else if (grade === 'C' || grade === 'D') {
  console.log('Keep working hard!');
} else {
  console.log('You need improvement.');
}
```

（3）switch 语句：根据表达式的值匹配多个可能的情况，并执行相应的代码块。用法如下：

```
switch(expression) {
  case value1:
    //当 expression 等于 value1 时执行的代码块
    break; //阻止代码继续执行下一个 case
  case value2:
    //当 expression 等于 value2 时执行的代码块
    break;
    //可以有任意数量的 case
  default:
    //当所有 case 都不匹配时执行的代码块
}
```

示例：

```
let dayOfWeek = 'Monday';
switch (dayOfWeek) {
  case 'Monday':
    console.log('Today is the start of the work week!');
    break;
  case 'Friday':
    console.log('TGIF!');
    break;
```

```
    case 'Saturday':
    case 'Sunday':
      console.log('Weekend! Time to relax.');
      break;
    default:
      console.log('Just another weekday...');
}
```

2. 循环语句

(1) for 循环语句:遍历一定次数或范围内的循环。用法如下:

```
for (initialization; condition; increment/decrement) {
    // 循环体内的代码块
}
```

示例:

```
for (let i = 1; i <= 10; i++) {
    console.log(i);
}
```

(2) while 循环语句:当指定条件为真时反复执行一段代码。用法如下:

```
while (condition) {
    // 只要条件为真就执行的代码块
}
```

示例:

```
let counter = 0;
while (counter < 5) {
    console.log(counter);
    counter++;
}
```

(3) do…while 循环语句:先执行一次循环体,然后检查条件是否继续。用法如下:

```
do {
    // 先执行一次循环体,再检查条件
} while (condition);
```

示例:

```
let count = 0;
do {
    console.log(count);
    count++;
} while (count < 5);
```

3. 跳转语句

（1）break 语句：用于退出当前循环或 switch 语句。用法示例：

```
for (let i = 0; i < 10; i++) {
  if (i === 5) {
    break; // 当 i 等于 5 时，退出循环
  }
  console.log(i);
}
```

（2）continue 语句：用于跳过本次循环中剩余的代码，并进入下一轮循环。用法示例：

```
for (let i = 0; i < 10; i++) {
  if (i % 2 === 0) {
    continue; // 当 i 为偶数时，跳过此次循环中的 console.log
  }
  console.log(i);
}
```

（3）return 语句：在函数内部使用，用于返回一个值并结束该函数的执行。用法示例：

```
function findFirstEven(arr) {
  for (let item of arr) {
    if (item % 2 === 0) {
      return item;         // 当找到第一个偶数时立即返回该值并结束函数执行
    }
  }
  return null;             // 如果数组中没有偶数，则返回 null
}
```

7.3 JavaScript 的 DOM 操作

在 JavaScript 中，DOM 操作是实现动态网页内容更新和交互的核心手段。

7.3.1 DOM 的结构

在网页开发中，尤其在 JavaScript 的上下文中，DOM 被设计为一个树状的数据结构来表示 HTML 文档。

1. 节点类型

（1）文档节点：整个文档对象模型的顶层节点，代表整个 HTML 页面。

（2）元素节点（如 <div>、<p> 等）：HTML 标签或 XML 元素，每个元素节点都有其属性和子节点。

（3）属性节点（如 class="content" 中的 class）：元素节点的特性，包含键值对信息。

（4）文本节点：元素节点内的文本内容。

（5）注释节点：HTML 中的注释内容。

（6）文档类型节点（<!DOCTYPE>）：进行文档类型的声明。

2. DOM 树结构

整个 DOM 结构就像一棵倒挂的树，根部是 document 节点。每个元素节点可以有零个或多个子节点，包括其他元素节点、文本节点或其他类型的节点。子节点之间存在层级关系，通过父节点（parent）、子节点（children）、兄弟节点（sibling）等术语描述它们之间的联系。

3. DOM 节点接口

所有节点都继承自 Node 接口，它提供了通用的方法和属性，如 nodeType（获取节点类型）、nodeValue（对于元素节点通常是 null，对于文本节点则是实际文本内容）、parentNode、childNodes、firstChild、lastChild、nextSibling、previousSibling 等。

7.3.2 DOM 操作

JavaScript 可以通过 DOM API 动态创建、查找、修改和删除 DOM 节点。

1. 获取 DOM 元素

在 JavaScript 中，可以通过 document.getElementById()、document.querySelector() 或 document.querySelectorAll() 等方法来获取 HTML 文档中的 DOM 元素。例如：

```javascript
// 使用 ID 获取元素
let elementById = document.getElementById('myId');
// 获取 ID 为 myId 的元素
console.log(elementById);

// 使用 CSS 选择器获取元素
let elementByQuerySelector = document.querySelector('.myClass');
// 获取类名为 myClass 的第一个元素
console.log(elementByQuerySelector);

// 使用 CSS 选择器获取多个元素
let elementsByQuerySelectorAll = document.querySelectorAll('.item');
// 获取所有类名为 item 的元素
for (let i = 0; i < elementsByQuerySelectorAll.length; i++) {
  console.log(elementsByQuerySelectorAll[i]);
}
```

2. 创建新的 DOM 元素

使用 document.createElement() 方法可以创建一个新的 DOM 元素。创建后，可以设

置其属性和内容,并通过 appendChild() 等方法将其添加到页面的某个位置。例如:

```javascript
// 创建新元素
let newElement = document.createElement('div');
// 设置元素的内容
newElement.textContent = 'Hello, DOM!';

// 将新元素添加到页面上某个已存在的元素内
let container = document.getElementById('container');
container.appendChild(newElement);
```

3. 修改元素属性与内容

修改元素的属性通常使用 element.setAttribute() 方法,要更改元素的内容,可以使用 element.textContent(纯文本)或 element.innerHTML(允许 HTML 标签)属性。例如:

```javascript
// 获取元素并修改其属性
let myButton = document.getElementById('myButton');
myButton.setAttribute('class', 'active');         // 修改样式类名

// 更改元素内容
myButton.textContent = 'Click me now!';           // 改变文本内容
// 或者对于可编辑内容
myButton.innerHTML = '<b>Click</b> me now!';      // 改变 HTML 内容

// 获取并设置样式属性
myButton.style.color = 'red';                      // 设置字体颜色
console.log(myButton.style.backgroundColor);       // 获取背景色
```

4. 删除 DOM 元素

删除 DOM 元素时,首先需要找到该元素的父节点,然后调用父节点的 removeChild() 方法并传入要删除的子元素。例如:

```javascript
// 获取要删除的元素
let removableItem = document.getElementById('removeMe');

// 确认其父元素后删除
if (removableItem.parentNode) {
  removableItem.parentNode.removeChild(removableItem);
}
```

5. 克隆和替换 DOM 元素

克隆 DOM 元素使用 element.cloneNode(deep) 方法,其中 deep 参数为布尔值,表示是否深复制子元素。替换 DOM 元素时,可以先创建新元素,再利用目标元素父节点的 replaceChild(newElement, oldElement) 方法进行替换。例如:

```
// 克隆元素
let original = document.getElementById('original');
let clone = original.cloneNode(true); // 参数 true 表示深复制（包括子节点）

// 替换元素
let oldElement = document.getElementById('old');
let newElement = document.createElement('p');
newElement.textContent = 'New Content';
oldElement.parentNode.replaceChild(newElement, oldElement);
```

6. 事件监听与处理

通过 addEventListener() 方法可以给 DOM 元素添加事件监听器，以响应特定的用户操作或系统事件。当不再需要监听事件时，可使用 removeEventListener() 方法移除事件处理器。在事件处理器函数内部，通常会通过 event 对象访问事件详情以及执行相应的操作，如阻止默认行为（使用 event.preventDefault() 方法）等。例如：

```
// 添加事件监听器
document.getElementById('button').addEventListener('click', function(event) {
    console.log('Button was clicked!');

// 阻止默认行为（例如表单提交或链接跳转）
    event.preventDefault();
});

// 移除事件监听器
let button = document.getElementById('button');
button.removeEventListener('click', clickHandler);
```

7.4 JavaScript 的事件和事件处理

JavaScript 事件是用户或浏览器触发的特定动作或状态改变，这些动作可以是用户的交互行为（如点击、滚动、按键等），也可以是浏览器自身的状态变化（如页面加载完成、窗口大小改变等）。JavaScript 事件机制为 Web 应用程序提供了强大的交互性和灵活性，使得网页可以根据用户的动作和环境变化做出即时、精准且丰富的反应。

7.4.1 事件类型

下面介绍常见的 JavaScript 事件类型。

1. 用户交互事件

用户交互事件是用户与网页元素进行互动时触发的事件，主要有以下几种。

- click：鼠标点击事件。当用户通过鼠标点击或在触摸屏设备上触碰屏幕上的元素时触发，通常用于响应按钮点击、链接跳转或其他与点击相关的交互操作。
- keydown：键盘按键按压事件。在用户按下键盘任意键的瞬间触发，常用于监听连续输入、快捷键或者特殊按键功能。
- keyup：键盘按键释放事件。在用户释放之前按下的键盘键时触发，可用于配合 keydown 检测按键的整个按下和释放过程，例如禁用特定键的功能。
- keypress：键盘按键字符输入事件。当用户按下并释放了一个产生可打印字符（包括字母、数字和一些符号）的按键后触发，主要用于文本输入框中字符输入的实时处理。
- mouseover：鼠标指针进入元素事件。当鼠标指针从一个元素移动到另一个元素上方时触发，一般用来执行显示提示信息、改变样式等与鼠标指针悬停相关的效果。
- mouseout：鼠标指针离开元素事件。当鼠标指针移出元素范围时触发，常见用途是隐藏之前由 mouseover 触发显示的内容或效果。
- mousedown：鼠标按下事件。在用户按下鼠标按键且该动作发生在指定元素之上时触发，常用于拖曳操作的开始阶段或其他需要记录鼠标按下状态的场景。
- mouseup：鼠标释放事件。当用户释放先前按下的鼠标按键且当前鼠标指针的位置仍在同一元素之上时触发，结合 mousedown 可以判断完整的点击动作或结束拖曳操作。
- mousemove：鼠标指针移动事件。只要鼠标指针在页面上移动就会持续触发，常用于实时追踪鼠标指针的位置变化，以及实现跟随鼠标指针移动的效果或绘图应用。
- change：表单元素内容改变且失去焦点事件。当表单控件（如文本输入框、下拉选择框等）的值发生更改，并且元素失去焦点（即鼠标指针离开该元素）时触发，通常用于验证用户输入或提交更新后的表单数据。
- focus：元素获得焦点事件。当用户通过点击、按 Tab 键切换等方式使元素成为活动元素（获取焦点）时触发，常用于设置输入框焦点样式或启动自动完成等功能。
- blur：元素失去焦点事件。当当前拥有焦点的元素因用户点击其他地方或通过按 Tab 键切换至其他元素而失去焦点时触发，通常用于清除焦点样式、验证用户输入或保存临时数据。
- input：表单空间内容改变事件。每当表单元素（尤其是文本输入框）的值发生变化时立即触发，无论是否失去焦点，广泛应用于实时更新用户输入内容、实时搜索建议、即时数据校验等情况。

2. 页面生命周期事件

页面生命周期事件指的是页面加载和卸载过程中的特定时间点触发的事件，主要有以下几种。

- DOMContentLoaded：文档或资源加载完成事件。当浏览器完成解析 HTML 文档结构并构建 DOM 树时触发。这意味着此时所有 HTML 元素都已经可用，但不保证 CSS 样式表和图像等外部资源已经完全加载完毕。开发者通常在该事件上绑定处理函数来执行需要依赖 DOM 结构的初始化操作。
- load：加载完成事件。发生在整个页面及其所有子资源（如图片、样式表、脚本等）都已加载完毕之后。对于 window 对象而言，意味着整个网页加载结束；而对于特定元素（如 img 或 iframe），则表示该元素本身及其所引用的所有资源都已经成功加载。这个事件适合用于执行那些依赖于所有内容必须加载完毕的操作。
- unload：卸载事件。在过去版本的浏览器中，当用户离开当前页面（如跳转到另一个页面或者关闭窗口）时触发。但由于现代浏览器的安全性要求和性能优化，此事件不再推荐使用，并且其功能受到了极大限制，无法发起异步请求，也无法长时间运行 JavaScript 代码。
- beforeunload：即将卸载事件，替代了部分 unload 的功能。当用户尝试离开当前页面（例如点击链接、提交表单或关闭窗口）时触发。在这个事件处理器中可以设置一个返回值作为提示信息，以询问用户是否确定要离开页面。然而，同样由于安全和性能原因，不能在此事件中执行任何异步操作。
- pagehide：页面隐藏事件。它在页面从浏览历史中移除之前触发，即页面即将被卸载时（如导航到其他页面或关闭标签页）。与 unload 不同的是，pagehide 事件仍然在现代浏览器中得到支持，并且在某些情况下（如多标签浏览环境下的页面切换）提供了更可靠的页面卸载通知。但它也受到类似的限制，不能执行异步操作。

3. 窗口事件

窗口事件主要针对的是浏览器窗口本身的改变或滚动行为，主要有以下两种。

- resize：浏览器窗口大小调整事件。当用户通过拖动浏览器窗口边框或切换全屏模式等方式改变浏览器窗口尺寸时触发。这个事件在 window 对象上可用，常用于实时响应窗口大小变化并动态调整网页布局、图片尺寸或其他视口依赖的元素。
- scroll：页面滚动事件。当用户滚动页面内容，导致文档窗口内的可见区域发生改变时触发。这个事件既可以在 window 对象上监听整个页面的滚动，也可以在任何具有滚动条的 DOM 元素上监听局部滚动。

7.4.2 事件流与事件传播机制

在 JavaScript 中，事件从触发到处理的过程遵循一定的传播顺序，这个过程被称作"事件流"或"事件传播"。事件流主要分为两个阶段：事件捕获阶段和事件冒泡阶段，并且允许开发者通过特定方法控制事件的传播及阻止默认行为。

1. 事件捕获阶段

在事件传播的过程中，首先发生的是事件捕获阶段。在这个阶段，事件从 DOM 树的顶层（通常为 document 对象）开始向下逐级传播至目标元素。尽管早期浏览器并不支持事件捕获阶段，但如今大多数现代浏览器均实现了标准的事件模型，可以通过将事件监听器的第三个参数设置为 true 来实现事件捕获阶段的监听。例如：

```javascript
element.addEventListener('click', function(event) {
  console.log('Capturing phase: ', event.target);
}, true); //第三个参数为 true 表示在捕获阶段执行
```

2. 事件冒泡阶段

当事件捕获阶段完成后，事件会立即进入事件冒泡阶段。在冒泡阶段，事件从实际触发事件的目标元素开始，然后沿 DOM 树向上逐级传播至顶层的 window 对象。这是事件处理的默认行为，也是最常见的事件处理方式。例如：

```javascript
element.addEventListener('click', function(event) {
  console.log('Bubbling phase: ', event.target);
}); //默认在冒泡阶段执行
```

3. 阻止事件传播与默认行为

开发者可以使用特定的方法来控制事件的传播路径和默认行为。

（1）stopPropagation() 方法：此方法用于阻止事件进一步向上层元素传播，即阻止事件继续沿着 DOM 树向更上一级元素进行冒泡。调用该方法后，当前元素之后的任何事件处理器都不会接收到该事件。例如：

```javascript
element.addEventListener('click', function(event) {
  console.log('Clicked on child element');
  event.stopPropagation();          //阻止事件继续向上冒泡
});
```

（2）preventDefault() 方法：这个方法主要用于阻止事件的默认行为。例如，在点击链接时，默认行为是跳转到新页面；按下提交按钮时，默认行为是提交表单数据。通过调用 event.preventDefault() 方法，开发人员能够阻止这些默认操作的发生，而只执行自定义的事件处理逻辑。

```javascript
formElement.addEventListener('submit', function(event) {
  console.log('Form submitted');
  event.preventDefault();           //阻止表单提交导致的页面重载
  //进行自定义的表单验证或异步提交操作
});
```

理解并掌握事件流和事件传播机制对于编写高效、可维护的 JavaScript 代码至关重要，它有助于设计出更为精细的事件处理逻辑，并能有效避免因事件冲突导致的问题。

7.4.3 事件源与事件目标

在 JavaScript 中，每个触发的事件都有一个特定的源头和目标，了解并正确识别这两个概念对于有效处理事件至关重要。

1. 识别事件源与目标元素

事件源（event source），也称为事件发起者，是引发事件的动作或状态改变的源头。例如，在用户点击按钮时，按钮就是事件源。

事件目标（event target），是指事件实际发生的 DOM 元素，也就是事件监听器绑定在其上的元素。当事件发生并开始传播时，事件目标是最初接收到该事件的对象。

2. 访问事件对象属性

在事件处理器函数内部，通常会传递一个名为 event（在旧版 IE 浏览器中可能是 window.event）的事件对象作为参数。这个事件对象包含了关于事件的各种信息。

（1）event.target：返回事件的目标元素，即触发事件的实际 DOM 元素。通过此属性可以确定哪个元素真正引发了事件。例如：

```javascript
document.getElementById('myButton').addEventListener('click', function(event) {
  console.log(' 事件目标 :', event.target.id); //输出被点击元素的 id
});
```

（2）event.currentTarget：返回事件处理程序当前正在处理事件的那个元素。在事件捕获/冒泡过程中，它可能与 event.target 不同。在直接在元素上添加事件监听器的情况下，currentTarget 通常与 target 相同。例如：

```javascript
var parent = document.getElementById('parent');
parent.addEventListener('click', function(event) {
  console.log(' 当前处理事件的元素 :', event.currentTarget.id);
});
// 如果点击了 parent 内的子元素，currentTarget 仍然是 parent，而 target 则是被点击的子元素
```

通过访问事件对象的属性，开发者能够准确地定位到触发事件的源头以及目标元素，并根据需要进行相应的响应操作。

7.4.4 事件处理程序

在 JavaScript 中，有多种方式来添加和管理事件处理器以响应用户交互或系统行为。

1. HTML 内联事件处理方式

在 HTML 元素的属性中直接定义事件处理函数是一种传统的内联绑定方式。例如：

HTML 代码部分：

```html
<button onclick="handleClick()">点击我 </button>
```

JavaScript 代码部分：

```
function handleClick() {
  console.log('按钮被点击了');
}
```

这种方式简洁直观，但不利于代码分离和维护，且不支持事件捕获阶段的监听。

2. DOM Level 0 事件绑定

在 JavaScript 脚本中，可以通过 DOM 元素对象直接设置事件处理器属性来实现事件绑定。例如：

```
var button = document.getElementById('myButton');
button.onclick = function() {
  console.log('按钮被点击了');
};
```

这种方法同样不具备事件捕获能力，并且同一事件只能绑定一个处理器。

3. DOM Level 2 事件监听器接口

（1）通过 addEventListener 方法添加事件处理器。例如：

```
var button = document.getElementById('myButton');

//添加 click 事件处理器，支持事件捕获、冒泡阶段
button.addEventListener('click', handleClick, false); //默认为冒泡阶段

function handleClick(event) {
  console.log('按钮被点击了');
  //可以访问 event 对象获取更多信息
  console.log('点击目标：', event.target);
}
```

（2）通过 removeEventListener 方法移除事件处理器。例如：

```
button.removeEventListener('click', handleClick, false); //移除上面添加的事件处理器
```

使用 DOM Level 2 事件监听器接口可以更灵活地管理多个事件处理器，同时支持事件捕获阶段，而且能够避免覆盖已存在的事件处理器。

4. 事件处理函数与事件对象参数

当事件触发时，对应的事件处理函数会被调用，并传入一个事件对象作为参数。该事件对象包含了关于事件的各种信息。例如：

- event.type：返回事件类型（如 click）。
- event.target：返回事件的实际触发者（事件目标）。
- event.currentTarget：返回当前正在处理事件的元素。
- event.preventDefault()：阻止事件的默认行为。

➡ event.stopPropagation()：阻止事件向上冒泡传播到父级元素。

开发者可以通过事件对象来访问并操作这些属性和方法，以便更好地控制事件的行为和响应。

7.4.5 事件委托

1. 事件委托的概念

事件委托（event delegation）是一种将事件处理器绑定到父元素而非直接绑定到子元素的技术。通过这种方式，父元素可以处理其所有后代元素的特定类型事件。当某个子元素触发了事件时，实际上是由其祖先元素（即委托元素）接收到并处理该事件。

使用事件委托实现动态子元素事件处理的示例如下：

```javascript
// 获取父元素
var parentElement = document.getElementById('parentContainer');

// 使用 addEventListener 方法绑定事件处理器至父元素
parentElement.addEventListener('click', function(event) {
    // 判断事件目标是否是我们关心的子元素
    if (event.target.matches('.childElement')) { // 假设关注的是 class 为 childElement 的子元素
        // 执行相应的事件处理逻辑
        handleChildClick(event.target);

        // 可以根据需要阻止事件冒泡或默认行为
        event.stopPropagation();
        event.preventDefault();
    }
});

// 子元素点击事件的具体处理函数
function handleChildClick(clickedElement) {
    console.log('子元素被点击：', clickedElement.id || clickedElement.textContent);
}

// 动态添加子元素后，无须重新绑定事件处理器，因为它们的点击事件会由父元素统一处理
var newChild = document.createElement('div');
newChild.className = 'childElement';
newChild.textContent = '新添加的子元素';
parentElement.appendChild(newChild);
```

上述代码将点击事件处理器绑定到了父容器上，并在事件处理器内部检查事件的目标元素是否是想要响应点击事件的子元素。这样，即使未来动态地向父容器添加了新的子元素，这些新增的子元素也会自动受到事件处理器的覆盖。

2. 事件委托的优势

在电子商务网页设计与制作中，学习并运用事件委托是一种重要的性能优化和代码管理策略。当页面存在大量动态生成或频繁变化的子元素时，直接为每一个子元素单独绑定事件处理器将显著增加内存占用，并加重 DOM 操作的开销。通过事件委托机制，开发者只需向这些子元素的共同父容器元素绑定一次事件处理器，从而可以有效减少资源消耗。

此外，采用事件委托可以极大地简化代码结构，避免了对每个子元素进行逐一的事件绑定与解绑操作，从而提升代码的可维护性和可读性。更重要的是，对于那些在运行时动态添加到页面中的子元素，由于事件处理器已经委托到了父元素上，所以新添加的元素会自动继承这一事件响应能力，无须额外的手动介入来重新绑定事件。这种特性使得基于事件委托的编程方式能够很好地适应电商网站中常见的动态内容加载场景，有利于实现更高效、灵活且易于扩展的网页交互逻辑。

7.5 JavaScript 的对象和继承

在 JavaScript 中，对象是一种复杂数据类型的表示方式，它是由一组无序的名/值对（即属性和方法）组成的，其中名称是字符串，值可以是任意类型，包括其他对象或函数（方法）。通过对象，开发者能够将相关数据与处理这些数据的行为封装在一起，从而实现信息隐藏、模块化以及面向对象编程的关键特性。对象是 JavaScript 中最基础也是最重要的数据结构之一，它的存在极大地丰富了语言的表达能力和程序设计模式。

7.5.1 JavaScript 的对象基础

1. 定义对象字面量

在 JavaScript 中，可以通过对象字面量语法来直接创建一个简单的对象实例。对象字面量是由花括号（{}）包裹的一组键值对，键与值之间用冒号（:）分隔，每个属性之间用逗号（,）分隔。例如：

```
let person = {
  name: "Alice",
  age: 30,
  occupation: "Engineer"
};
```

上述代码中，"person"就是一个通过对象字面量创建的对象，它包含了三个属性：name、age 和 occupation。

2. 对象的属性访问与赋值

对于任何已创建的对象，可以通过"."或"[]"运算符来访问和修改其属性。例如，读取或更新上述"person"对象的属性的代码如下：

```
console.log(person.name);  //输出 Alice
person.age = 31;           //更新年龄属性为 31
```

使用点标记法可以直接引用已知属性名，而方括号标记法则适用于动态属性名或者属性名包含特殊字符的情况。

3. 通过构造函数创建对象实例

除使用对象字面量外，还可以通过构造函数来批量创建具有相同属性结构的对象实例。构造函数是一种特殊的函数，当使用 new 关键词调用时，会创建并返回一个新的对象实例，并可利用 this 关键词初始化对象的属性和方法。例如：

```
function Person(name, age, occupation) {
  this.name = name;
  this.age = age;
  this.occupation = occupation;
}

let alice = new Person("Alice", 30, "Engineer");
```

上述代码中，Person 是一个构造函数，它用于定义新对象的构造逻辑。每次使用 new Person() 创建新对象时，都会生成一个独立且具有指定属性的新实例，如 Alice 就是一个 Person 类型的对象实例。

7.5.2 原型链与继承机制

1. 原型与原型链的概念

原型（prototype）：在 JavaScript 中，每个对象都有一个内部属性 [[Prototype]]（可以通过 __proto__ 或者 Object.getPrototypeOf() 方法访问），它指向创建该对象的构造函数的原型。这意味着对象可以从其原型中继承属性和方法。

原型链（prototype chain）：当试图访问一个对象的属性或方法时，如果在其自身没有找到，则会沿着原型链向上查找，直到到达 Object.prototype（原型链的顶端，其 __proto__ 为 null）。这个由原型对象逐级引用构成的链式结构就是"原型链"。

例如：

```
function Animal(name) {
  this.name = name;
}
Animal.prototype.speak = function() {
  console.log(this.name + ' makes a sound.');
```

```
}

let dog = new Animal('Dog');
dog.speak(); //Dog makes a sound.
```

上述代码中，dog 的原型是 Animal.prototype，而 Animal.prototype 最终指向 Object.prototype。

2. 使用 prototype 扩展构造函数的原型

构造函数有一个名为 .prototype 的属性，这个属性的值是一个对象，它是所有由该构造函数实例化出来的对象的原型对象。通过给构造函数的 .prototype 对象添加属性和方法，可以使得所有基于该构造函数创建的对象都能访问这些属性和方法，从而实现了类级别的成员共享。例如：

```
function Animal(name) {
  this.name = name;
}
//扩展 Animal 构造函数的原型
Animal.prototype.speak = function() {
  console.log("I am an animal");
};
let dog = new Animal("Rex");        // dog 对象能够访问 speak 方法
```

3. 通过 Object.create 实现继承

JavaScript 提供了一个内置方法 Object.create() 用于直接创建一个新的对象，并将指定的对象作为新对象的原型。使用 Object.create() 可以更灵活地实现原型式继承，创建一个子类型的对象，该对象能够访问父类型的所有可枚举属性和方法。例如：

```
let parent = { color: 'brown', speak: function() { console.log('Woof!'); } };
let child = Object.create(parent);
child.breed = 'Labrador';           // 添加子类型特有的属性
child.speak();                      // 访问从父类型继承的方法
```

4. ES6 中的类与继承语法

ECMAScript 6 引入了 class 关键词，提供了更加清晰、简洁且接近传统面向对象语言的类声明方式。类支持通过 extends 关键词实现继承，子类可以直接访问父类的非私有属性和方法，并且可以覆盖或扩展它们的行为。例如：

```
class Animal {
  constructor(name) {
    this.name = name;
  }
  speak() {
    console.log("I am an animal.");
  }
}
```

```
}

class Dog extends Animal {
  constructor(name, breed) {
    super(name);     // 调用父类构造函数
    this.breed = breed;
  }
  speak() {
    console.log(`My name is ${this.name}, and I'm a ${this.breed}.`);
  }
}

let myDog = new Dog("Fido", "Golden Retriever");
myDog.speak();       // 输出: My name is Fido, and I'm a Golden Retriever.
```

在 JavaScript 中，原型链这一独特的继承模型为开发者提供了丰富的面向对象编程能力，而随着 ES6 中类语法的引入，不仅简化了类定义和继承的过程，而且让 JavaScript 的 OOP 特性更加贴近其他主流编程语言的习惯表达。

7.6 JavaScript 的异步编程

在 JavaScript 中，异步编程是一个至关重要的概念，它允许开发者处理那些不会立即完成且可能需要较长时间才能得出结果的操作，如网络请求、文件读写等。

7.6.1 异步编程概述

1. 同步操作与异步操作的区别

（1）同步操作：在执行过程中，程序会按照代码顺序逐行执行，一个任务完成后才会执行下一个任务。如果某个任务耗时较长（如网络请求、磁盘读写等），那么在这段时间内，整个程序会被阻塞，无法进行其他任务。例如：

```
function synchronousOperation() {
    // 假设这是一个耗时的同步操作
    setTimeout(() => console.log('Task done'), 2000);

    console.log('After synchronous operation');
}

synchronousOperation();
// 输出 After synchronous operation，然后等待 2 秒输出 Task done
```

（2）异步操作：异步操作允许程序在等待耗时任务完成的同时执行其他代码。当耗时任务完成后，通过回调函数或其他机制（如 Promise、async/await）通知程序继续执行相关的后续逻辑。例如：

```
function asynchronousOperation(callback) {
  setTimeout(() => {
    console.log('Task done');
    callback(); //异步任务完成后的回调
  }, 2000);

  console.log('After initiating asynchronous operation');
}

asynchronousOperation(() => {
  console.log('Continuing after the async task is done');
});
/* 输出 After initiating asynchronous operation，然后等待 2 秒输出 Task done 和 Continuing after the async task is done */
```

2. 通过回调函数实现异步处理

回调函数是最早的 JavaScript 异步编程模式之一，它被作为参数传递给另一个函数，以便在异步任务完成时被调用执行。例如：

```
function fetchData(url, callback) {
  setTimeout(() => {
    const data = 'Some fetched data';
    callback(data); //当数据获取完毕后调用回调函数
  }, 1000);
}

fetchData('http://example.com/data', (data) => {
  console.log('Fetched data:', data);
});
```

尽管简单易懂，但随着应用程序复杂性的增加，回调函数会导致所谓的"回调地狱"问题，使代码难以理解和维护。

3. Promise 对象及其用法

Promise 是一种改进了异步编程体验的机制，它代表了一个现在、将来或永远可能可用的值（通常为异步操作的结果）。Promise 提供了一种链式调用的方式组织异步操作，并提供了统一的成功和失败处理方式（.then 和 .catch 方法）。例如：

```
// 创建 Promise 实例
const fetchDataPromise = new Promise((resolve, reject) => {
  setTimeout(() => {
    if (/* 数据获取成功 */) {
      resolve('Some fetched data');
    } else {
      reject(new Error('Failed to fetch data'));
    }
```

```
    }, 1000);
});

// 使用 .then 和 .catch 方法处理 Promise 结果
fetchDataPromise
    .then(data => console.log('Fetched data:', data))
    .catch(error => console.error('Error fetching data:', error));
```

4. async/await 关键词及异步函数

从 ES7 起,JavaScript 引入了 async 和 await 关键词,它们极大地简化了异步代码编写过程。通过 async 关键词定义的函数会返回一个 Promise 对象,而 await 关键词则可以用于暂停异步函数的执行,直到其后面的 Promise 解析完成。这种语法使得异步代码看起来更像是同步代码,从而增强了代码的可读性。例如:

```
// 定义一个异步函数
async function fetchDataAsync(url) {
  try {
    const response = await fetch(url);
    const data = await response.json();
    return data;
  } catch (error) {
    console.error('Error fetching data:', error);
  }
}

// 使用异步函数
fetchDataAsync('http://example.com/data')
    .then(data => console.log('Fetched data:', data));
```

上述代码中,async 关键词标记了一个函数为异步函数,而 await 关键字则用于等待 Promise 的结果,使得异步代码看起来像同步代码一样具有很强的可读性和可控性。

7.6.2 XMLHttpRequest 与 Fetch API

在 JavaScript 中,异步地与服务器进行数据交互是实现动态网页和 Web 应用程序的关键部分。

1. 发起 HTTP 请求的传统方式

XMLHttpRequest(XHR)是一种在浏览器中创建异步 HTTP 请求的标准 API,它允许 JavaScript 代码在不刷新整个页面的情况下与服务器通信。自 AJAX 技术流行以来,XHR 一直是开发者用来实现异步数据交换的主要工具。通过创建并配置一个 XMLHttpRequest 对象,可以发起 GET、POST 等多种类型的 HTTP 请求,并通过监听其状态变化及响应结果,对数据进行处理。

示例代码:

```
// 创建一个新的 XMLHttpRequest 对象
var xhr = new XMLHttpRequest();
```

```
// 配置请求类型、URL 以及是否异步执行
xhr.open('GET', 'https://example.com/api/data', true);

// 设置请求完成后的回调函数
xhr.onload = function() {
  if (xhr.status === 200) {                    // HTTP 状态码为 200 表示成功
    var data = JSON.parse(xhr.responseText);   // 解析响应体为 JSON 格式
    console.log(data);
  } else {
    console.error('Request failed.  Returned status of ' + xhr.status);
  }
};

// 发送请求
xhr.send();
```

2. 使用 Fetch 进行异步数据获取

Fetch API 是现代浏览器提供的一个更强大、更符合现代编程模式的替代方案，用于发起网络请求并获取资源。相比 XMLHttpRequest，Fetch API 具有更好的可读性和更低的学习曲线，并且支持 Promise 接口。使用 Fetch，开发者能够以更符合 ES6 规范的方式发起请求，同时支持多种 HTTP 方法和头部设置。Fetch 能够返回一个 Promise 对象，使得异步操作的流程控制更加直观且易于进行错误处理和链式调用。

示例代码：

```
// 使用 fetch 发起 GET 请求
fetch('https://example.com/api/data')
  .then(response => {
    if (!response.ok) {              // 检查 HTTP 状态码是否在 200~299 之间
      throw new Error('Network response was not ok');
    }
    return response.json();          // 将响应体解析为 JSON
  })
  .then(data => {
    console.log(data);
  })
  .catch(error => {
    console.error('There has been a problem with your fetch operation:', error);
  });
```

3. 错误处理与响应解析

错误处理在 XMLHttpRequest 和 Fetch API 中都非常重要，因为网络请求可能由于各种原因失败，如网络中断、服务器返回错误状态码等。

对于 XMLHttpRequest，错误处理通常涉及监听 onerror 事件或检查 status 属性以确定请求是否成功；而对于响应数据的解析，则可通过 responseText 或 responseXML 等属

性获取原始数据，然后进行进一步加工。

在 Fetch API 中，错误处理主要依赖于 Promise 的 .catch() 方法，当请求失败时会触发。此外，Fetch 返回的 Promise 在 resolve 时提供的不是一个简单的字符串或 XML，而是一个具有丰富 API 的 Response 对象，这需要开发者调用诸如 .json()、.text() 或 .blob() 等方法解析不同的响应类型，从而获得结构化数据。

7.6.3　事件循环与异步 I/O 模型

在 JavaScript 编程中，事件循环机制是实现异步处理和非阻塞 I/O 的关键技术，其在浏览器环境与 Node.js 环境中都扮演着核心角色。

1. 浏览器环境下的事件循环机制

浏览器环境中的 JavaScript 引擎采用单线程模型执行代码，并通过事件循环来协调不同类型的任务。当 JavaScript 脚本开始执行时，事件循环会持续监控一个称为"任务队列"的结构，该队列包含了等待执行的任务（如用户交互、定时器回调、网络请求响应等）。

事件循环的工作流程可以分为两个主要阶段：宏任务队列和微任务队列。首先，主线程执行同步代码，然后检查并执行所有待处理的微任务队列。一旦微任务队列清空，事件循环将进入下一个宏任务阶段，渲染 UI 更新，处理网络消息等。随后再次检查微任务队列，如此反复循环，确保了异步操作能够有序且及时地得到处理，同时避免了因长时间阻塞而影响页面响应性的问题。

2. Node.js 中的事件循环与异步 I/O 模型

Node.js 同样采用了事件驱动、非阻塞 I/O 的设计理念，其底层基于 V8 JavaScript 引擎和 libuv 库构建了一个高效的事件循环系统。在 Node.js 环境中，事件循环不仅负责管理 JavaScript 的异步回调，还特别关注于处理文件 I/O、网络通信等底层操作的异步特性。

Node.js 事件循环也包含宏任务（如 setTimeout/setInterval、I/O 回调等）和微任务（如 Promise、process.nextTick() 等）的概念，但具体的调度策略可能与浏览器有所差异。当 Node.js 执行到异步 I/O 操作时，不会阻塞主线程，而是将这些操作委托给操作系统进行，完成后将回调函数放入事件循环队列中，等待合适的时机执行。

7.7　用户界面交互设计

在 JavaScript 动态脚本开发阶段，除了 DOM 操作和事件处理，还可以考虑添加用户界面交互设计模式，如拖曳、弹窗、通知等。实现用户界面交互设计是提升用户体验和增强应用功能的关键环节。

7.7.1 拖曳功能实现

拖曳功能作为现代 Web 应用中常见的交互模式,允许用户通过鼠标或触摸操作将元素从一处移动到另一处。在 JavaScript 中,开发者可以通过监听一系列事件(如 mousedown、mousemove 和 mouseup)并结合元素的位置信息来实现在页面上进行拖曳操作的功能。这一特性广泛应用于布局调整、文件上传、游戏开发等多个场景,使得用户能够直观地与网页内容进行互动。

假设电子商务网站中有一个可拖曳的商品列表,允许用户自定义页面上商品的顺序,代码如下:

```
<!-- 商品列表 -->
<div id="productList">
  <div class="draggableProduct" data-id="1">商品 A</div>
  <div class="draggableProduct" data-id="2">商品 B</div>
  <!-- 更多商品 ... -->
</div>

<script>
// 获取所有需要拖曳的商品元素
let draggableProducts = document.querySelectorAll('.draggableProduct');

draggableProducts.forEach(product => {
  // 初始化拖曳时的位置信息
  let startX, startY;

  product.addEventListener('mousedown', function(event) {
    startX = event.clientX - product.offsetLeft;
    startY = event.clientY - product.offsetTop;

    document.addEventListener('mousemove', move);
  });

  function move(event) {
    product.style.transform = 'translate(${event.clientX - startX}px, ${event.clientY - startY}px)';
    event.preventDefault();
  }

  document.addEventListener('mouseup', function() {
    // 在这里可以将新的排序位置保存到数据库
    updateProductOrder(product.dataset.id, product.getBoundingClientRect());

    document.removeEventListener('mousemove', move);
```

```
    });
});

// 更新商品在数据库中的排序位置
function updateProductOrder(productId, rect) {
    // 这里是模拟请求，实际应用中应使用 fetch 或 axios 等进行异步 API 调用
    console.log(' 更新商品 ID 为${productId} 的位置至: x=${rect.left}, y=${rect.top}');
}
</script>
```

上述代码的网页显示效果如图 7-1 所示。

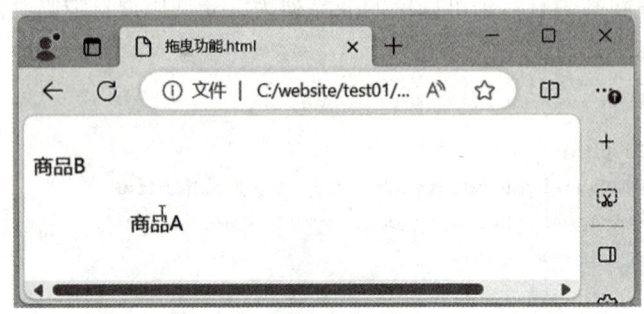

图 7-1　拖曳功能实现效果

7.7.2　弹窗设计

弹窗（或模态对话框）是一种临时性的交互界面，用于向用户提供额外的信息、请求输入数据或确认重要决定。在 JavaScript 中，可以使用内置的 window.alert()、window.confirm() 和 window.prompt() 方法创建基本的弹窗提示；而对于更复杂且定制化的弹窗设计，则可通过 DOM 操作创建自定义的模态对话框组件，并结合 CSS 样式和 JavaScript 事件处理程序实现动画效果、按钮点击响应等功能。良好的弹窗设计不仅能提升用户体验，还能有效引导用户完成预期的操作流程。

例如，电子商务网站中购物车确认弹窗的代码如下：

```
<button id="checkoutButton"> 去结算 </button>

<!-- 弹窗结构 -->
<div id="cartModal" class="modal hidden">
    <h3> 确认您的购物车商品 </h3>
    <ul id="cartItems"></ul>
    <button id="confirmCheckout"> 确认并下单 </button>
    <button id="cancelCheckout"> 取消 </button>
</div>

<script>
```

```javascript
// 获取相关元素和初始化数据
let checkoutButton = document.getElementById('checkoutButton');
let cartModal = document.getElementById('cartModal');
let confirmCheckoutButton = document.getElementById('confirmCheckout');
let cartItems = document.getElementById('cartItems');

// 填充购物车商品（此处仅为示例，实际应用中从服务器获取）
cartItems.innerHTML = '
  <li>商品 A x 2</li>
  <li>商品 B x 1</li>
';

// 显示购物车确认弹窗
checkoutButton.addEventListener('click', function() {
  cartModal.classList.remove('hidden');
});

// 确认下单操作
confirmCheckoutButton.addEventListener('click', function() {
  cartModal.classList.add('hidden');

  // 调用下单 API（模拟请求）
  placeOrder();
});

// 隐藏弹窗
document.addEventListener('click', function(event) {
  if (event.target === cartModal || event.target === cancelCheckoutButton) {
    cartModal.classList.add('hidden');
  }
});

// 下单操作（模拟请求）
function placeOrder() {
  console.log('订单已提交！');
}
</script>

<style>
/* 弹窗样式 */
.modal {
  /* 具体样式请根据需求设置 */
}
.hidden {
  display: none;
}
</style>
```

上述代码的网页显示效果如图 7-2 所示，单击"去结算"按钮后的网页显示效果如图 7-3 所示。

图 7-2　单击"去结算"按钮前的网页显示效果

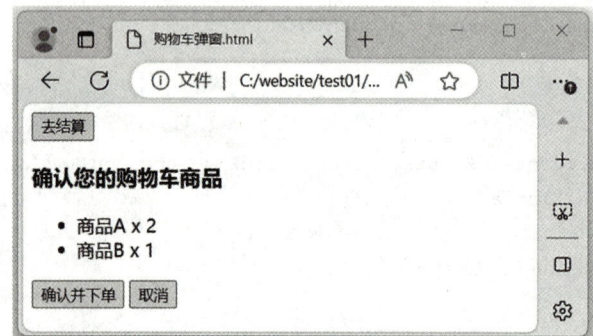

图 7-3　单击"去结算"按钮后的网页显示效果

7.7.3　通知设计

通知是 Web 应用向用户传递非打断式信息的一种方式，它能够在不影响用户当前任务的同时，提供状态更新、消息提醒或其他关键反馈。在 JavaScript 中，可以利用浏览器提供的 Web Notification API 或者自定义 DOM 元素构建通知系统。Web Notification API 允许开发者在用户的桌面或移动设备上显示系统级的通知，包含标题、正文及可选的动作按钮等丰富内容。而自定义通知则更多关注于在网页内部实现轻量级的通知展示，如通过滑入 / 滑出动画显示消息条目，确保信息传递既不打扰用户又具有足够的可见性。

例如，电子商务网站中应用于下单成功通知的代码如下：

```
if ('Notification' in window && Notification.permission !== 'denied') {
  Notification.requestPermission().then(permission => {
    if (permission === 'granted') {
      // 假设 placeOrder 函数执行完后返回一个 Promise
      placeOrder().then(() => {
        new Notification('下单成功通知', {body: '您的订单已成功提交！'});
      });
    }
```

```
    });
}

// 示例下单操作（模拟请求）
async function placeOrder() {
    // 实际应用中，此处应该包含向服务器发送订单请求的逻辑
    await new Promise(resolve => setTimeout(resolve, 1000)); // 模拟延迟
    console.log('下单完成');
    return true;
}
```

上述代码简化了与服务器通信的部分，实际应用中需要使用 Fetch 或 XMLHttpRequest 发起 HTTP 请求。同时，请确保浏览器支持相关的 Web API，如 Notification 等。

在 JavaScript 中实施高效的用户界面交互设计，要求开发者深入理解并熟练运用各种 API 和编程技巧，从而打造出符合用户期待、易于操作且富有表现力的交互体验。无论是拖曳功能的灵活实现、弹窗设计的精心编排，还是通知机制的有效部署，都是提升 Web 应用品质和吸引力的重要手段。

7.8 使用 jQuery 框架

jQuery 是一个快速、简洁的 JavaScript 库，它极大地简化了 JavaScript 在网页上的 DOM 操作、事件处理以及 AJAX 交互等功能。jQuery 通过其强大的选择器引擎和丰富的 API，使得开发者能够以更少的代码、更高的效率来实现复杂的前端交互效果。

7.8.1 引入 jQuery 库的语法

引入 jQuery 库到 HTML 页面中的代码示例非常简单，通常通过在 <head> 标签内或者在 </body> 标签前插入一个 <script> 标签来完成。示例代码如下：

```
<!DOCTYPE html>
<html lang="en">
<head>
    <meta charset="UTF-8">
    <title>jQuery Example</title>
    <!-- 引入 jQuery 库 -->
    <script src="https://code.jquery.com/jquery-3.6.0.min.js"></script>
</head>
<body>
<script>
    // 确保 jQuery 已加载，然后可以开始使用$
    $(document).ready(function () {
```

```
            // jQuery 代码写在这里
        });
    </script>
</body>
</html>
```

上述代码中，通过 <script> 标签从 jQuery 官网提供的 CDN 地址引入了 jQuery 库。当浏览器解析到这个脚本标签时，会自动下载 jQuery 库，并且在下载完成后可用。

7.8.2 jQuery 的选择器

jQuery 的选择器基于 CSS 选择器语法并有所扩展，能方便地定位 DOM 元素。示例代码如下：

```
// 获取 ID 为 myElement 的元素
var $element = $("#myElement");

// 获取所有 class 为 button 的元素
var $buttons = $(".button");

// 获取所有的 <p> 元素
var $paragraphs = $("p");

// 获取紧邻 .container 之后的所有 <div> 元素
var $followingDivs = $(".container + div");
```

7.8.3 jQuery 对 DOM 元素的操作方法

jQuery 提供了丰富的方法来动态操作 DOM 元素，包括创建新元素、插入 DOM 树中、替换已有元素或移除元素等。示例代码（DOM 操作）如下：

```
// 创建新元素并添加到文档末尾
$("<p>Hello, World!</p>").appendTo("body");

// 删除所有 class 为 remove-me 的元素
$(".remove-me").remove();

// 更改所有段落文本内容
$("p").text(" 新的文本内容 ");

// 替换元素内容
$("#old-element").replaceWith("<div id='new-element'>New Content</div>");
```

7.8.4 jQuery 中的事件绑定与触发机制

jQuery 提供了便捷的方式来绑定事件处理器到 DOM 元素上，同时支持多种事件类型，如 click、hover、submit 等。jQuery 还支持链式调用，便于一次性定义多个事件处理函数。示例代码（事件绑定）如下：

```
// 绑定点击事件
$("#myButton").on("click", function () {
    alert(" 按钮被点击了! ");
});

// 鼠标指针悬停时显示提示，离开时隐藏
$("#myLink").hover(
    function () { //mouseenter
        $(this).append("<span> 鼠标进入! </span>");
    },
    function () { //mouseleave
        $(this).find("span:last").remove();
    }
);

// 解除事件绑定
$("#myButton").off("click");
```

7.8.5　jQuery 简化事件处理程序的方法

jQuery 不仅极大地简化了事件绑定过程，还提供了多种增强功能，如 delegate() 方法（在 jQuery 1.7 及更高版本中已被 on() 方法的委托模式替代）、one() 方法（用于创建只执行一次的事件绑定）以及 trigger() 方法（用于手动触发事件）。这些方法共同增强了 jQuery 在事件处理方面的灵活性和效率。示例代码（简化事件处理）如下：

```
// 委托事件处理
$(document).on("click", ".dynamic-link", function () {
    console.log(" 动态生成的链接被点击 ");
});

// 只执行一次的事件绑定
$("#onceButton").one("click", function () {
    alert(" 此消息只会显示一次 ");
});

// 手动触发事件
$("#myForm").trigger("submit");
```

课后练习

一、填空题

1. JavaScript 主要由＿＿＿＿＿＿、＿＿＿＿＿＿及＿＿＿＿＿＿三部分组成。

2. 在 HTML 文档中，JavaScript 可以通过_____和_____进行引用。

3. DOM 被设计为一个_____的数据结构来表示 HTML 文档。其节点类型有_____、_____、_____、_____、注释节点和_____。

4. 事件流主要分为_____和_____。

二、简答题

1. 简述 JavaScript 都有哪些流程控制语句，以及它们分别都是怎样的语法结构。

2. 列举常见的 JavaScript 事件类型。

3. 简述同步编程与异步编程的区别。

三、实践活动

为前述电商网站项目实现商品数量增减功能，添加轮播广告切换、快速查看大图等 JavaScript 交互特效，并处理表单提交前的简单验证。

第 8 章 使用表单与用户交互

本章导读

表单作为用户与系统进行数据交互的关键组件，在网页开发中扮演着至关重要的角色。表单设计与开发具有复杂性和综合性，它要求开发者不仅应掌握 HTML 基础以创建结构化的表单元素，还需要进一步学习 CSS 和 JavaScript 来实现更加丰富和功能完善的表单功能，因而本书将表单的设计与开发作为一个独立的模块进行教学。

本章从基础层面开始，首先介绍如何在 HTML 中创建并构造一个完整的表单，深入探讨表单组成部分的功能与使用方法。随后，通过 CSS 美化表单外观，实现响应式布局以适应不同设备，并运用触发器及交互效果提升用户界面的动态体验。在表单数据操作部分，重点讨论了客户端的数据验证与错误处理机制，以及表单数据如何提交至服务器端，并对数据进行接收和进一步处理。此外，还强调了表单数据安全防护的重要性，涵盖了防止注入攻击、实施数据加密、防范 CSRF 等多种安全保障措施，确保用户信息的安全传输与存储。

通过对本章的学习，学生不仅能熟练构建实用的表单，更能设计出具有优秀用户体验、安全性高的表单解决方案。

学习目标

➤ 学会使用 HTML 创建表单并添加各类输入控件，了解表单的各种组成部件。

➤ 理解并应用 CSS 来美化表单外观，学会实现响应式表单设计，以适应不同设备的屏幕尺寸。

➤ 熟悉表单数据验证的方法，掌握表单数据的提交与处理机制，了解如何保护表单数据的安全。

8.1 表单基础构建

表单在电子商务网页中扮演着至关重要的角色，它们是用户与网站进行交互的关键工具，用于收集用户信息、处理订单、接收反馈等。相对于其他基本的 HTML 元素，表单控件（如输入框、按钮、选择框等）具有更高的复杂度，因为它们不仅承载着用户交互的核心功能，还涉及数据收集、验证以及向服务器提交信息等一系列流程。

8.1.1 创建表单

1. 初始化 HTML 表单元素

在网页开发中，创建表单是收集用户数据的第一步。通过定义 `<form>` 标签作为容器，并在其内部添加一系列表单控件，可以为用户提供一个结构化的输入界面。

2. 设置基本属性与行为

每个表单元素都有一系列可配置的属性，如 action 用于指定提交的目标地址、method 用于定义 HTTP 请求方式（GET 或 POST）等。此外，还可以通过 JavaScript 控制表单的行为，如禁用提交按钮直至所有必填项填写完毕。

例如：

```
<form action="/submit-form" method="POST">
  <!-- 表单内容将放在这里 -->
</form>
```

8.1.2 构造表单

1. 表单布局设计原则

良好的表单布局能够清晰展示信息层次，设计原则主要有以下几点。

- 清晰直观：表单布局应保证其结构简洁、逻辑清晰，使用户能够快速理解每个输入项的含义和用途。通常采用从上至下或从左到右的阅读顺序排列字段，遵循用户的自然阅读习惯。
- 分组相关元素：将相关的表单控件归为一组，并通过标题、分割线或内嵌标签等方式进行视觉区分，帮助用户识别不同信息区块的功能和关联性。例如，将姓名、地址、联系方式等个人资料分组显示。
- 层次化信息呈现：对于较长或复杂的表单，可以采用多步骤（分页）或者折叠面板的方式展示信息，减轻用户一次性填写大量信息的压力。同时，通过逐步引导的方式展现表单内容，有助于提高用户的完成度。
- 响应式设计：确保表单在各种屏幕尺寸和设备类型上的可读性和可用性，利用 CSS 媒体查询调整布局，实现自适应宽度、堆叠／水平排列控件等策略。

2. 合理组合输入控件

合理地组合输入控件能够有效地引导用户完成数据录入任务，从而提升整个 Web 应用的交互体验，主要有以下技巧。
- 选择合适的控件类型：根据要收集的数据类型和格式，选用恰当的输入控件，如文本框用于输入文本，单选按钮和复选框用于选择列表中的选项，日期选择器用于选取日期，文件上传控件用于上传文件等。
- 控制输入长度和格式：针对特定类型的输入，限制字符数或预设格式。例如，使用 maxlength 属性限制文本框的字符数，或使用 HTML5 内置的模式验证（如 pattern 属性）检查邮箱、电话号码等特殊格式。
- 提供适当的提示和反馈：为用户提供实时的输入反馈，如占位符提示文字、必填项标记（*）以及错误状态下的颜色变化或提示信息。另外，运用图标、工具提示等辅助手段也可以进一步增强用户体验。
- 交互优化：利用 JavaScript 对表单进行功能扩展，比如自动填充、动态加载选项、搜索建议等功能，以减少用户操作负担并提升输入效率。

8.1.3 表单的组成部件

在构建表单的过程中，理解并合理运用各个组成部件至关重要，这不仅有助于提升用户体验，还能确保收集的数据有效且符合预期。

1. 输入字段类型及使用场景

输入字段是表单的核心组成部分，不同的字段类型对应于不同种类的数据输入需求。输入字段类型主要有以下几种。
- 文本输入框（`<input type="text">`）：文本输入框是最基础的输入控件类型，广泛应用于各种数据收集场景。用户可以在其中填写任意长度和类型的文本信息，如姓名、公司名称、地址等。开发者可以通过 JavaScript 或 HTML5 的内置验证属性进行自定义格式约束。
- 密码输入框（`<input type="password">`）：在涉及安全性的场合，例如登录表单中，密码输入框用于隐藏用户的实际输入密码，以星号或其他字符代替显示，从而保护用户的隐私信息不被窥探。
- 电子邮件输入框（`<input type="email">`）：此输入字段专门设计用于输入电子邮件地址，并且在支持 HTML5 的浏览器中，会自动检查输入值是否符合电子邮件格式的基本规范，从而减少无效邮件地址的提交。

- 数字输入框（<input type="number">）：适用于需要用户提供数值数据的情况，可以设置最小值（min）、最大值（max）以及步进值（step），确保用户只能输入满足特定范围和精度要求的数字。
- 日期和时间输入控件（<input type="date">，<input type="time"> 等）：这些控件提供图形化的日历选择器和时钟选择器，方便用户直观地选取日期和时间，避免手动输入错误。
- 复选框（<input type="checkbox">）：复选框允许用户从多个选项中选择一个或多个项目，常用于问卷调查、多选项列表筛选等场景。
- 单选按钮（<input type="radio">）：在一个组内的单选按钮中，用户只能选择一项，这在诸如性别选择、颜色偏好、尺寸选择等需要单一选项的场景下非常有用。
- 下拉列表（<select> 及其 <option> 子元素）：下拉列表为用户提供了一个有限的预设选项列表，用户点击后可以从列表中选择一个选项。这种形式有助于简化界面布局，尤其适合于具有固定选项集的场合，比如国家/地区选择、产品分类等。
- 文件上传控件（<input type="file">）：文件上传控件使用户能够从本地设备选择并上传文件至服务器，是实现图片上传、文档提交等功能的重要组件，在现代 Web 应用中不可或缺。

2. 标签、提示信息与占位符

借助标签、提示信息和占位符等功能进行辅助说明，可以增强表单的易用性。

（1）标签。标签在表单设计中扮演着关键的角色，通常通过 <label> 元素实现，它们通过 for 属性与相应的表单控件的 id 属性关联起来，形成一种直观的绑定关系。当用户点击标签文本时，对应的输入框会自动获得焦点，增强了表单的可访问性和可用性。这种关联不仅便于视觉障碍或移动设备用户快速定位到所需的输入区域，也提升了普通用户的交互体验。

（2）提示信息。提示信息作为表单字段的重要补充说明，常用于提供额外的操作指导或字段含义解释，以减少用户填写过程中的困惑和错误。这些提示信息可以通过 HTML title 属性来实现，当鼠标指针悬停在元素上时显示工具提示；或者结合 CSS 伪类 :hover，为用户提供更加丰富和动态的交互式提示内容。

（3）占位符。占位符是一种简洁且实用的设计手段，它会在输入框内预先填充一段灰色文字，用以简要描述期望的输入格式或内容。一旦用户开始在输入框中键入内容，占位符文本就会自动消失，只留下用户实际输入的数据。这一特性由 HTML5 的 placeholder 属性支持，旨在引导用户理解并按照预期的方式完成数据录入，同时保持界面清爽、不冗余。

3. 按钮功能与提交机制

表单中的按钮元素承担着触发操作的关键职责，最常见的有提交按钮（<input type=

"submit">或<button type="submit">）以及重置按钮（<input type="reset">或<button type="reset">）。当用户点击提交按钮时，浏览器会按照表单的 method 属性（如 GET 或 POST）和 action 属性定义的规则，将所有已填入的有效表单数据封装成 HTTP 请求发送给服务器端处理。同时，开发者可以通过 JavaScript 监听表单的 submit 事件来执行自定义逻辑，比如在数据提交前进行前端验证，或者采用异步方式提交数据，从而进一步优化表单提交流程和用户体验。

8.2 表单样式设计与交互设计

仅依靠 HTML 定义表单布局和外观是不够的，需要借助 CSS 进行更精细化的设计和美化。通过 CSS，开发者可以控制表单元素的尺寸、颜色、边距、对齐方式等视觉表现，确保表单在不同设备和屏幕尺寸上都呈现出一致且友好的界面。

8.2.1 基于 CSS 美化表单外观

1. 基础样式设定

（1）字体与颜色：为表单元素（如输入框、按钮、标签等）设置统一且易于阅读的字体家族、大小及颜色。

（2）边框与填充：定义表单控件的边框宽度、样式和颜色，以及内边距和外边距，以调整内容区域和周边空白空间的关系。

（3）背景与透明度：应用合适的背景色或背景图像，并可以设置背景透明度以确保表单与页面整体风格协调一致。

例如：

```css
/* 设置表单容器的基本样式 */
form {
  font-family: Arial, sans-serif;     /* 定义字体 */
  color: #333;                        /* 文本颜色 */
  max-width: 400px;                   /* 表单最大宽度 */
  margin: 0 auto;                     /* 居中显示 */
}

/* 输入框和文本区域的基础样式 */
input[type="text"],
input[type="email"],
textarea {
  width: 100%;                        /* 元素宽度 */
  padding: 10px;                      /* 内边距 */
```

```css
  border: 1px solid #ccc;              /* 边框样式 */
  border-radius: 5px;                  /* 圆角效果 */
  outline: none;                       /* 移除默认轮廓 */
  box-sizing: border-box;              /* 计算总宽度时包含内边距和边框 */
}

/* 提交按钮样式 */
input[type="submit"] {
  background-color: #007BFF;           /* 背景颜色 */
  color: white;                        /* 文本颜色 */
  padding: 10px 20px;
  border: none;
  border-radius: 5px;
  cursor: pointer;                     /* 鼠标指针变为手形 */
  text-transform: uppercase;           /* 文本转为大写 */
}

/* 清除浮动以保持布局整洁 */
form::after {
  content: "";
  display: block;
  clear: both;
}
```

2. 伪类定制状态效果

（1）鼠标指针悬停效果（:hover）：当用户将鼠标指针移动到表单元素上时，可以更改元素的颜色、边框或背景色，提供明确的交互反馈。

（2）聚焦状态（:focus）：表单控件获取焦点后，通过改变其样式来指示当前正在编辑的字段，如加粗边框或显示提示文本。

（3）禁用状态（:disabled）：对不可操作的表单元素进行视觉标识。例如，降低透明度或添加特殊样式，让用户了解该控件当前无法使用。

例如：

```css
/* 鼠标指针悬停效果 */
input[type="text"]:hover,
input[type="email"]:hover,
textarea:hover {
  border-color: #999;                  /* 当鼠标指针悬停时改变边框颜色 */
}

/* 聚焦状态 */
input[type="text"]:focus,
input[type="email"]:focus,
textarea:focus {
```

```
  border-color: #007BFF;    /* 获取焦点时突出显示边框 */
}

/* 禁用状态 */
input[type="text"]:disabled,
input[type="email"]:disabled {
  opacity: 0.5;             /* 禁用状态下降低透明度 */
  cursor: not-allowed;      /* 更改鼠标指针为禁止符号 */
}
```

3. 组件布局与间距优化

（1）布局方式：采用灵活的布局技术（如 Flexbox、Grid 或定位属性）合理安排表单各组成部分的位置关系，使整个表单结构清晰、逻辑性强。

（2）间距调整：根据视觉层次和功能关联性适当调整各个组件之间的距离，包括水平间距（margin-left/margin-right）和垂直间距（margin-top/margin-bottom），保证表单具有良好的可读性和操作舒适度。

例如：

```
/* 使用 Flexbox 布局表单行 */
.form-row {
  display: flex;
  flex-wrap: wrap;
  justify-content: space-between;
  margin-bottom: 1em;       /* 行间垂直距离 */
}

.form-row label {
  flex-basis: 20%;          /* 标签宽度 */
  margin-right: 1em;        /* 标签与输入框之间的水平距离 */
}

.form-row input[type="text"],
.form-row input[type="email"] {
  flex-basis: 70%;
}

/* 或者使用 Grid 布局 */
.grid-form {
  display: grid;
  grid-template-columns: repeat(2, 1fr);
  gap: 1em;
}

.grid-form label {
  grid-column: 1;
```

```css
}
.grid-form input[type="text"],
.grid-form input[type="email"] {
  grid-column: 2;
}
```

4. 引入自定义视觉元素

（1）图标：使用 CSS Sprite 或 SVG 等技术添加图标，以增强表单功能的可视化表现，比如在提交按钮旁加入一个"发送"图标，或者在密码输入框旁边放置一个"显示/隐藏密码"的眼睛图标。

（2）背景图案与纹理：在表单背景或特定组件背后引入自定义图案或纹理，增加视觉趣味性和品牌识别度。

（3）动画效果：运用 CSS transitions 或 animations 创建平滑的过渡效果，如表单提交后的淡出动画或加载中的进度条动画，提升用户的等待体验。

例如：

```css
/* 添加图标（假设已引入 SVG 图标库）*/
input[type="submit"]::before {
  content: url("/path/to/submit-icon.svg");    /* 在提交按钮前插入图标 */
  margin-right: 5px;
}

/* 使用过渡动画更改背景色 */
input[type="submit"]:hover {
  background-color: #0056b3;
  transition: background-color 0.3s ease-in-out; /* 添加平滑过渡效果 */
}
```

8.2.2　实现响应式表单设计

1. 跨设备适配

响应式设计的核心在于使页面布局能够根据不同设备的屏幕尺寸和方向进行自适应。在 CSS 中，我们可以通过媒体查询来实现这一目标。例如：

```css
/* 当屏幕宽度小于 600px 时 */
@media screen and (max-width: 600px) {
  form {
    /* 调整表单容器的样式以适应小屏幕 */
    width: 100%;
  }
  input[type="text"],
  textarea {
```

```
    /* 改变输入框的宽度 */
    width: calc(100% - 10px);
  }
}
```

上述代码中，当用户设备的屏幕宽度小于 600 px 时，表单会自动调整为适合小屏幕的布局。

2. 表单组件的布局切换

在大屏幕设备上，表单可能采用水平流动布局，而在小屏幕设备上则更倾向于垂直堆叠布局。通过 Flexbox 或 Grid 布局技术，可以轻松实现这种布局变化。

Flexbox 布局的代码示例如下：

```
.form-container {
  display: flex;
  flex-wrap: wrap;                  /* 允许换行 */
}

.form-field {
  flex: 1 0 auto;                   /* 根据空间分配宽度 */
}

/* 小屏幕下的堆叠布局 */
@media screen and (max-width: 600px) {
  .form-container {
    flex-direction: column;         /* 更改为垂直布局 */
  }
}
```

3. 触摸屏设备交互体验优化

触摸屏设备用户通常需要更大的可点击区域和明确的触控反馈，如增大按钮大小、增加输入框内边距以及使用 touch-action 属性改善滚动行为等。代码示例如下：

```
/* 增大按钮点击区域 */
button, input[type="submit"], input[type="button"] {
  padding: 1.5em;                   /* 增加内边距以提供更大的可点击区域 */
  font-size: 1.2em;                 /* 可根据需要增加字体大小以匹配按钮尺寸 */
  cursor: pointer;                  /* 显示手指图标作为触控反馈 */
}

/* 增加输入框的点击区域（适用于触摸屏）*/
input[type="text"], input[type="email"], textarea {
  padding: 0.8em;
  font-size: 16px;
  border-radius: 4px;               /* 圆角设计有助于提升触摸体验 */
  outline: none;                    /* 移除浏览器默认轮廓 */
```

```css
    appearance: none;                       /* 移除某些浏览器的默认样式 */
    transition: background-color 0.3s ease; /* 添加过渡效果以便用户感知交互 */

    /* 触摸设备上的光标样式 */
    cursor: url(pointer.cur), auto;         /* 使用自定义鼠标指针或系统默认鼠标指针 */
}

/* 针对 IE 和 Edge 浏览器的触摸滚动优化 */
body {
    touch-action: manipulation;             /* 确保默认的触摸滚动行为 */
}
```

4. 打造灵活表单布局

Flexbox 和 Grid 布局提供了强大的工具来创建动态且响应式的布局。

（1）Flexbox 布局技术。使用 flex-direction 控制元素排列方向，使用 justify-content 和 align-items 控制子元素在主轴和侧轴上的对齐方式。例如：

```css
.flex-form {
    display: flex;
    flex-direction: column;
    align-items: stretch;
    justify-content: space-between;
}
```

（2）Grid 布局技术。通过 grid-template-columns 和 grid-template-rows 定义网格布局，grid-gap 用于设置单元格间距。例如：

```css
.grid-form {
    display: grid;
    grid-template-columns: repeat(auto-fit, minmax(150px, 1fr)); /* 自动填充列，最小宽度为 150px */
    grid-gap: 1em;
}
```

8.2.3 触发器与交互效果

1. JavaScript 事件监听与表单元素交互绑定

JavaScript 可以通过添加事件监听器来处理用户与表单元素的交互。例如，当用户在输入框中输入内容、点击提交按钮或聚焦/失焦于表单字段时，可以触发相应的函数执行。示例代码如下：

```javascript
// 为输入框添加输入事件监听
document.getElementById('inputField').addEventListener('input', function(event) {
    // 在此处处理输入事件逻辑
    console.log(event.target.value);        // 输出当前输入框的内容
```

```
});

// 为提交按钮添加点击事件监听
document.getElementById('submitButton').addEventListener('click', function(event) {
  event.preventDefault();                 // 阻止默认提交行为
  // 在此处验证并处理表单数据
});
```

2. 动态显示/隐藏表单部分或提示信息

根据用户的操作和表单的状态，我们可以动态地展示或隐藏表单的不同部分，以及相关提示信息。例如，在选择特定选项后展开额外的字段，或者在用户填写错误时显示错误提示。示例代码如下：

```
// 当复选框被选中时显示隐藏部分
var checkBox = document.querySelector('#advancedOptions');
var advancedForm = document.querySelector('#advancedForm');

checkBox.addEventListener('change', function() {
  if (this.checked) {
    advancedForm.style.display = 'block';
  } else {
    advancedForm.style.display = 'none';
  }
});

// 显示错误提示信息
function showError(inputElement, errorMessage) {
  var errorDiv = inputElement.nextElementSibling; // 获取关联的错误提示元素
  errorDiv.textContent = errorMessage;
  errorDiv.style.display = 'block';
}
```

3. 实现实时表单验证并反馈用户输入结果

使用 JavaScript 进行实时表单验证可以在用户输入过程中及时给出反馈，提高用户体验。例如，对邮箱地址、电话号码或必填项进行格式检查的代码如下：

```
// 实时邮件地址验证
document.getElementById('email').addEventListener('input', function(e) {
  const email = e.target.value;
  const isValidEmail = /^[^\s@]+@[^\s@]+\.[^\s@]+$/.test(email);
  if (!isValidEmail) {
    showError(e.target, '请输入有效的电子邮件地址');
  } else {
    clearError(e.target); // 清除错误提示
  }
});
```

```
function clearError(inputElement) {
  var errorDiv = inputElement.nextElementSibling;
  errorDiv.textContent = '';
  errorDiv.style.display = 'none';
}
```

4. 利用过渡动画与微交互增强表单体验

利用 CSS transitions 和 animations 可以为表单元素添加平滑过渡效果，比如输入框获得焦点时边框颜色变化，错误信息淡入淡出等。同时，微交互设计可以让表单更富有生命力，如成功提交表单后的确认提示，或在用户完成某一输入项时给予视觉反馈。

例如，CSS 动画代码部分如下：

```css
/* 输入框聚焦时添加过渡效果 */
input[type="text"]:focus,
textarea:focus {
  border-color: #007bff;
  outline: 0;
  transition: border-color .3s ease-in-out;
}

/* 错误提示淡入效果 */
.error-message {
  opacity: 0;
  transition: opacity .3s ease-in-out;
}
.error-message.show {
  opacity: 1;
}
```

用于控制类名切换以触发 CSS 动画的对应 JavaScript 代码如下：

```javascript
function showError(inputElement, errorMessage) {
  // ... 其他逻辑 ...
  errorDiv.classList.add('show');          // 添加类名触发 CSS 动画
}

function clearError(inputElement) {
  // ... 其他逻辑 ...
  errorDiv.classList.remove('show');       // 移除类名隐藏错误提示
}
```

8.3 表单数据操作

对于电子商务网站来说，表单数据操作涉及用户信息的收集、处理、存储和使用，是实现交易、客户服务、个性化体验和数据分析的关键环节。

8.3.1 表单数据验证与错误处理

在用户提交表单之前，必须确保所输入的数据满足特定的格式和规则。这既是为了保证服务器端接收到的有效性，也是为了提升用户体验，避免无效提交导致的困扰。

1. 客户端表单验证方法与策略

（1）基本验证。在 HTML5 中，表单元素可以直接使用一些内置的属性来进行基本的数据验证。

① required：这个属性用于标记一个输入字段为必填项。如果用户没有填写该字段，则浏览器会阻止表单提交，并显示默认错误提示。例如：

```
<input type="text" name="username" required>
```

② pattern：通过正则表达式对输入内容进行格式匹配验证。例如，验证电子邮件格式的代码如下：

```
<input type="email" name="email" pattern="[a-z0-9._%+-]+@[a-z0-9.-]+\.[a-z]{2,}$">
```

③ minlength 和 maxlength：用来限制输入字段允许的字符数量范围。例如：

```
<input type="password" name="password" minlength="8" maxlength="16">
```

（2）自定义验证。对于更复杂或特定的业务规则，HTML5 内置验证可能无法满足需求，此时可以通过 JavaScript 编写自定义函数来实现额外的验证逻辑。比如检查电话号码格式、邮箱格式是否符合预期，或者密码强度是否达标等。例如：

```
function validateEmail(email) {
  var emailPattern = /^[^@\s]+@[^@\s]+\.[^@\s]+$/;
  return emailPattern.test(email);
}

document.getElementById('email').addEventListener('blur', function() {
  if (!validateEmail(this.value)) {
    this.setCustomValidity(' 请输入有效的电子邮件地址 ');
  } else {
    this.setCustomValidity('');
  }
});
```

（3）异步验证。对于需要实时与服务器交互验证的数据，如确认用户名是否已存在，可以采用 AJAX 技术发送异步请求至服务器端 API。示例代码如下：

```
document.getElementById('username').addEventListener('blur', function() {
  var username = this.value;
```

```
// 使用 AJAX 发起请求
var xhr = new XMLHttpRequest();
xhr.open('POST', '/api/checkUsername', true);
xhr.setRequestHeader("Content-Type", "application/json;charset=UTF-8");
xhr.onreadystatechange = function() {
  if (xhr.readyState === 4 && xhr.status === 200) {
    var response = JSON.parse(xhr.responseText);
    if (!response.available) {  // 如果用户名已被占用
      this.setCustomValidity('抱歉，该用户名已被使用');
    } else {
      this.setCustomValidity('');
    }
  }
};
xhr.send(JSON.stringify({ username: username }));
});
```

这样，在用户填写表单时，就可以实现无缝的实时验证和反馈，提高用户体验和数据质量。

2. HTML5 原生验证 API 及其扩展应用

HTML5 为表单验证提供了原生支持，引入了许多新的 input 类型和属性，这些特性极大地增强了 Web 表单的用户体验，并降低了开发复杂度。

新类型的 input 元素主要有以下几种。

➡ email：自动检查输入是否符合电子邮件地址格式。

➡ url：验证用户输入的是否是有效的 URL 地址。

➡ date, datetime-local, month, week, time：提供日期和时间相关控件，自动校验输入值是否符合相应格式。

其他验证属性主要有以下几种。

➡ required：表示字段是必填项，不填写则无法提交表单。

➡ pattern：通过正则表达式对输入内容进行自定义匹配验证。

➡ minlength 和 maxlength：指定输入字段允许的最小和最大字符数。

➡ min 和 max：对数值型输入（如 number 类型）设置范围限制。

HTML5 原生验证 API 方法主要有以下两种：

① checkValidity()：这个方法用于检测一个表单或表单控件是否满足其所有相关的有效性约束条件。如果验证通过，返回 true；否则返回 false。例如：

```
let myInput = document.getElementById('myInput');
if (!myInput.checkValidity()) {
  // 处理验证失败的情况
}
```

② setCustomValidity()：可以用来设定表单控件的自定义验证错误消息。当调用此方

法并传入非空字符串时，会将表单元素标记为无效，并显示提供的错误信息。例如：

```
// 当输入不符合要求时设置自定义错误消息
myInput.setCustomValidity('请输入有效的电话号码');
```

此外，HTML5 还提供了与验证相关的伪类选择器。例如：

➪ :valid：表示表单元素的内容有效。

➪ :invalid：表示表单元素的内容无效。

开发者可以利用这些原生 API 结合 CSS 样式来提供视觉反馈，增强表单交互体验。例如，当表单元素无效时改变边框颜色或显示错误提示图标等。

3. 错误反馈机制与用户体验优化

错误反馈机制在提升用户体验和表单交互的易用性方面扮演着关键角色，主要有以下几种方式。

（1）实时反馈。实时反馈机制允许用户在输入信息的同时，立即得知其输入内容是否符合预期的格式和要求。例如，当用户填写邮箱地址时，如果输入的内容不符合邮箱格式，应当在他们键入完毕后或离开该字段时立刻显示无效状态，并触发相应的提示。

（2）视觉反馈。视觉反馈是通过改变表单元素（如输入框）的样式来直观地传达其有效或无效状态。CSS 伪类可以实现这一功能，比如 :valid 和 :invalid 用于设置合法输入和非法输入时的不同样式。此外，还可以使用动画效果或图标（如红色叉号）来引起用户对错误输入的关注，从而快速识别出哪些字段需要修正。

（3）文案反馈。清晰、简洁且具有指导性的错误提示文案对于帮助用户理解问题所在至关重要。错误信息应直接指出问题并给出建议，例如，"请输入有效的电子邮件地址"或"密码必须包含至少 8 个字符"。这些提示信息应尽量贴近相关输入框，以减少用户的认知负担，常见的位置包括输入框下方或者右侧相邻的位置。

（4）无障碍支持。使用 WAI-ARIA 属性有助于确保所有用户都能获得一致的体验，无论他们是否依赖辅助技术。例如，aria-invalid="true" 属性可指示当前表单控件内的值无效；而 aria-describedby 属性可以关联一个描述性文本 ID，提供更详细的错误信息给屏幕阅读器等辅助工具读取。

（5）交互设计。在交互设计方面，当表单验证发现错误时，自动将焦点定位到第一个有误的输入域是一个非常实用的功能。这能显著提高用户的修复效率，因为他们不必自己查找哪里出错，而是可以直接开始纠正错误的数据。这种设计减少了用户的操作步骤，提高了整体表单填写过程的流畅性和满意度。

8.3.2 表单数据的提交与处理

在 Web 开发中，表单是用户与服务器进行交互的重要手段，用于收集和传递用户输入的数据。当涉及表单数据的提交与处理时，我们需要关注以下几个核心环节。

1. HTTP 请求方式选择与动作属性设置

在创建 HTML 表单时，开发者必须明确指定表单数据如何通过 HTTP 协议传输至服务器。其中，method 属性用来决定采用何种 HTTP 请求方法。根据不同的场景，可以选择 POST 或 GET 请求。

对于包含敏感信息或者大数据量的表单提交，优选 POST 方法。POST 请求会将表单数据封装在请求体内部，从而确保了数据的安全性和隐私性。示例代码如下：

```html
<form action="/submit" method="post">
<!-- 表单元素 -->
</form>
```

如果数据不包含敏感内容且数据量较小，可以使用 GET 请求。这种方式下的表单数据会被追加到 URL 后作为查询字符串显示，便于记录历史浏览和分享链接，但不适合处理私密信息。示例代码如下：

```html
<form action="/search" method="get">
<!-- 表单元素 -->
</form>
```

2. 使用 JavaScript 处理表单提交事件

随着前端技术的发展，JavaScript 在表单提交过程中扮演了重要角色，能够实现客户端验证、自定义提交逻辑等功能。当表单触发 submit 事件时（如用户点击提交按钮），可以通过 JavaScript 监听此事件，并执行相关操作。示例代码如下：

```javascript
document.querySelector('form').addEventListener('submit', function(event) {
  event.preventDefault();           // 阻止默认的表单提交行为

  // 在这里编写自定义处理代码
  if (validateForm()) {             // 对表单数据进行实时校验
    submitFormDataAsync();          // 异步提交表单数据，增强用户体验
  } else {
    alert('表单数据验证失败，请检查后重新提交');
  }
});
```

3. 后端接收到表单数据后的处理流程

一旦表单数据到达服务器，后端接收到请求后，其处理流程一般包括以下步骤：

（1）解析请求。根据 HTTP 请求方式的不同，服务器需要从请求体或查询字符串中提取出表单数据。对于 POST 请求，如果是 application/x-www-form-urlencoded 或 multipart/form-data 格式，服务器会自动解析；对于 GET 请求，数据则直接来源于 URL 的查询参数。

（2）数据验证。服务器端对收到的数据进行进一步的校验和清理，确保数据的安全性和一致性，这通常比客户端验证更为严格，因为客户端验证容易被绕过。

（3）业务逻辑处理。根据表单提交的业务需求，执行相应的数据库操作（如插入新记录、更新记录等）、触发其他服务调用、计算结果等。

（4）响应生成。处理完成后，服务器构建适当的 HTTP 响应，可能包含操作结果的提示信息、新的页面内容或者 JSON 格式的数据。状态码也会根据处理结果来设置，比如成功操作通常返回 200 或 201，错误处理则可能返回 400（错误请求）或其他错误代码。

（5）响应发送。最后，服务器将响应发送回客户端，客户端根据响应的内容及状态码采取相应行动，如显示提示信息、刷新页面内容等。

8.3.3 表单数据安全防护

表单数据安全防护是构建健壮且安全系统的关键环节，当用户通过表单提交信息时，必须采取一系列有效的防护措施来保护数据免受恶意攻击和滥用。表单数据安全防护策略主要有以下几种。

1. 防注入攻击

防止注入攻击是确保表单数据安全的第一道防线，特别是针对 SQL 注入和跨站脚本（XSS）等常见威胁。

（1）SQL 注入：在处理表单提交的数据时，务必对用户输入进行严格的过滤和转义。可以使用预编译语句（如 PHP 中的 PDO 参数化查询或 MySQLi 的预处理语句）来构造数据库查询，这样即使用户输入了恶意的 SQL 代码也无法执行。

（2）LDAP 注入：针对目录服务接口，确保对所有 LDAP 查询字符串参数进行恰当的编码和验证，防止未经授权的数据读取、修改或删除。

2. 数据加密

数据加密是在数据传输和存储过程中提供安全保障的重要手段。

（1）传输层加密：采用 HTTPS 协议来保证表单数据在网络传输过程中的安全性，防止数据被窃听和篡改。

（2）存储加密：敏感信息如密码、信用卡号等，在被用户输入并通过表单发送至服务器之前，应经过哈希算法（结合盐值）进行加密，而不是明文存储。对于其他类型的敏感数据，可能需要采用对称或非对称加密技术。

（3）客户端加密：在某些场景下，可以在客户端通过 JavaScript 对数据进行加密后再发送到服务器，但这种做法通常需要配合后端解密，且并不能替代传输层加密。

3. CSRF 防护

CSRF 攻击是一种利用用户已登录状态，在不知情的情况下执行恶意操作的方式。

（1）CSRF Token：为了防范 CSRF 攻击，可采用 CSRF 令牌机制，为每个表单生成一个唯一的、难以预测的令牌（token），并将其作为隐藏字段包含在表单中，同时在服务器端检查请求是否携带正确的 token。只有当 token 正确时，才允许执行相应的操作。

（2）双重验证：结合 cookie 与 token 的方式，要求用户的浏览器既携带合法的 session cookie，又在 POST 请求中提供有效的 CSRF token。

4. 权限控制

权限控制是对表单访问和操作的合理限制，确保只有具有相应权限的用户才能提交特定表单或修改相关数据。

（1）访问控制：根据用户角色和权限限制表单操作。例如，只允许管理员编辑特定的记录，普通用户只能查看或有限度地修改自己的数据。

（2）API 权限验证：如果是 API 表单提交，应当实现 OAuth 或其他授权机制来验证请求的合法性。

5. 防止重复提交

为了避免因网络延迟、用户误操作等原因导致表单数据被多次提交，应该在表单提交处理中加入防重提交机制。

（1）一次性 token：为每一个表单提交操作生成一次性的 token，一旦该 token 用于一次有效提交后，立即失效，以避免同一份数据被多次提交。

（2）客户端锁定：在前端可以通过 JavaScript 阻止用户连续点击提交按钮，或者在表单成功提交后暂时禁用提交按钮。

（3）服务器端逻辑：在服务器端记录已处理过的表单标识符或事务 ID，如果短时间内收到相同标识符的重复请求，则拒绝处理。

课后练习

一、填空题

1. 在网页开发中，通过定义_____标签作为容器，并在其内部添加一系列表单控件。

2. 表单的输入字段类型主要有_____、_____、电子邮件输入框、数字输入框、_____、_____、单选按钮、_____和_____等。

3. 表单数据安全防护策略主要有_____、_____、_____、_____、_____等。

二、选择题

1. 在 HTML 表单中，哪个属性用于指定表单数据提交的目标 URL？（   ）
  A. target　　　　　B. method　　　　　C. action　　　　　D. href

2. 在 CSS 中，哪个伪类用于定义表单元素在获得焦点时的样式？（   ）
  A. :hover　　　　　B. :active　　　　　C. :focus　　　　　D. :checked

三、简答题

1. 简述表单布局设计的基本原则。
2. 简述表单数据提交与处理的核心环节。

四、实践活动

设计并实施前述电商网站的用户登录/注册表单、搜索表单和联系表单,结合 JavaScript 进行实时输入验证,并提供友好的错误提示信息。

第9章 网页设计与制作综合实例——"心居商城"家居电商平台

本章导读

本章我们将共同深入实践一套电商网站开发流程，从市场定位到技术实现进行全面探索。首先，是对项目进行需求分析与规划，细致研究市场定位、目标用户群体特征以及平台的核心功能模块需求，确保设计方案贴合实际市场需求和用户习惯。接下来是网页设计阶段，在本阶段会逐步展开内容与页面的整体布局规划，创建原型以初步展现网站架构。最后在网页制作阶段，我们将实际动手操作，从创建站点结构开始，一步步讲解如何运用 HTML、CSS、JavaScript 等技术手段将设计稿转化为可运行的网页代码，实现各功能模块的动态交互效果。

通过对本章的学习，学生不仅能够了解并实践电子商务网站的设计与开发过程，还能全面提升自身的前端开发技能及项目管理能力，为进一步投身于 Web 开发领域积累宝贵经验。

学习目标

➢ 能够对电商项目进行市场定位、用户分析及功能模块梳理。
➢ 掌握从内容规划到原型制作的全流程网页设计技巧与方法。
➢ 运用网页制作技术，包括站点创建和代码编写，将设计方案转化为实际可运行的电商网站。

第9章 网页设计与制作综合实例——"心居商城"家居电商平台

9.1 项目需求分析与规划

在设计和制作"心居商城"这一家居电商平台时，首先应从深入细致的项目需求分析与规划入手。在此阶段，首先对"心居商城"的商业愿景、市场定位以及目标用户群进行深入分析，了解用户需求、购物习惯和偏好，从而明确网站的核心功能和服务特色。

9.1.1 市场定位与用户画像分析

1. 市场规模与行业趋势研究

对家居电商行业的整体规模进行全面考察，统计总体交易额、年增长率等关键数据，并细分到不同家居品类如家具、装饰品、家纺等领域的市场份额。针对行业发展态势，密切关注近年来的增长曲线，预估未来几年的发展速度和潜力。同时分析季节性销售波动以及各类促销活动的影响。

2. 竞争态势与竞品分析

系统梳理当前市场上主要竞争对手，包括但不限于淘宝极有家、京东家居、宜家在线商城等，对其特点进行总结，如产品种类、价格区间、配送服务、品牌合作策略等。识别竞争对手的优势所在，如有的平台可能以高品质进口商品见长，有的则凭借高性价比及快速配送赢得用户青睐。关注新兴家居电商平台的特点和成功因素，尤其是它们如何通过创新技术或独特商业模式获取市场份额。

3. 消费者行为洞察

深入了解消费者的购买渠道变化。随着移动互联网的发展，要更注重移动端购物体验的优化。分析消费频次和购物时间偏好，比如节假日、周末、夜间等时段的活跃度，以指导网站运营推广活动的精准投放。了解用户购买习惯，如是否倾向于一站式购齐全套家居解决方案，还是更喜欢单品选购；是先看评价后购买，还是基于信任的品牌忠诚度购买。

4. 行业发展趋势前瞻

结合行业发展趋势，预见技术革新带来的影响，如VR/AR技术在家居场景的应用，可以让用户在家即可实现虚拟装修试摆。考虑政策导向，如环保法规对家居材料选择的影响，促使心居商城主打绿色环保材质的产品线。抓住市场热点，如智能家居的普及率提升，提供集成智能设备的家居解决方案。

5. 目标用户群体画像

通过大数据分析和市场调查，精准描绘出心居商城的核心用户群体。

（1）年龄层：重点关注年轻家庭、中产阶级群体，他们追求个性化生活空间，对家居审美有较高要求。

（2）性别比例：尤其重视女性消费者需求，她们通常主导家居装饰决策，因此需提供丰富的风格选项和贴心的购物体验。

（3）职业背景：结合白领、设计师、企业家等不同职业特点，推出符合其身份认同和生活方式的商品组合。

（4）消费习惯与购买力：根据用户的线上购物频率、购买周期和价格敏感度，规划适合各层次消费需求的产品系列。

（5）审美偏好：将地域文化差异、流行风格的变化等都纳入考虑范围，确保产品设计紧跟潮流并满足多元审美需求。

6. 差异化竞争优势打造

发掘市场空缺，提出针对性的服务模式，如提供专业的一对一定制化设计方案，选用优质环保材料生产家居产品，承诺快速安全的配送安装服务，以及完善周到的售后服务体系。

引入AR技术，允许用户通过手机APP模拟摆放家具，直观感受实际效果；设计家居搭配推荐系统，利用人工智能算法为用户提供个性化的家居搭配方案；整合智能家居生态链，让客户能便捷地购买和管理各种智能硬件，打造全屋智能化解决方案。

9.1.2 功能模块需求梳理

1. 商品展示模块

商品分类细致全面，方便用户按卧室、客厅、厨房、浴室等场景或家具类型浏览。提供多维度筛选条件，如价格区间、品牌、材质、风格、颜色、评价等级等。商品详情页详尽展示产品信息，包括高清图片、详细尺寸参数、使用说明、用户评价等，并支持一键收藏、分享和对比功能。

2. 购物车与结算系统

用户可以轻松添加商品至购物车，并随时修改数量、选择规格或颜色。购物车页面应清晰显示商品总价、优惠券抵扣、运费计算等信息，并支持实时同步库存状态。订单生成流程宜简单易懂，允许用户快速填写收货地址、选择支付方式、查看订单详情，并能保存常用收货地址和支付方式。

支持多种支付方式，包括但不限于信用卡、借记卡、第三方支付平台（如支付宝、微信支付）、分期付款等。

3. 会员中心与账户管理

注册登录机制安全便捷，支持手机、邮箱验证和社交账号快捷登录。提供完善的个人信息维护页面，允许用户更新头像、昵称、联系方式、密码等个人资料。提供订单查询与跟踪功能，让用户随时随地掌握物流状态。设计合理的积分系统，实现消费越多积分越高，积分可用于兑换礼品或折扣券等基本功能，增加用户粘性。收藏夹功能便于用户整理喜欢的商品列表，便于日后参考或购买。

4. 客户服务与售后保障

设置在线客服入口，采用智能机器人与人工客服相结合的方式，全天候解答用户疑问。明确公开退换货政策，简化退换货申请流程，提高售后服务效率。建立商品评价与投诉系统，鼓励用户发表真实体验，用于优化产品和服务质量，同时也作为其他用户的重要购买参考。

9.2 网页设计阶段

在网页设计阶段，可以逐步将"心居商城"抽象的商业需求和用户需求转化为具体的、可视化的设计方案，并最终形成一套完整且具有吸引力的线上购物体验，助力平台在激烈的市场竞争中脱颖而出。

9.2.1 网站内容与页面规划

对心居商城项目的需求文档进行分析后，可以明确网站的核心功能，确定网站的主要页面类型及其对应内容，如首页、商品分类页、商品详情页、购物车页面、用户中心页面（包括注册/登录、个人信息、订单管理等）等。

1. 首页

首页将展示导航菜单栏、轮播图广告区、热门商品推荐区，确保用户能够迅速捕捉到重要信息和快速进入不同商品分类。

2. 商品分类页

该页面将设置多列的商品卡片视图，每张卡片包含商品图片、名称、价格以及简单描述；同时配置分页导航和筛选条件区域，让用户可以根据品牌、价格、销量等维度进行精细化筛选。

3. 商品详情页

详尽的商品展示区域，包括高清大图、详细描述、规格参数、评价晒单以及购买选项（颜色、尺寸等）。页面顶部设有面包屑导航帮助用户了解当前位置，底部则提供相关商品推荐及客服联系方式。

4. 购物车页面

清晰的商品清单展示，每个商品条目包含数量调整滑块、删除按钮和小计金额；此外还应有总价计算、优惠券选择入口、结算按钮以及继续购物链接。

5. 用户中心页面

包含个人资料编辑、订单管理、收货地址簿、我的收藏夹、售后服务申请等功能区块，并且预留足够的空间展示用户历史浏览记录和个性化推荐商品。

9.2.2 低保真原型创建

根据网站内容与页面规划结果，设计师可以通过手绘或使用工具快速绘制出各个页面的线框草图，展现整体页面布局、导航系统及关键元素的位置关系。

例如，首页应包括顶部 Logo 及搜索框、主导航菜单、轮播广告、商品推荐模块、底部辅助链接等部分的简单排布。首页的低保真原型草图如图 9-1 所示。

9.2.3 响应式设计规划

在低保真原型基础上，可以考虑心居商城的响应式设计方案，该方案旨在确保在各种终端设备上的视觉一致性与良好的用户体验，同时凸显品牌绿色环保理念，使消费者无论在何种环境下访问网站，都能便捷高效地浏览与购

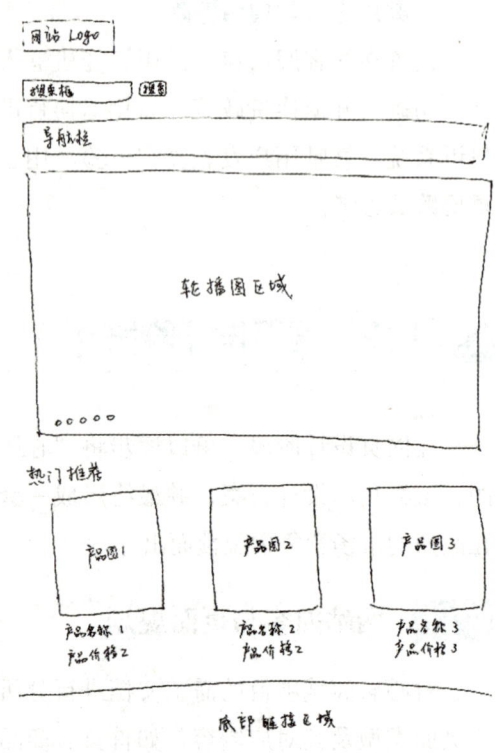

图 9-1　首页的低保真原型草图

买家居产品。设计时应定义好断点，并思考如何让页面内容在移动设备、平板电脑及桌面端都能自适应显示，设计方案可以从以下几个关键点着手。

1. 布局设计

采用相对单位如百分比或 Flexbox 布局，确保页面元素可以根据屏幕宽度进行动态调整。例如，将主体内容区域、侧边栏、导航栏等设置为自适应宽度。

2. 断点设计

（1）移动端（手机屏幕）：通常设置在 320 px 至 480 px 之间，布局应转变为单列模式，顶部设有可折叠菜单以节省空间。

（2）平板电脑端（小平板/大手机）：设定断点在 768 px 至 1 024 px 之间，可以展示双栏或者混合布局，优化内容显示效果。

（3）桌面端：大于 1 024 px 时，可以展示多栏布局，充分利用大屏幕空间。

3. 组件适配

按钮、输入框、图片等 UI 组件根据屏幕大小自动缩放，并保持适当的间距和比例，保证触控友好性及阅读体验。

4. 导航栏设计

（1）移动端：采用汉堡菜单（三道杠）或其他隐藏式菜单设计，当点击时展开全菜单，释放屏幕空间。

（2）平板电脑端：可以考虑半展开或可切换的双层菜单设计，既能展示部分主要导航项，又能通过扩展看到完整菜单。

（3）桌面端：采用全宽度的导航栏，合理安排导航链接，保持足够的间距，确保每个标签清晰可辨，易于点击。

5. 内容适应性

（1）图片响应式：使用 srcset 属性提供不同分辨率的图片资源，让浏览器根据设备屏幕尺寸自动选择最合适的图片。

（2）文本行长度控制：通过 CSS media queries 对不同屏幕尺寸下的文本行长度进行限制，保证用户在任何设备上都能舒适阅读。

6. 性能优化

（1）按需加载：对于非首屏内容，可采用懒加载技术，在滚动到相应位置时才加载图片和其他资源，减少移动端流量消耗和加载时间。

（2）服务端渲染与预加载：对于重要的交互元素和数据，可以在服务器端进行初步渲染，提高页面首次加载速度。

7. 用户体验

（1）触摸优化：按钮、链接等互动元素尺寸要适合触摸操作，避免过小导致误操作。

（2）界面简洁：针对较小的屏幕设备，精简不必要的元素，突出核心功能与商品信息。

9.2.4 视觉设计

根据"心居商城"的品牌理念和家居行业特点，确立色彩搭配、字体样式、图标体系等视觉元素规范，打造统一的品牌形象。

1. 色彩搭配方案

（1）主色调：选择自然和谐且代表环保与宁静的绿色系，比如采用浅木绿或薄荷绿作为品牌主色，象征大自然的清新与健康生活。

（2）辅助色：搭配白色以体现空间感与简洁风格，同时引入淡雅的米色、灰色以及暖木色系，增添温馨舒适的家居氛围。

（3）高亮色：使用淡金色或者暗绿色来突出重要信息和互动元素，如购买按钮、优惠标签等，既保持整体调性的统一，又增强了视觉吸引力。

2. 字体样式规范

（1）标题字体：选择一款具有现代感且不失稳重的衬线字体，如宋体类或优雅的手写体变种，体现品牌的高级质感和亲和力。

（2）正文字体：采用易读性高的无衬线字体，保证在不同尺寸下的清晰度，确保用户阅读体验良好，如黑体或 Roboto 等。

（3）特色文案：可以运用书法或手绘风格的字体用于宣传语或关键信息展示，强化品牌个性和传统文化底蕴。

3. 图标体系设计

（1）图标风格：图标设计上追求简约、直观，同时融入自然元素，如植物图案、生态循环符号等，传达绿色环保理念。

（2）一致性：所有图标应遵循一致的设计语言，线条流畅、圆润，色彩与品牌主色调相呼应，确保用户界面的一致性和识别度。

（3）功能图标：在设计诸如购物车、收藏夹、搜索等核心功能图标时，既要突出功能特性，也要注重与整体视觉风格协调。

4. 布局与图像素材

（1）布局设计：页面布局结构清晰，充分利用空白区域打造宽敞而不空洞的视觉效果，借助高质量的家庭生活场景图片，强调产品的实用性和环保属性。

（2）图像素材：选用展现自然材料、节能产品以及舒适生活的高品质照片，充分反映家居产品的绿色环保品质和中产家庭的生活美学追求。

9.2.5 交互设计

在视觉设计的同时，可以设计一些网页交互元素和功能，如鼠标指针悬停状态下的商品图片或标题变色以突出显示、下拉式导航菜单便于用户快捷访问不同商品分类、滑动式价格筛选器帮助用户精准定位预算范围等，这些都能在心居商城的网页制作阶段通过精心编写 CSS 代码实现，从而显著增强用户的交互体验与浏览满意度。同时，还可以利用 CSS3 动画效果来增加页面活力，比如商品加载动画、按钮点击反馈等，确保用户在购物过程中感受到流畅且愉悦的操作感受。

同时，也要考虑到无障碍设计，保证各类用户都能够轻松使用。

9.2.6 高保真原型创建

基于低保真原型和视觉设计方案，设计师应进一步制作高保真原型，它包含了所有视觉和交互细节，接近最终产品的实际表现。高保真原型可以帮助团队和利益相关者预览并测试完整的设计体验，同时也是前端开发人员实现界面的重要参考依据。

在进行高保真原型创建时，设计人员可以使用 Sketch、Adobe XD、Figma 或 Axure 等专业 UI/UX 设计工具，制作高保真度的界面设计稿。对每个页面进行精确布局，包括像素级对齐、间距调整，以及响应式设计。详细设计每个关键元素，如商品图片的缩放与裁剪方式、加载动画效果、购物车动态更新等。然后定义和实现页面间的跳转关系，添加动态效果，并针对重要功能模块，设计出清晰流畅的交互体验。

高保真原型创建完成后，可以通过链接或演示的方式邀请团队成员、潜在用户或利益相关者参与评审和测试，然后根据测试反馈不断优化和完善原型设计，直至达到满意的用户体验水平。

在高保真原型阶段完成后，设计师应将高保真原型输出为可供开发人员参考的文件格式，并附带详细的设计说明文档，包括颜色代码、字体大小、间距规定、组件状态变化规则等，并提供必要的交互说明文档，确保开发团队能准确还原设计意图。

9.3 网页制作阶段

在心居商城网页设计阶段完成后，便进入了网页制作阶段，该阶段的主要工作内容包括创建项目结构、编写网页代码、上传网页至服务器等。

由于整个网站的页面较多，这里仅以首页的制作为例进行讲解。

9.3.1 创建项目结构

在网站制作初期，首先需要确定网站的文件和目录结构，规划静态资源（如CSS、JavaScript、图像等）和动态资源的存放位置。合理的项目目录结构不仅有利于开发过程中各种项目文件和资源的组织，也有利于团队协作和后期维护。本案例中，根据心居商城的项目需求，可以建立如下的项目目录结构，如图9-2所示。

➡ index.html（首页文件）　　　　➡ images（存放图片资源）
➡ styles/style.css（样式表文件）　➡ videos（存放视频资源）
➡ scripts/script.js（脚本文件）

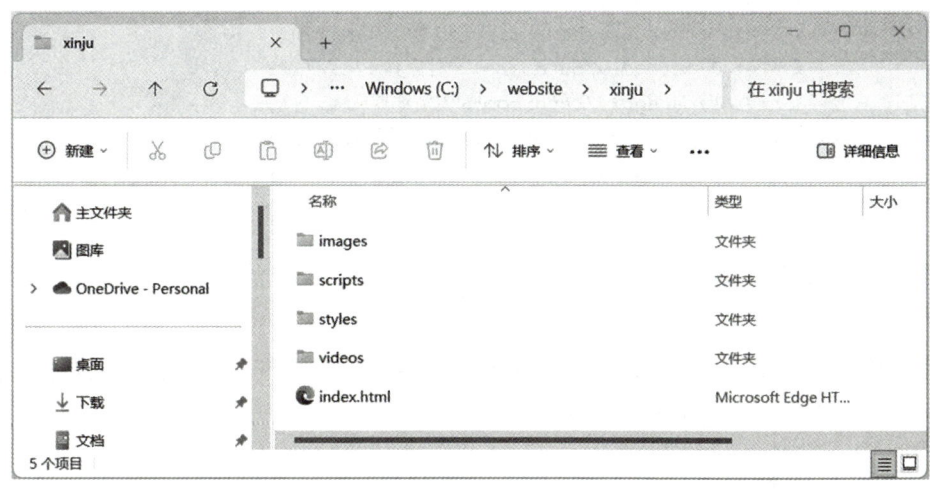

图 9-2　心居商城项目目录结构

9.3.2 网页代码实现

1. 依据设计稿构建 HTML 结构

根据心居商城首页的功能要求，其 HTML 内容结构主要分为头部区域、轮播广告区域、商品推荐模块及底部辅助链接区域。

（1）头部区域。头部区域包含了品牌 Logo、搜索框以及主导航菜单。搜索框内有输入框和提交按钮。具体的 HTML 代码如下：

```html
<!-- 顶部区域：Logo、搜索框 -->
<header class="site-header">
   <div class="header-top-container">
   <div class="logo-container">
    <a href="/" class="logo">
      <img src="images/logo.png" alt="心居商城Logo">
    </a>
   </div>

    <!-- 搜索框放在单独的容器中 -->
     <div class="search-container">
    <form action="/search" class="search-form">
      <input type="text" placeholder="搜索家居产品..." class="search-input">
      <button type="submit" class="search-button">搜索</button>
    </form>
     </div>

    <!-- 主导航菜单 -->
    <nav class="main-navigation">
     <ul>
       <li><a href="/category/bedroom">卧室家具</a></li>
       <li><a href="/category/living-room">客厅家具</a></li>
       <li><a href="/category/kitchen">厨房用品</a></li>
       <li><a href="/category/home-office">办公家具</a></li>
       <li><a href="/category/outdoor">户外家具</a></li>
       <li><a href="/category/bathroom">卫浴洁具</a></li>
       <li><a href="/category/decorations">家居饰品</a></li>
       <li><a href="/category/lighting">灯具照明</a></li>
     </ul>
    </nav>
   </div>
</header>
```

（2）轮播广告区域。轮播广告区域用来显示一系列轮播广告图片，并配有相应的轮播指示器。具体的 HTML 代码如下：

```html
<!-- 轮播广告区域 -->
<main class="carousel-container">
```

```html
        <div class="carousel">
            <!-- 轮播图片项,可通过 JS 动态加载 -->
            <div class="carousel-item">
                <img src="images/banner1.png" alt="心居家居广告图 1">
            </div>
            <div class="carousel-item">
                <img src="images/banner2.png" alt="心居家居广告图 2">
            </div>
            <div class="carousel-item">
                <img src="images/banner3.png" alt="心居家居广告图 3">
            </div>
            <div class="carousel-item">
                <img src="images/banner4.png" alt="心居家居广告图 4">
            </div>
            <div class="carousel-item">
                <img src="images/banner5.png" alt="心居家居广告图 5">
            </div>
        </div>

        <!-- 轮播指示器 -->
        <ol class="carousel-indicators">
            <li data-target="#carouselExampleIndicators" data-slide-to="0" class="carousel-indicator active"></li>
            <li data-target="#carouselExampleIndicators" data-slide-to="1" class="carousel-indicator"></li>
            <li data-target="#carouselExampleIndicators" data-slide-to="2" class="carousel-indicator"></li>
            <li data-target="#carouselExampleIndicators" data-slide-to="3" class="carousel-indicator"></li>
            <li data-target="#carouselExampleIndicators" data-slide-to="4" class="carousel-indicator"></li>
        </ol>
    </main>
```

（3）商品推荐模块。商品推荐模块用来展示热门推荐商品卡片，每个卡片包含商品图片、名称和价格。具体的 HTML 代码如下：

```html
    <!-- 商品推荐模块 -->
    <section class="product-recommendations">
        <h2 class="section-title">热门推荐</h2>

        <ul class="product-grid">
            <!-- 商品卡片 -->
            <li class="product-card">
                <a href="/product/details">
                    <img src="images/product1.png" alt="产品名称 1">
                    <h3 class="product-name">舒适单人沙发</h3>
```

```html
            <span class="product-price">￥999.00</span>
          </a>
        </li>

        <li class="product-card">
          <a href="/product/details">
            <img src="images/product2.png" alt="产品名称2">
            <h3 class="product-name">时尚双人沙发</h3>
            <span class="product-price">￥1599.00</span>
          </a>
        </li>

        <li class="product-card">
          <a href="/product/details">
            <img src="images/product3.png" alt="产品名称3">
            <h3 class="product-name">实木抽屉柜</h3>
            <span class="product-price">￥799.00</span>
          </a>
        </li>
     </ul>
</section>
```

（4）底部辅助链接区域。底部辅助链接区域用来提供网站相关信息的链接（关于我们、联系我们等），并显示版权信息。具体的 HTML 代码如下：

```html
<!-- 底部辅助链接区域 -->
<footer class="site-footer">
  <div class="footer-links">
    <ul>
        <li><a href="/about">关于我们</a></li>
        <li><a href="/contact">联系我们</a></li>
        <li><a href="/help">帮助中心</a></li>
        <li><a href="/terms">服务条款</a></li>
        <li><a href="/privacy">隐私政策</a></li>
        <li><a href="/shipping">配送与退货</a></li>
    </ul>
  </div>
    <p class="copyright">&copy; 2024 心居商城 版权所有</p>
</footer>
```

2. 利用 CSS 进行样式布局和美化

下面根据心居商城首页设计要求，进行 CSS 样式的设置。

（1）全局样式。全局样式定义了整个页面的基本布局和字体设置，背景色设为品牌主色 #ccffff。具体的 CSS 代码如下：

```css
/* 全局样式 */
body {
```

```css
  margin: 0;
  padding: 0;
  font-family: Arial, sans-serif;
  background-color: #ccffff; /* 设置背景颜色为品牌主色 */
  box-sizing: border-box; /* 采用盒模型设置 */
}
```

（2）顶部区域样式。顶部区域样式详细规定了 Logo 和搜索框的位置与外观样式。具体的 CSS 代码如下：

```css
/* 顶部区域样式 */
body {
  margin: 0;
}

.site-header {
  display: flex;
  justify-content: center;
  align-items: center;
  padding: 1rem 0;
  width: 100%;
  margin-top: 0;
}

.header-top-container {
  display: flex;
  flex-direction: column;
  justify-content: space-between;
  align-items: flex-start;
  position: relative;    /* 添加相对定位 */
  width: 100%;
  padding-left: 0;       /* 确保左边界与网页左边缘对齐 */
}

.logo-container,
.search-container {
  width: 100%;
}

.logo img {
  max-width: 100%;
  height: auto;
}
```

（3）搜索框样式。搜索框样式对输入框和按钮做了样式定制，如边框、颜色、大小等。具体的 CSS 代码如下：

```css
/* 搜索框样式 */
```

```css
.search-form {
  display: inline-block;
}

.search-input {
  width: 200px;
  height: 30px;
  padding: 5px 10px;
  border: 1px solid #ccc;
  border-radius: 10px;
}

.search-button {
  height: 30px;
  padding: 0 10px;
  background-color: #66cc99;
  color: white;
  border: none;
  border-radius: 5px;
  cursor: pointer;
}
```

（4）主导航菜单样式。主导航菜单样式设置了固定位置、响应式布局和各导航项的间距、颜色等。具体的CSS代码如下：

```css
/* 主导航菜单样式 */
/* 导航栏设计 */
.navbar-container {
  position: fixed;
  top: 0;
  left: 0;
  width: 100%;
  z-index: 999;                              /* 确保导航栏始终位于最上层 */
}

.navbar {
  display: flex;
  justify-content: space-between;            /* 横向布局并均匀分配空间 */
  align-items: center;                       /* 使子元素垂直居中对齐 */
  background-color: var(--main-color);
  padding: 1rem;
}

.navbar-item {                               /* 假设每个导航项都有这个类名 */
  margin-right: 1rem;                        /* 为相邻导航项添加间距 */
  text-align: center;
  cursor: pointer;
```

```css
}

.navbar-toggle {
  display: none;
}

.navbar-menu {
  display: flex;
  flex-direction: row;                    /* 默认设置为横向布局 */
}

@media screen and (max-width: 767px) {
  .navbar-toggle {
    display: block;
    cursor: pointer;
  }

  .navbar-menu.open {
    display: flex;
    flex-direction: column;
  }
}

.main-navigation {
  display: flex;
  justify-content: space-between;         /* 横向均匀分布 */
  background-color: var(--main-color);    /* 使用品牌主色作为背景颜色 */
  padding: 1rem;
}

.main-navigation ul {
  list-style-type: none;                  /* 去除列表默认样式 */
  margin: 0;
  padding: 0;
  display: flex;
  gap: 1rem;                              /* 在导航项之间添加距离 */
}

.main-navigation li a {
  text-decoration: none;                  /* 去除链接的下画线 */
  color: var(--secondary-color);          /* 链接文字颜色为次级颜色 */
  font-size: 18px;                        /* 设置字体大小 */
  font-weight: 700;
  transition: all 0.3s ease;              /* 添加平滑过渡效果 */
}
```

（5）轮播广告区域样式。轮播广告区域样式通过 CSS 计算属性实现宽高比调整，并添加过渡效果。具体的 CSS 代码如下：

```css
/* 轮播广告区域样式 */
.carousel-container {
  margin: 2px auto 0;  /* 上下边缘间距 2px */
  position: relative;
  overflow: hidden;
  width: 100%;
  height: 0;
  padding-bottom: calc(100% * (9 / 16));  /* 根据当前宽度计算高度，保持 16:9 的比例 */
}

.carousel-item {
  position: absolute;
  top: 0;
  left: 0;
  width: 100%;
  height: 100%;
  opacity: 0;
  transition: opacity 0.5s ease-in-out;
}

.carousel-item img {
  position: absolute;
  width: 100%;
  height: 100%;
  object-fit: cover;                    /* 保持图片宽高比并填充整个容器 */
  object-position: center;              /* 图片在容器内居中对齐 */
}

.carousel-item.active {
  opacity: 1;
}

@media (max-width: 768px) {
  .carousel-container {
    max-width: 100%;
  }
}
/* 轮播指示器样式 */
.carousel-indicators {
  position: absolute;
  bottom: 20px;
  display: flex;
  justify-content: center;
  z-index: 10;
  list-style: none;                     /* 移除默认的数字列表样式 */
```

```css
}

.carousel-indicator {
    width: 10px;
    height: 10px;
    border-radius: 50%;
    background-color: white;
    margin: 0 5px;
    cursor: pointer;
display: inline-block;
}

.carousel-indicator.active {
    background-color: #66cc99;
}
```

(6)商品推荐模块样式。商品推荐模块采用了网格布局展示产品卡片,并针对不同屏幕尺寸进行了响应式设计。具体的 CSS 代码如下:

```css
/* 商品推荐模块样式 */
.product-recommendations {
    margin-top: 2rem;
}

.product-grid {
    display: grid;
    grid-template-columns: repeat(auto-fit, minmax(250px, 1fr));
    grid-gap: 1rem;
list-style-type: none;      /* 取消列表项前的点 */
    margin: 0;                  /* 清除默认外边距 */
    padding: 0;                 /* 清除默认内边距 */
}

.product-card img {
    width: 100%;
    height: auto;
    object-fit: cover;
}

.product-card a {
    text-decoration: none;
}

.product-card h3.product-name,
.product-card .product-price {
    color: #333;
}
```

（7）底部辅助链接区域样式。底部辅助链接区域样式确保内容居中显示，并设置了版权信息样式。具体的CSS代码如下：

```css
/* 底部辅助链接区域样式 */
.site-footer {
  background-color: #339999;
  color: white;
  padding: 1rem;
  text-align: center;
}

.footer-links ul {
  list-style-type: none;
  margin: 0;
  padding: 0;
  display: flex;
  justify-content: center;
}

.footer-links li {
  margin-right: 1rem;
}

.footer-links a {
  color: white;
  text-decoration: none;
}

.footer-links a:hover {
  color: #66cccc;
}
```

（8）响应式设计。响应式设计用于定义当屏幕宽度变化时，页面上一些元素的样式应该如何变化，以适应变化的视口。具体的CSS代码如下：

```css
/* 响应式设计 */
@media screen and (max-width: 767px) {
  .search-form {
    width: 100%;
    margin-bottom: 1rem;
  }

  .search-input {
    width: 100%;
  }

  .main-navigation {
```

```
    flex-direction: column;
  }

  .product-grid {
    grid-template-columns: 1fr;
  }
}
```

3. 借助 JavaScript 实现网页动态交互

根据心居商城首页的交互需求，设计使用 jQuery 库实现了轮播广告自动播放功能，并处理了用户点击轮播指示器时的切换操作。然后添加商品卡片悬停时文字变色的效果。在移动端优化中，通过点击汉堡按钮控制主导航菜单的展开和收起，并在点击页面其他地方时关闭打开的导航菜单。具体的 JavaScript 代码如下：

```
<!-- 通过 CDN 引入 jQuery 库 -->
<script src="https://code.jquery.com/jquery-3.6.0.min.js"></script>

<script>
// 轮播广告区域设置
$(document).ready(function () {
// 初始化轮播项
var $carouselItems = $('.carousel-item');
var currentIndex = 0;
var totalItems = $carouselItems.length;

function showCarouselItem(index) {
  $carouselItems.removeClass('active').eq(index).addClass('active');
}

// 立即显示第一张图片
showCarouselItem(0);

// 自动播放轮播广告
setInterval(function () {
  currentIndex = (currentIndex + 1) % totalItems;
  showCarouselItem(currentIndex);
}, 5000); // 每隔 5 秒切换一次

// 轮播指示器点击时切换图片并更改选中指示器的颜色
$('.carousel-indicators').on('click', 'li', function () {
  currentIndex = $(this).index();
  showCarouselItem(currentIndex);
  // 更改当前选中轮播指示器的颜色
  $('.carousel-indicator').removeClass('active');
  $(this).addClass('active');
});
```

```
        });

        // 商品卡片悬停效果设置
    $(document).ready(function () {
      $('.product-card').hover(
        function () {
          $(this).find('.product-name, .product-price').css('color', '#339999');
// 鼠标指针悬停时变色
        },
        function () {
          $(this).find('.product-name, .product-price').css('color', '');
// 鼠标指针离开时恢复原色
        }
      );
    });

        // 点击移动端导航菜单汉堡按钮展开 / 收起菜单设置
    $(document).ready(function () {
      var $navbarToggle = $('.header-top .navbar-toggle');
      var $mainNavigation = $('.main-navigation');

      $navbarToggle.click(function () {
        $mainNavigation.toggleClass('open');
      });

        // 当点击页面其他地方时，关闭打开的导航菜单（移动端优化）
      $(document).on('click touchstart', function (event) {
        if (! $(event.target).closest('.header-top').length
&& $mainNavigation.hasClass('open')) {
          $mainNavigation.removeClass('open');
        }
      });
    });
    </script>
```

4. 完整代码

完整的心居商城的首页代码如下：

```
<!DOCTYPE html>
<html lang="zh">
<head>
  <meta charset="UTF-8">
  <meta name="viewport" content="width=device-width, initial-scale=1.0">
  <title>心居商城 - 家居生活平台 </title>

  <!-- 引入 CSS 样式 -->
  <style>
```

第 9 章 网页设计与制作综合实例——"心居商城"家居电商平台

```css
/* 全局样式 */
body {
  margin: 0;
  padding: 0;
  font-family: Arial, sans-serif;
  background-color: #ccffff;      /* 设置背景颜色为品牌主色 */
  box-sizing: border-box;         /* 采用盒模型设置 */
}

/* 顶部区域样式 */
body {
  margin: 0;
}

.site-header {
  display: flex;
  justify-content: center;
  align-items: center;
  padding: 1rem 0;
  width: 100%;
  margin-top: 0;
}

.header-top-container {
  display: flex;
  flex-direction: column;
  justify-content: space-between;
  align-items: flex-start;
  position: relative;             /* 添加相对定位 */
  width: 100%;
  padding-left: 0;                /* 确保左边界与网页左边缘对齐 */
}

.logo-container,
.search-container {
  width: 100%;
}

.logo img {
  max-width: 100%;
  height: auto;
}

/* 搜索框样式 */
.search-form {
  display: inline-block;
}
```

```css
.search-input {
  width: 200px;
  height: 30px;
  padding: 5px 10px;
  border: 1px solid #ccc;
  border-radius: 10px;
}

.search-button {
  height: 30px;
  padding: 0 10px;
  background-color: #66cc99;
  color: white;
  border: none;
  border-radius: 5px;
  cursor: pointer;
}

/* 主导航菜单样式 */
/* 导航栏设计 */
.navbar-container {
  position: fixed;
  top: 0;
  left: 0;
  width: 100%;
  z-index: 999;           /* 确保导航栏始终位于最上层 */
}

.navbar {
  display: flex;
  justify-content: space-between;/* 横向布局并均匀分配空间 */
  align-items: center;          /* 使子元素垂直居中对齐 */
  background-color: var(--main-color);
  padding: 1rem;
}

.navbar-item {            /* 假设每个导航项都有这个类名 */
  margin-right: 1rem;     /* 为相邻导航项添加间距 */
  text-align: center;
  cursor: pointer;
}

.navbar-toggle {
  display: none;
}
```

```css
.navbar-menu {
  display: flex;
  flex-direction: row;                  /* 默认设置为横向布局 */
}

@media screen and (max-width: 767px) {
  .navbar-toggle {
    display: block;
    cursor: pointer;
  }

  .navbar-menu.open {
    display: flex;
    flex-direction: column;
  }
}

.main-navigation {
  display: flex;
  justify-content: space-between;        /* 横向均匀分布 */
  background-color: var(--main-color);   /* 使用品牌主色作为背景颜色 */
  padding: 1rem;
}

.main-navigation ul {
  list-style-type: none;                 /* 去除列表默认样式 */
  margin: 0;
  padding: 0;
  display: flex;
  gap: 1rem;                             /* 在导航项之间添加距离 */
}

.main-navigation li a {
  text-decoration: none;                 /* 去除链接的下画线 */
  color: var(--secondary-color);         /* 链接文字颜色为次级颜色 */
  font-size: 18px;                       /* 设置字体大小 */
  font-weight: 700;
  transition: all 0.3s ease;             /* 添加平滑过渡效果 */
}

/* 轮播广告区域样式 */
.carousel-container {
  margin: 2px auto 0;                    /* 上下边缘间距 2px */
  position: relative;
  overflow: hidden;
  width: 100%;
  height: 0;
```

```css
    padding-bottom: calc(100% * (9 / 16)); /* 根据当前宽度计算高度，保持16:9的比例 */
}

.carousel-item {
    position: absolute;
    top: 0;
    left: 0;
    width: 100%;
    height: 100%;
    opacity: 0;
    transition: opacity 0.5s ease-in-out;
}

.carousel-item img {
    position: absolute;
    width: 100%;
    height: 100%;
    object-fit: cover;              /* 保持图片宽高比并填充整个容器 */
    object-position: center;        /* 图片在容器内居中对齐 */
}

.carousel-item.active {
    opacity: 1;
}

@media (max-width: 768px) {
    .carousel-container {
        max-width: 100%;
    }
}

/* 轮播指示器样式 */
.carousel-indicators {
    position: absolute;
    bottom: 20px;
    display: flex;
    justify-content: center;
    z-index: 10;
    list-style: none;               /* 移除默认的数字列表样式 */
}

.carousel-indicator {
    width: 10px;
    height: 10px;
    border-radius: 50%;
    background-color: white;
    margin: 0 5px;
```

```css
    cursor: pointer;
display: inline-block;
}

.carousel-indicator.active {
    background-color: #66cc99;
}

/* 商品推荐模块样式 */
.product-recommendations {
    margin-top: 2rem;
}

.product-grid {
    display: grid;
    grid-template-columns: repeat(auto-fit, minmax(250px, 1fr));
    grid-gap: 1rem;
list-style-type: none;      /* 取消列表项前的点 */
    margin: 0;              /* 清除默认外边距 */
    padding: 0;             /* 清除默认内边距 */
}

.product-card img {
    width: 100%;
    height: auto;
    object-fit: cover;
}

.product-card a {
    text-decoration: none;
}

.product-card h3.product-name,
.product-card .product-price {
    color: #333;
}

/* 底部辅助链接区域样式 */
.site-footer {
    background-color: #339999;
    color: white;
    padding: 1rem;
    text-align: center;
}

.footer-links ul {
    list-style-type: none;
```

```css
    margin: 0;
    padding: 0;
    display: flex;
    justify-content: center;
}

.footer-links li {
    margin-right: 1rem;
}

.footer-links a {
    color: white;
    text-decoration: none;
}

.footer-links a:hover {
    color: #66cccc;
}

/* 响应式设计 */
@media screen and (max-width: 768px) {
    .search-form {
        width: 100%;
        margin-bottom: 1rem;
    }

    .search-input {
        width: 100%;
    }

    .main-navigation {
        flex-direction: column;
    }

    .product-grid {
        grid-template-columns: 1fr;
    }
}
</style>
```

```html
<!-- 通过CDN引入jQuery库 -->
<script src="https://code.jquery.com/jquery-3.6.0.min.js"></script>
<script>
    // 轮播广告区域设置
    $(document).ready(function () {
        // 初始化轮播项
```

第 9 章 网页设计与制作综合实例——"心居商城"家居电商平台

```javascript
    var $carouselItems = $('.carousel-item');
    var currentIndex = 0;
    var totalItems = $carouselItems.length;

    function showCarouselItem(index) {
        $carouselItems.removeClass('active').eq(index).addClass('active');
    }

    // 立即显示第一张图片
    showCarouselItem(0);

    // 自动播放轮播广告
    setInterval(function () {
        currentIndex = (currentIndex + 1) % totalItems;
        showCarouselItem(currentIndex);
    }, 5000); // 每隔 5 秒切换一次

// 轮播指示器点击时切换图片并更改选中指示器的颜色
$('.carousel-indicators').on('click', 'li', function () {
    currentIndex = $(this).index();
    showCarouselItem(currentIndex);

    // 更改当前选中轮播指示器的颜色
    $('.carousel-indicator').removeClass('active');
    $(this).addClass('active');
});
});

    // 商品卡片悬停效果设置
$(document).ready(function () {
    $('.product-card').hover(
        function () {
            $(this).find('.product-name, .product-price').css('color', '#339999');
// 鼠标指针悬停时变色
        },
        function () {
            $(this).find('.product-name, .product-price').css('color', '');
// 鼠标指针离开时恢复原色
        }
    );
});

    // 点击移动端导航菜单汉堡按钮展开 / 收起菜单设置
$(document).ready(function () {
    var $navbarToggle = $('.header-top .navbar-toggle');
    var $mainNavigation = $('.main-navigation');
```

257

```
            $navbarToggle.click(function () {
                $mainNavigation.toggleClass('open');
            });

            // 当点击页面其他地方时,关闭打开的导航菜单(移动端优化)
            $(document).on('click touchstart', function (event) {
                if (!$(event.target).closest('.header-top').length && $mainNavigation.hasClass('open')) {
                    $mainNavigation.removeClass('open');
                }
            });
        });
    </script>

</head>
<body>
<!-- 顶部区域:Logo、搜索框 -->
<header class="site-header">
    <div class="header-top-container">
    <div class="logo-container">
      <a href="/" class="logo">
        <img src="images/logo.png" alt="心居商城 Logo">
      </a>
    </div>

        <!-- 搜索框放在单独的容器中 -->
         <div class="search-container">
        <form action="/search" class="search-form">
          <input type="text" placeholder="搜索家居产品..." class="search-input">
          <button type="submit" class="search-button">搜索</button>
        </form>
        </div>

        <!-- 主导航菜单 -->
        <nav class="main-navigation">
          <ul>
            <li><a href="/category/bedroom">卧室家具</a></li>
            <li><a href="/category/living-room">客厅家具</a></li>
            <li><a href="/category/kitchen">厨房用品</a></li>
            <li><a href="/category/home-office">办公家具</a></li>
            <li><a href="/category/outdoor">户外家具</a></li>
            <li><a href="/category/bathroom">卫浴洁具</a></li>
            <li><a href="/category/decorations">家居饰品</a></li>
            <li><a href="/category/lighting">灯具照明</a></li>
          </ul>
        </nav>
    </div>
```

```html
    </header>

<!-- 轮播广告区域 -->
<main class="carousel-container">
  <div class="carousel">
    <!-- 轮播图片项，可通过 JS 动态加载 -->
    <div class="carousel-item">
      <img src="images/banner1.png" alt="心居家居广告图 1">
    </div>
    <div class="carousel-item">
       <img src="images/banner2.png" alt="心居家居广告图 2">
    </div>
    <div class="carousel-item">
       <img src="images/banner3.png" alt="心居家居广告图 3">
    </div>
    <div class="carousel-item">
       <img src="images/banner4.png" alt="心居家居广告图 4">
    </div>
    <div class="carousel-item">
       <img src="images/banner5.png" alt="心居家居广告图 5">
    </div>
  </div>

    <!-- 轮播指示器 -->
    <ol class="carousel-indicators">
        <li data-target="#carouselExampleIndicators" data-slide-to="0" class="carousel-indicator active"></li>
        <li data-target="#carouselExampleIndicators" data-slide-to="1" class="carousel-indicator"></li>
        <li data-target="#carouselExampleIndicators" data-slide-to="2" class="carousel-indicator"></li>
        <li data-target="#carouselExampleIndicators" data-slide-to="3" class="carousel-indicator"></li>
        <li data-target="#carouselExampleIndicators" data-slide-to="4" class="carousel-indicator"></li>
    </ol>
  </main>

<!-- 商品推荐模块 -->
<section class="product-recommendations">
  <h2 class="section-title">热门推荐 </h2>

    <ul class="product-grid">
      <!-- 商品卡片 -->
      <li class="product-card">
        <a href="/product/details">
          <img src="images/product1.png" alt="产品名称 1">
```

```html
            <h3 class="product-name">舒适单人沙发</h3>
            <span class="product-price">￥999.00</span>
          </a>
        </li>

        <li class="product-card">
          <a href="/product/details">
            <img src="images/product2.png" alt="产品名称2">
            <h3 class="product-name">时尚双人沙发</h3>
            <span class="product-price">￥1599.00</span>
          </a>
        </li>

        <li class="product-card">
          <a href="/product/details">
            <img src="images/product3.png" alt="产品名称3">
            <h3 class="product-name">实木抽屉柜</h3>
            <span class="product-price">￥799.00</span>
          </a>
        </li>
      </ul>
</section>

<!-- 底部辅助链接区域 -->
<footer class="site-footer">
   <div class="footer-links">
  <ul>
        <li><a href="/about">关于我们</a></li>
        <li><a href="/contact">联系我们</a></li>
        <li><a href="/help">帮助中心</a></li>
        <li><a href="/terms">服务条款</a></li>
        <li><a href="/privacy">隐私政策</a></li>
        <li><a href="/shipping">配送与退货</a></li>
  </ul>
   </div>
     <p class="copyright">&copy; 2024 心居商城 版权所有</p>
</footer>
</body>
</html>
```

心居商城首页的网页界面如图9-3所示。

当网页制作完成并测试通过以后，就可以通过Dreamweaver创建站点并将网页上传至远程服务器，从而实现通过互联网访问心居商城网站。

第 9 章 网页设计与制作综合实例——"心居商城"家居电商平台

图 9-3 心居商城首页的网页界面效果图

课后练习

设计一份完整的电子商务网站建设方案,包括目标市场分析、核心功能需求、技术架构规划以及预期开发流程与时间表,并进行网页设计与制作。

参 考 答 案

第1章

一、填空题

1. 多媒体内容层 信息传播层 电子商务应用层
2. 主页 内页 后台管理系统 域名 服务器空间
3. B2B B2C C2C B2G 综合型网站 垂直型网站

二、简答题
（略）

三、实践题
（略）

第2章

一、填空题

1. 头部区域 主体内容区域 侧边栏 页脚
2. 文本内容 图像 超链接 多媒体内容 表单 动画 交互元素
3. 编辑器 文本标记语言 层叠样式表 脚本语言

二、简答题
（略）

三、实践题
（略）

第3章

一、填空题

1. 明度 饱和度 色相
2. 位图 矢量图
3. 衬线体 无衬线体
4. 国字型布局 拐角型布局 标题正文式布局 封面式布局

二、简答题
（略）

三、实践题
（略）

第4章

一、填空题

1. 文档窗口 工作区切换器 属性检查器
2. 本地文件夹 远程文件夹 测试文件夹
3. HTML 文件 CSS 文件

二、选择题

1. B   2. D

三、简答题
（略）

四、实践题
（略）

第 5 章

一、填空题

1. 元素　内容　属性
2. 主根元素　文本内容元素　语义化列表元素　多媒体元素　结构化元素　交互式表单元素
3. <p>　<a>　<img>　<table>
4. <header>　<nav>　<main>　<aside>　<footer>

二、简答题

（略）

三、实践题

（略）

第 6 章

一、填空题

1. 选择器　声明块
2. 内联样式　内部样式表　外部样式表
3. 内容区域　内边距　边框　外边距

二、简答题

（略）

三、实践题

（略）

第 7 章

一、填空题

1. ECMAScript　BOM　DOM
2. 内联方式　外部引用方式
3. 树状　文档节点　元素节点　属性节点　文本节点　文档类型节点
4. 事件捕获阶段　事件冒泡阶段

二、简答题

（略）

三、实践题

（略）

第 8 章

一、填空题

1. <form>
2. 文本输入框　密码输入框　日期和时间输入控件　复选框　下拉列表　文件上传控件
3. 防注入攻击　数据加密　CSRF 防护　权限控制　防止重复提交

二、选择题

1. C　2. C

三、简答题

（略）

四、实践题

（略）

第 9 章

（略）

参 考 文 献

[1] 李琪,等. 电子商务概论[M]. 北京：人民邮电出版社，2002.
[2] 宋剑杰. 电子商务基础[M]. 北京：科学出版社，2006.
[3] 文渊阁工作室. 网页制作高手HTML+CSS网页设计与布局[M]. 北京：人民邮电出版社，2007.
[4] 赵祖荫. 电子商务网站建设教程[M]. 2版. 北京：清华大学出版社，2008.
[5] 陈孟建,贾志林,徐慧剑. 电子商务网站建设与管理——项目管理版[M]. 2版. 北京：清华大学出版社，2009.
[6] 王志晓,等. 赢在电子商务：PHP+MySQL电商网站设计与制作[M]. 北京：机械工业出版社，2013.
[7] 龙马工作室. 精通JavaScript+jQuery：100%动态网页设计密码[M]. 北京：人民邮电出版社，2014.
[8] 陈承欢. HTML5+CSS3网页设计与制作实用教程[M]. 3版. 北京：人民邮电出版社，2015.
[9] 徐洪祥,李秋敬. 网站建设与管理案例教程[M]. 3版. 北京：北京大学出版社，2015.
[10] 李建忠. 电子商务网站建设与管理[M]. 2版. 北京：清华大学出版社，2015.
[11] 环博文化,等. PHP+MySQL+Dreamweaver动态网站开发从入门到精通[M]. 2版. 北京：机械工业出版社，2015.
[12] 王石磊. HTML5开发从入门到精通[M]. 北京：机械工业出版社，2016.
[13] 王涛. Web前端学习笔记：HTML5+CSS3+JavaScript[M]. 北京：机械工业出版社，2018.
[14] 邓凯. 电子商务网站建设与网页设计：微课版[M]. 北京：人民邮电出版社，2019.
[15] 王玉珍. 电子商务概论[M]. 2版. 北京：清华大学出版社，2020.
[16] 方丹. 电子商务网页设计与制作：慕课版[M]. 北京：人民邮电出版社，2021.
[17] 王萍,吉莉莉,耿慧慧. 电子商务网页设计与制作：微课版[M]. 2版. 北京：人民邮电出版社，2022.
[18] 梁露,刘健. 电子商务网站建设与实践[M]. 5版. 北京：人民邮电出版社，2023.